오래된
미래도시,
베이징

지성인들의
도시
아카이브
03

오래된 미래도시, 베이징

신경란

보고사
BOGOSA

일러두기

- 이 책의 주인공 '베이징(北京)'을 제외한 중국의 인명, 지명(중국 행정구역 단위 포함) 등의 고유명사는 우리말 한자음으로 쓰되 책 뒤의 '찾아보기'에 중국어 발음을 표기했다.
- 옛날에 사용된 외래어 고유명사는 우리말 외래어표기법을 따르되 역사적으로 고려할 사정이 있을 때는 다르게 표기하기도 했다.

서문

고려 사람과 거래를 원하던 베이징 상인들 사이에 '고려 사람 돈을 벌면 30년 운수 대통한다'는 말이 있었다. 고려-조선 시대 중국어 교재 『박통사(朴通事)』에 나오는 이야기다. 비단을 사러 간 고려 사람이 흥정을 하다 말고 "물정 모르는 서역이나 몽골 사람도 아닌 고려 사람을 속이려고 하다니!"라며 한소리하자 상인은 "고려 사람을 상대로 돈 벌기 어렵다"며 못 이기는 체 비단 값을 깎아준다. 그 고려 사람은 원나라 정규 화폐를 지불하는데, 함량 미달의 화폐가 나돌던 당시 고려인과의 거래는 확실하게 이문을 남길 수 있는 장사였다.

베이징에 살던 7년 동안 나는 『박통사』의 1백여 에피소드를 읽으며 베이징과 친해졌다. 이 책의 주 무대는 원나라 도읍 베이징이다. 제목의 '박통사'는 박씨 성의 조선인 통역관이지만 책 속에 전혀 등장하지 않고, 내용도 통역 업무와 별 관련이 없다. 책은 원나라 때 유행한 단편소설집 형식인데 주제는 고려 중산층의 '베이징 사용 설명서'다. 베이징에 막 도착한 고려 젊은이가 고향 출신 노부인에게 미역과 건어물, 메주를 선사하여 점수를 따는가 하면 베이징 사찰에서 열리는 고려 스님의 대법회를 들으러 가고, 이제는 흔적도 없이 사라진 이화원(頤和園)의 전신 유리각(琉璃閣)을 유람하는 광경이 인상 깊다.

책 제목이 『박통사』로 붙은 것은 조선 시대 일이 아닌가 한다. 원명 교체기에 아무리 적게 잡아도 몇만이 넘는 고려 사람이 베이징에서 철수하면서 고려 사람의 현지 연착륙을 돕던 이 책의 용도가 통역관 교재로 바뀐 듯하다. 그래서인지 통역관 교재로는 어색한 데가 많다. 예컨대 베이징 집에 쥐가 많아 고양이를 사러 갔다가 흥정이 깨지자 중국인 노점상에게 퍼붓는 '어미를 죽일 놈'이란 욕설이나, 남편 있는 연상의 베이징 여자에게 몰래 만나자고 들이대는 수작은 점잖은 조선 통역관이 배울 말은 못 된다. 그러나 나에게는 베이징을 거꾸로 들여다보게 해 준 도움되는 책이었다. 몇만 명의 고려 사람들이 몽골이니 서역이니 연운 16주니 하는 여러 문화 사람들과 베이징에서 어울리던 모습을 상상할 때마다 언젠가는 '다문화의 베이징' 이야기를 써야겠다고 다짐했다.

13, 4세기 무렵 베이징을 주름잡던 고려 사람들 덕분에 7년 베이징 살이가 즐거웠다. 충선왕이 원나라 관리 몇백 년 치 연봉을 들여 지었다는 '대보은광교사' 가람 터(3만 ㎡)를 찾아 베이징 서역 부근을 헤매던 일, 부자지간에 원나라 대학사였던 이곡(李穀), 이색(李穡)의 근무처 '한림국사원'을 찾아 자금성 북쪽 후통(골목)을 더듬던 기억이 새롭다. 무엇보다 베이징 시내 여러 후통과 교외의 산천을 답사하는 과정에서 '오래된 미래'의 도시 베이징을 발견하여 기뻤다. 현대의 베이징에서 동떨어진 '경계인'처럼 살아가는 것도 나쁘지 않았으나, 그 '오래된 미래'는 여러 사람과 나누고 싶었다. 오늘날의 베이징을 압도하는 베이징의 과거에는 혼자서 찾기 어려운 비밀이 많았다. 이제 독자 제현과 함께 찾을 수 있게 되어 영광이다.

차례

2부
거꾸로 읽는 베이징 역사

3부

오래된 계획도시

4부

흔들리는 천하

5부

변화하는 도시

1부

자금성 이야기

황제 암살 미수 사건

베이징 하면 자금성(紫禁城). 1420년 완공되어 2020년 600살이 된 명청 시대 궁성, 즉 황제가 집무하고 살림을 살던 황궁이다. 담장 너머 황제 전용 원림(북해, 중해, 남해)과 경산(景山)까지 외부인 접근 엄금 구역(forbidden city)으로서 몇천 명에 이르는 군사들이 경비를 섰고, 황제 신변은 종실과 대신의 자제로 구성된 몇백 명의 호위무사가 지켰다.

자금성은 600년 전 애초부터 사무실, 학교, 도서관, 극장, 종교 시설, 서비스 구역에 주택 포함 복합 단지로 개발되었다. 성안에 상주하던 인구는 몇만 명을 헤아렸다. 아직도 원형을 보존하고 있는 이 대궐은 72만m^2 터에 9천 칸이 넘는 옛 전각과 회랑이 들어차 있다. 현재는 '고궁박물원'으로서 25가지 주제의 전시실이 운영되고 있다.

그중에서 가장 큰 건물은 행사 공간 태화전(太和殿, 2377m^2)이다. 태화문(太和門)을 들어서서 3만여m^2의 광장을 지나면 1만 5천 마리 용으로 장식된 태화전에 당도한다. 그 높고 넓은 전각 안에 사람이 앉을 수 있는 의자는 딱 하나. 건물 안에 들어선 사람들은 어쩔 수 없이 7층 계단 위 옥좌에 앉은 황제를 우러러보아야 했다.

태화전보다 규모는 작지만 황제가 집무하고 기거하던 황제만의 공간 건청궁(乾清宮)이 있다. 정면 아홉 칸, 측면 다섯 칸에 높이 20미터로 황제의 집무실 겸 침실답게 웅장하다. 1368년에 건국하여 1644년에 망하기까지 280년 가까운 세월 동안 명나라에서는 16명의 황제가 평균 17년을 재위하며 역사상 가장 막강한 왕권을 행사했다. 진시황 때부터 추진했던 중앙집권은 명나라 때 절정에 이르렀다. 반역의 기미만 보여

태화전은 금란전(金鑾殿), 봉천전(奉天殿)으로도 불렸다. 명청 시대 황제 즉위식이 열린 곳이다. 이곳에서는 또 황제의 대례, 황후 책봉식, 출정식도 거행되었고, 황제의 생일과 설날, 동지에 연회가 열리기도 했다.(《베이징문물지도집》 사진)

도 단번에 몇만의 목을 쳤던 주원장은 최고 기관 중서성을 없애 신하들이 권력을 넘볼 가능성을 원천봉쇄함으로써 후손에게 중앙집권체제를 물려주었다. 그 뒤 베이징으로 천도한 아들 영락제는 자금성 동서남북에 육중한 문을 달고 12미터 높은 담 안에서 황권을 행사했다. 자금성 호위병은 평균 8천 명. 성안에서 황제를 겹겹이 둘러싸고 있었으니, 황제가 실제로 위해를 겪은 적은 거의 없다. 청나라 들어 1813년, 천리교(天理教) 교도들이 자금성 진입에 성공했으나 곧바로 체포됐다. 그때 황제는 승덕 피서산장에 가 있었고, 뒷날 영국과 아편전쟁을 치른 도광제가 삼십 대 초반 태자 신분으로 직접 화살을 쏘며 대적했다.

건청궁에서 황제는 몇십 명 궁녀들의 시중을 받았다. 자금성엔 궁녀들이 많았다. 공식 기록이 남아 있지 않아 궁녀의 수를 정확히 알 길은 없으나 환관의 수를 기준으로 추정은 가능하다. 명나라 중기 이후에는 환관의 세력이 커져 그 수가 궁녀보다 많았으나 그 외에는 환관과 궁녀의 수가 비슷했다. 환관의 수는 만력(萬曆) 연간 48년 동안 네 차례에 걸쳐 모두 1만 3천 명을 선발한 것이 최대치다. 이렇게 볼 때 자금성에는 수천 명의 궁녀가 있었을 것으로 추정된다. 그 많았던 궁녀 가운데 건청궁에서 황제 암살을 시도했던 궁녀들이 있었다.

1542년(임인년) 겨울 밤, 건청궁에서 17명의 궁녀가 뜻을 모았다. "황제를 죽이자. 황제가 죽지 않으면 우리가 죽게 생겼다." 뜻을 같이 한 궁녀들은 명주 천으로 건청궁에서 단잠에 빠진 황제의 목을 졸랐다. 단박에 성공할 것으로 생각했으나 실패했다. 당시 형부 관리가 남긴 심문 기록에는 궁녀들이 "명주 조각을 이을 때 매듭을 너무 세게 짓는 바람에" 황제의 숨통을 끊지 못했다고 한다. 궁녀들은 황제의 팔다리를 잡고 가슴에 올라타 황제를 내리쳤다. 실신한 황제의 숨이 끊어지지 않자 궁녀들은 마지막 수단으로 비녀와 떨잠을 빼들고 황제를 찔러댔다. 기록에 남은 주모자 궁녀의 이 석연치 않은 해석만으로는 목을 조른 과정을 정확히 파악하기 어렵지만 급박했던 상황은 짐작이 간다.

그 순간 이탈자가 생겼다. 장씨 성의 궁녀가 건청궁 뒷문을 빠져나가 곤녕궁(坤寧宮)의 황후에게 사실을 알린 것이다. 교태전(交泰殿)을 건너 급히 달려온 황후를 향해 궁녀 하나가 주먹을 날렸지만 황후를 쓰러뜨리지 못했다. 이어서 환관과 경호 군사들이 몰려와 궁녀들의 거사는 실패로 돌아갔다.

역사상 전무후무한 궁녀 역모였다. 17명 궁녀들은 모두 책형(磔刑,

사지를 찢어 처형)을 당했고 가족들은 참수되거나 노비가 되었다. 황후는 그 일을 빌미로 사건과 무관했던 후궁 둘을 처치했다. 평소 황제가 총애하던 후궁들이었다.

여기서 몇 가지 의문이 떠오른다. 첫째, 황후는 왜 혼자서 달려왔을까? 황후에게 사실을 알리러 간 궁녀가 잠자던 황후를 깨우기까지 여러 사람을 통했어야 할 텐데, 심문 조서를 읽어 보면 황후는 현장에 혼자 도착했다. 건청궁 숙직 환관과 호위 군사들은 또 그 큰일이 벌어지는 동안 어디에 있었을까? 이건 어느 정도 이해가 간다. 자유를 원했던 황제가 애초에 건청궁 숙직 환관제를 없애 버렸던 것이다. 그러나 그 무엇보다 스스로 황제가 될 생각이 없었던 그 열일곱 궁녀들은 왜 황제를 죽이려고 했을까? 궁녀들이 황제를 죽이려고 했던 원인이 야사에 전하기는 하지만 사건의 진상은 알 도리가 없다.

장생불로 신선이 되고 싶었던 황제는 바람을 들이쉬고 감로를 마셨다. 자금성 후원에 파초 몇 그루를 심고 새벽마다 그 잎에 서리는 감로를 받게 했다. 쉽지 않은 일이라 궁녀들은 지치고 병들었다. 그리하여 황제를 죽이기로 결의했다. 지금의 건청궁은 청나라 때 지은 것이라 구조가 다르지만, 당시 건청궁 안에 있던 황제의 침소 난각(暖閣)은 아래층과 2층 합해서 9칸으로 되어 있었다. 난각의 구조는 특급 비밀이라 명청 시대 공식 자료에는 언급이 전혀 없으나 형부 관리가 궁녀를 심문한 뒤 사건 현장을 조사하고 남긴 기록에 일부 남아 있다. 황제의 침소에는 칸마다 3개씩 모두 27개의 침상이 있었다. 어느 침상을 이용할지는 그날 황제 마음이었다. 나름의 안전장치였으나, 침소 궁녀가 자객이 되면 그런 안전장치도 별무소용이다.

저승에서 살아온 황제

목숨은 건졌지만 서른여섯 한창때 궁녀들에게 기겁한 황제는 실어증을 겪은 후 병이 들었다. 사람을 만나기 싫은 병이었다. 황제는 정무회의를 거부하고 자금성을 나와 태액지(太液池) 건너 서원(西苑)에 머물렀다.

즉위할 때부터 깎인 체면이었다. 아버지의 영지 호북(湖北)에서 태어나, 열다섯 살이 되었을 때 사촌형의 뒤를 이어 황제가 되어야 한다는 명을 받았다. 삼촌과 사촌 모두 저세상 사람이 되어 자신이 왕위계승 영순위라는 것은 알고 있었지만 정말 기회가 온 것이었다. 고향을 떠나 황제가 되기 위해 생전 처음 베이징에 도착했으나, 황궁 앞에서 예부 공무원들과 실랑이를 벌이게 되었다.

황성의 대문 승천문(承天門, 지금의 천안문)은 황제만이 출입할 수 있으며 비록 즉위식을 앞두었으나 아직은 황제가 아닌 신분이므로 동안문(東安門)으로 입성하라는 예부의 주장이었다. 곧 황제가 될 몸으로서 받아들이기 힘든 제안이라 거부했다. 대문의 중앙 문이 아닌 좌측 문을 이용하면 어떻겠냐는 제안 역시 들어줄 수 없었다. 정오에 이를 때까지 온갖 체면을 다 구긴 뒤 죽은 황제의 사촌동생과 생모는 황제가 다니는 중앙 문으로 입궁할 수 있었다. 신임 황제는 그때서야 알아차렸다. 명나라 예부의 법도가 사람을 질리게 하는 것을.

한편 조선에서 중종(中宗)이 세상을 떠나 인종(仁宗)이 즉위한 해(1545)에 베이징에서 돌아온 사신단이 황제의 동태를 보고했다. 암살미수 사건 뒤 황제가 계속해서 정무를 보고 있지 않아 인사조차 드리지 못했다는 것이었다. 황제는 집무를 거부하고 있었지만 명나라 예부는 돌아가고 있었다. 자금성에 화재가 나서 외교 문서를 모두 소실했기 때문에 기록을 보완해야 한다면서 조선 성종의 사망과 연산군의 즉위 일자를 물어왔다. 그편에 양로왕(養老王, 양위한 왕) 연산군의 근황에 대해서도 물었다. 사신은 연산군이 일흔 살(1494년생이니 그때 살아있었더라도 쉰 살)이고 풍현(風眩, 간질 또는 어지럼증) 병이 오래되어 바깥출입을 못 한다고 꾸며 대답했다. 인종은 중국 사신이 조선에 왔을 때 그 거짓말이 들통나지 않도록 조심하게 했다.

연산군이 양위한 것으로 알고 있던 예부 관리들에게 조선 사신들은 연산군이 죽은 사실을 알리지 못했다. 명나라 예부에서도 전임 사촌형 황제가 표방(豹房)에서 세상을 떠난 일이며 현임 황제가 궁녀들에게 죽을 뻔했던 비밀을 알려주지 않았다. 피차일반, 복잡한 내부 사정은 설명해 봤자 꼬일 가능성이 크고 상대방 사정은 캐묻지 않는 것이 외교의 예의다.

조선 사신들은 "궁녀가 목을 졸라 황제 콧구멍에서 피가 흘렀는데 죽었는지 살았는지 모른다"는 믿기 어려운 풍문을 베이징의 동쪽 관문 통주(通州)에 이르러 숙소 주인에게 얻어 듣고 얼마나 놀랐는지 모른다. 베이징 숙소에 이르러 탐문해 본 결과 황제는 살아 있었다. 황제의 총애를 받아 공주까지 출산한 후궁도 끼어 있던 역모 소식을 믿기 어려워 하는 사신들에게 숙소 하인은 "황제가 도술을 너무 좋아하여 단약을 즐겨 복용하는데 이 때문에 성격이 나빠져서 궁녀들이 배겨낼 재간이 없었을 것"이라고 전했다. 하인의 말이라 믿기 어려웠지만 황제가 정무를 보지 않고 이술(異術)에 미혹되어 있던 것은 공공연한 비밀이라 사신들도 잘 알고 있었다.

조선 사신들은 황제가 자금성 안팎에 새로운 건물을 여럿 짓거나 개축했는데, 걱정스럽게도 도교 사원인 현극보전(玄極寶殿)까지 지었다(사실은 증축)고 보고했다. 이때 증축한 현극보전은 현재 자금성 어화원(御花園)에 남아 있는데 흠안전(欽安殿)이란 편액이 걸려 있다. 백옥 기단에 정면 5칸, 측면 3칸에 도교에서 북방을 관장하는 현천상제(玄天上帝) 즉 진무대제(眞武大帝)를 모시고 있다. 북방은 오행에서 물 水를 상징하므로 진무대제는 화재를 막는 역할을 맡고 있었을 것이다. 역대 황제들이 경건한 마음으로 예를 올려서인지, 진무대제가 지켜주어서인지 자금성에서 이 건물만 원형이 그대로 남아 있다. 자금성 안에는 개방되지 않은 전각이 더러 있는데 주로 황제 전용의 종교 시설이다. 황제들은 자금성 안팎에 티베트불교를 포함한 여러 계파의 불교와 도교, 이슬람 교당을 지어 깨달음과 장생불로를 함께 추구했다.

궁녀들에게 목이 졸린 뒤 살맛을 잃어버린 가정제(嘉靖帝). 45년 동안 명나라 황제였으나 그 일 이후 20년 동안 조정 회의에 나가지 않았다. 전임 사촌형 황제 때부터 시작된 집무 거부는 명나라의 전통이 되어 이후의 여러 황제도 그렇게 했다. 존경해 마지않는 명나라 황제가 도술에 빠져 단약을 복용하고 조회에도 전혀 나타나지 않은 채 내각의 엄숭(嚴嵩)에게 모든 일을 맡겨놓고 있다니 조선에서는 믿을 수가 없었다. 그런 일이 계속 되자 명종은 그 문제를 어떻게 바라봐야 할지 베이징을 다녀온 역관들에게 물어보았다. 역관들의 말을 듣고 우의정이 내린 결론은 싱겁게도 '황제에게 간언하는 사람이 없어 황제가 마음을 돌리지 못하고 있다'는 것이었다. 이 모든 사실은 『명사』와 『조선왕조실록』에 기록되어 있다.

‘표범의 집’ 놀이

네모난 자금성의 반듯한 웅장함은 바로 서쪽에 있는 중남해(中南海) 덕에 자연스런 파격의 미까지 갖추게 되었다. 이때의 ‘海’는 바다나 호수 같은 ‘규모가 큰 물’을 가리킨다. 자금성이 넓다고 하지만 ‘중해(中海)+남해(南海)’의 중남해가 더 넓다.(72만m^2 대 100만m^2) 이곳에 지금은 중국 공산당중앙위원회가 들어 있고, 국무원(행정부), 전국인민대표대회(국회) 중앙위원회 등도 모여 있으며, 원세개(袁世凱)와 모택동(毛澤東) 이후 현재까지 역대 중국 수반의 집무실과 살림집까지 있어, 중국말로 ‘중난하이’ 하면 최고 권력을 상징한다. 극비의 공간임은 말할 것도 없다.

12세기, 여진 사람들이 최초로 개발하기 전 이곳은 황무지였다. 베이징이 금나라의 도읍이던 시절, 황궁 북쪽에 큰 호수를 파고 별궁을 지었다. 여진 사람들이 송나라 도읍 변량(汴梁)에 쳐들어가 보니 도시는 크고 황궁은 웅장했으며 별궁은 화려했다. ‘남들은 이렇게 사는구나, 우리도 이 정도는 갖추고 살아야지!’ 부러움을 이기지 못한 여진 사람들도 베이징에 별궁을 건축하기 시작했다. 이 별궁의 원설계자는 송나라 휘종(徽宗)이었다. 휘종은 변량 황궁 동북쪽에 그때까지 세상에 존재한 적이 없던 별궁, 간악원(艮岳園)을 막 완공한 터였다.

도교를 신봉하던 휘종은 모산(茅山)에서 만난 도사의 건의에 따라 황궁의 동북 편 땅을 높였다. 황궁 동북방(艮方)이 높아야 자손이 흥왕한다는 말에 동북쪽을 산처럼 높이고 그 아래 물을 끌어들인 뒤 호수 변에 수많은 누각을 짓고 길짐승, 날짐승을 풀어 선경(仙境)을 만들어 냈다. 그 사이사이를 휘종이 좋아하던 강남의 괴석으로 장식했다. 『수호지』 양산박 사람 중 송나라 초기 영웅 양업(楊業) 장군의 후손 양지(楊志)가 화석(花石)을 싣고 가던 중 배가 뒤집히는 바람에 인생이 꼬이기 시작하는 이야기가 이때 일이다. 그러나 간악원을 5년도 못 쓰고 나라가 망해 버렸다. 여진 사람들은 송나라 황궁과 간악원을 폐허로 만든 뒤 휘종이 수집한 괴석을 베이징으로 실어 왔다. 베이징에 조성한 별궁을 장식하기 위해서였다. 그런데 어떤 괴석은 보기가 좋아도 도저히 운반할 재주가 없었다. 예컨대 높이가 60m가 넘는 괴석은 기껏해야 10m 정도인 성문을 통과할 수 없었고 100명이 껴안아도 남을 만큼 펑퍼짐한 괴석은 싣고 갈 배가 없어 포기했다. 그렇다면 송나라 사람들은 그 괴석을 강남에서 어떻게 성내로 옮겼을까? 믿을 수 없겠지만 그 사람들은 휘종의 칭찬을 받기 위해 황성 성문 허물기를 서슴지 않았다. 성문은 공금을 들여 바로 복구했다. 펑퍼짐한 괴석은 너비 몇십 미터짜리 배를 새로 만들어 운반했다. 여진 사람들은 휘종과 흠종(欽宗)까지 포로로 잡았으나 돌은 감히 옮기지 못했다.

그 괴석들은 천 년이 지난 지금까지도 중남해와 이어져 있는 북해공원 안에서 자기 자리를 지키고 있다. 당시 여진 사람들이 별궁 서원에 판 호수는 금해(金海), 태액지 등으로 불리다가 명나라 때 황성 남쪽 성벽까지 호수 면이 확장되면서 지금의 모습을 이루었다. 관료들과 함께 활동하는 자금성과 달리 이 서원은 황제의 내밀한 공간이었다. 황제들은 이곳에서 피서를 하거나 썰매 타기 같은 겨울 운동을 즐기기도 했다. 그런데 이런 밋밋함에 만족하지 못한 황제가 있었다.

1505년, 평생 황후 한 사람 외에 다른 후궁을 두지 않았던 홍치제(弘治帝)가 아들 하나만 남겨둔 채 세상을 떠났다. 만 열세 살 5개월의 그 외아들은 황후 소생 적장자 태자였다. 즉위식이 끝나고 황제가 가장 먼저 한 일은 동궁 태자 시절에 함께했던 여덟 명의 환관을 승진시켜 계속 곁에 있게 한 것이었다. 태자 시절, 이 여덟 명의 환관과 동네 친구처럼 어울려 다니며 법도에 어긋난 행동도 꾀했던 것을 끊을 생각이 없었던 것이다. 여덟 사람은 새 황제의 취미와 애호에 대해 빠삭하게 꿰고 있었으므로 황제 입맛에 맞는 일을 꾸미는 것으로 계속해서 황제의 사랑을 받으면서 엄청난 세도를 부렸다.

아버지 황제는 부지런하고 검소하기로 명나라 으뜸이었지만 아들 황제는 정반대였다. 태어나자마자 태자에 책봉된 아들은 그 부모가 엄하게 키우지 못한 탓에 총명한 머리를 줄곧 다른 데 썼다. 황제는 훌륭한 선생님들을 가정교사로 들여 아들을 가르치게 했지만 아들은 늘 선생님이 만족할 대답을 하는 것으로 여러 사람의 눈을 속였다. 선생님 눈에는 총명해 보였으나 속으로는 지행합일을 할 생각이 전혀 없던 태자였다. 그런 태자는 황제가 된 지 얼마 되지 않아 황제 노릇이 지겨워졌다. 낌새를 알아차린 여덟 명의 환관들이 황제가 할 수 있는 여러 가지 놀이를 제안했다. 태자 시절에는 생각도 할 수 없던 난이도의 짜릿한 놀이들이었다.

그중에서도 가장 유명한 것이 '표범의 집' 놀이였다. 표범의 집은 '표방'이라고 했다. 황제가 키우는 표범 우리에 사육사 숙소가 딸려 있었다. 다른 왕조에서도 군주들이 동물을 많이 길렀으나 명나라 황제들은 유달리 동물을 좋아했다. 베이징 성안에 황제가 기르는 호랑이, 코끼리, 표범, 사슴, 매, 비둘기, 고양이, 개 등 동물 사육장이 여럿 있었다. 말하자면 황제 전용 동물원인데, 각각의 동물 우리가 여러 군데 흩어져 있었던 것이다. 그중에 표범과 호랑이 사육장은 지하 굴도 갖추고 있었다. 환관들은 그중에서도 표범 사육장이 낡은 것을 포착하고 황제에게 새로 하나 지을 것을 건의했다. 공식 기록에는 이 말만 남았지만 사석에서 어떤 이야기들이 오갔는지, 완공된 사육장은 200여 칸이 넘는 호화 궁전이었다.

즉위 3년(1506) 차, 황제는 권력을 이용하여 적지 않은 건축비를 마련한 뒤 새로운 표범의 집을 짓기 시작하여 6년 뒤에 완성했다. '표범의 집'이 200여 칸이라는 말은 독채가 아니라 여러 채로 되어 있다는 뜻이 된다. 공사는 극비리에 진행되었고 완공 후에는 철통 보안 속에 관리되었으므로 정확한 구조는 알 길이 없지만 그곳에는 표범 우리 한 채 외에 황제의 침실을 포함한 황제 뜻에 맞춘 여러 채 건물이 들어서 있었던 것으로 추정된다. 무예 단련장이 있었다고 하기도 하고 미궁이 있었다고 하기도 한다. 여러 가지 종교에 심취해 있던 황제의 신앙 활동을 위한 공간도 여럿 있었을 것이다.

무시무시한 예법의 바다를 탈출하고 싶었던 황제는 본인이 원하는 대로 설계한 비밀의 별궁을 짓고 예법 없는 그곳에서 원하는 대로 살았다. 학자들은 새로 지은 표범의 집에 표범이 아예 없었을 것으로 추정하기도 한다. 그러나 그것은 중요하지 않다. 중요한 건 황제가 즉위 8년 되던 해, 자금성을 나와 새로 지은 표범의 집에 들어가서 열 몇 해를 그곳에서 살다가 그곳에서 세상을 떠났다는 사실이다. 황제는 어느 날 갑자기 사망했다. 표범에 물려 죽었다는 소문에서부터 여색을 가까이하다 복상사를 했다는 이야기도 나돌았다. 후궁과 궁녀로는 모자라 민가의 여자들을 혼인 여부와 관계없이 마구잡이로 범하던 황제였다.

표범의 집에 사는 동안 황제는 바로 옆에 있던 자금성으로 돌아가지 않았다. 집무는? 물론 거부였다. 아들 황제가 이 전통을 이어 받아 20년을 집무 거부했다. 앞서 말했던 궁녀들에게 호되게 당한 그 황제가 바로 아들 황제다. 집무 거부 전통은 손자 때 건너뛰고 증손부터 이어져서 명나라가 멸망할 때까지 계속되었다. 마지막 황제는 30년을 조회에 나오지 않았다.

서원에 있었을 것으로 추정되는 이 표범의 집은 현재 정확한 위치를 찾지 못하고 있다. 그래서 학자들은 자금성에서 몇십 km 떨어져 있긴 하지만 '표방(豹房)'이란 지명이 아직까지 남아 있는 곳이나 자금성 동문인 동화문(東華門) 근처의 비슷한 이름이 남은 곳을 짚기도 한다. 그러나 산재한 기록을 연결해 보면 자금성 서북 방향, 서원 태액지 서안, 현 북해공원 서문 쪽에 있었던 것으로 생각된다.

표범의 집에서 자유를 누렸으나 수많은 비밀에 싸여 있던 황제는 죽어서도 비밀 한 가지를 남겼다. 명나라 황실의 선산, 명십삼릉의 다른 무덤은 모두 황제 내외가 합장되어 있고 후궁들이 그 옆에 묻혀 있는데, 이 황제가 묻혀 있는 강릉(康陵)은 다르다. 황후가 없었던 것도 후궁이 없었던 것도 아닌데 황제만 묻혀 있다. 죽어서도 예법을 벗어난 황제다. 살아서 연호는 정덕(正德), 죽어서는 무종(武宗)이 되었다. 황제가 무슨 생각으로 어떻게 법도를 벗어났는지는 남아 있는 공식 기록만 봐서는 알 수 없다.

이런 유모는 없었다

지금은 없어졌지만 예전에 유모라는 직업이 있었다. 아무나 할 수 없는 특수한 직업으로, 갓 출산한 여자, 그것도 젖이 잘 나오는 여자만 가능한 일이었다. 특히 유모의 직장이 황궁이면 인륜은 저버려야 했다. 자신의 아이에게 젖을 먹일 방법이 없었기 때문이다.

황제의 아들은 누구나 다음 황제가 될 가능성이 있었기 때문에 외척의 발호를 막기 위해 태어나자마자 생모와 이별하고 유모들 손에 자랐다. 이는 오래전부터 제도로 정해져 있었다. 유명한 유교 경전 『예기(禮記)』에는 궁중의 유모가 될 수 있는 조건으로 '寬(도량이 넓다), 裕(포용력이 있다), 慈(착하다), 惠(보살필 줄 알다), 溫(온화하다), 良(밝다), 恭(예의 바르다), 敬(엄숙하다), 慎(신중하다), 寡言(말수가 적다)'을 들고 있다. 젖먹이 때 받은 유모의 가르침이 군주의 일생을 좌우할 수 있기 때문이다.

중국사에 이름이 남은 황제의 유모가 많은데 그중에서 명나라 천계제(天啓帝)의 유모 객씨(客氏, 1587~1627)가 가장 유명하다. 세상사가 모두 경전의 가르침대로 되지 않는 법, 객씨는 황제를 망친 유모의 대표다. 유모가 봉성부인(奉聖夫人) 칭호를 받을 만큼 출세한 과정이 아주 괴상해서 하는 말이다.

천계제는 목수 황제라는 별명이 더 유명하다. 황제가 만든 작품을 베이징 시장에 내놓으면 비싼 값으로 팔렸다고 한다. 황제가 목수 일을 좋아하게 된 것은 태어나서 자란 자금성이 온통 공사판이었기 때문으로 보인다. 명나라 때 자금성은 화재가 자주 일어났는데 할아버지 만력제 때 가장 심했다. 할아버지는 자금성 재건을 위해 국고를 쏟아부었다. 그 무렵 황태자였던 아버지는 할아버지의 신뢰를 받지 못해 지위가 불안했다. 황태자를 갈아 치운다는 소문이 계속 떠돌고 있었기 때문이었다. 아버지가 자식을 제대로 보살필 겨를이 없던 틈을 타서 아들은 드넓은 자금성 안을 돌아다니며 놀았을 것이다. 그러던 중 황궁 건물을 재건 중이던 목수 스승을 만나게 되지 않았을까? 목수 일에 열중하던 열다섯 살 소년은 할아버지가 세상을 떠나면서 황태손이 되었다가 한 달 뒤에 황제로 즉위했다. 할아버지의 뒤를 이었던 아버지가 27일 만에 세상을 떠났기 때문이다.

황실 규정에 따르면 이유식이 끝나면 유모는 황궁을 나가게 되어 있었다. 그러나 천계제의 유모는 황궁을 나가지 않았다. 정확한 이유는 알려져 있지 않다. 아이가 젖을 늦게 뗐을 수도 있고(청나라 마지막 황제의 경우 아홉 살에 젖을 떼고 유모와 헤어졌다.), 아버지의 황태자 자리가 늘 흔들리는 바람에 아들의 유모 문제를 챙기지 못했을 수도 있다. 유모는 아이가 열다섯 나이에 황제로 즉위할 때까지 황궁에 있었고, 황제가 이듬해 혼인을 하고서도 남아 있었다. 예법을 지키던 관료들이 들고일어나 있을 수 없는 일이라고 성토했지만 황제는 유모와 떨어지지 않았다. 황후가 어려서 유모가 보호해야 한다는 것이 이유였다. 황후는 황제보다 한 살 어리긴 했다.

황제는 즉위 후 유모부터 챙겼다. 거세지던 반대 의견을 무마하기 위해서는 강력한 조치를 취해야 했다. 황제는 유모를 '봉성부인'에 봉하고 황궁에 계속 거처하게 했다. 그때까지 없던 일이었다. 황제는 유모의 생일을 비롯해서 큰 행사가 있을 때마다 직접 술잔을 올리며 축수했다. 유모가 황궁 밖을 행차할 때에는 황제 행차만큼 성대하게 차리게 하고, 관료들에게도 예를 올리라고 명령했다. 어찌 된 일인지 황제는 유모에게 꼼짝을 못 했다. 사정을 아는 사람들은 황제가 어려서부터 그루밍 성폭력을 당한 것이라고들 했지만 점잖지 못한 일이라 공식 기록에는 남지 않았다.

급기야 객씨가 환관 위충현(魏忠賢)과 짝이 되어 온갖 비리를 저지르기 시작했다. 그러자 동림당(東林黨) 사람들이 황제에게 쓴소리를 했다. 동림당은 주자를 숭배하던 강남의 선비 중심으로 모인 느슨한 정치 결사였다. 이들이 당을 이루게 된 것은 새 황제와 깊은 연관이 있다. 황제의 할아버지인 만력제가 맏아들(새 황제의 생부)이 아닌 셋째 아들을 총애하면서 맏아들을 황태자로 임명하기를 꺼리자 강남의 동림서원이 중심이 되어 만력제를 비판했다. 만력제는 장자상속 원칙을 고집하는 이들을 이기지 못하고 맏아들을 황태자로 삼았다. 이들은 쇠락해 가던 명나라의 부흥을 위하여 정치, 경제, 교육, 국방 등에 걸쳐 실효를 거둘 수 있는 조처를 제안했다. 그 주장의 맥락은 조선의 실학자들과 비슷하다. 새 황제에게는 자신의 아버지를 지켜주었던 동림당 사람들이 은인이었으므로 즉위 초에 중용하기도 했다. 그러나 세상에 다시없던 원칙주의자 동림당 사람들이 황제의 유모 객씨와 환관 위충현의 발호를 두고 볼 리가 없었다. 자신의 이익을 위협받게 된 위충현은 엄당(閹黨, 동림당 반대파 선비 포함)의 영수가 되어 동림당과 한판 대결을 벌이게 된다. 결국 온갖 술수를 부린 위충현이 승리했다. 동림당 간부들은 처형되었고 명나라 전역의 서원은 철폐, 소각되었다. 이때 모든 동력을 잃은 동림당 사람들은 이후 명나라가 멸망할 때까지 20년 동안 고향에서 훈장 노릇이나 했을 뿐 구국의 일선에 나서지 못했다.

황제 즉위 초, 객씨와 위충현의 죄상이 드러나 황궁에서 쫓겨난 적이 있었다. 황제는 견디지 못하고 며칠 동안 밥도 먹지 못했다. "객씨가 짐을 돌보기를 한시도 떨어진 적이 없었는데, 이제 궁에 없으니 밥도 먹을 수 없고 잠도 잘 수 없으며 그리움에 눈물만 흘리고 있다. 마음이 아파 견딜 수 없고 머리가 어지럽다."던 황제는 며칠 뒤 두 사람을 자금성으로 불렀다. 황제의 건강이 상한다는데 대신들은 반대할 길이 없었다. 그 뒤로 정치는 위충현이, 궁내 일은 객씨가 도맡아 했다. 황제는 위충현이나 객씨가 행차할 때 '구천구백세'를 외치게 했다. '만세'의 황제 바로 아래 객씨와 위충현이었다.

1627년 여름, 천계제가 스물세 살에 죽던 순간 명나라 황제 중 유일하게도 후사가 없었다. 이에 열다섯 살이던 친동생이 뒤를 이어 숭정제가 되었다. 명나라 마지막 황제다. 아버지 태창제는 아들 일곱을 두었는데 맏아들 천계제와 다섯째 아들 숭정제를 제외하고 모두 요절했다. 천계제와 숭정제의 정권 교체는 뒤늦게 조선에 알려졌다. 이해(정묘년) 정월에 후금 군대가 조선을 침입하여 3월 초, 수치스럽게도 강화도에서 형제의 맹약을 맺은 뒤 명나라와 교류가 어려워졌다. 인조가 자세한 사정을 적어 보내 지원을 부탁했으나 편지는 천계제가 죽은 뒤 도착했고, 막 즉위하여 후금의 공격을 막아내고 위충현의 엄당을 정리하기에 바빴던 숭정제는 알겠다고만 대답했다. 이듬해 사신들이 돌아와 인조에게 새 황제가 위충현 일당을 제거했으므로 명나라의 전도가 밝다고 보고했다. 이와 달리 명나라는 16년 뒤에 망했다.

숭정제는 작정하고 객씨와 위충현 무리를 처단했다. 이 과정에 동림당 사람들을 등용하기는 했다. 그러나 주류가 타격을 입어 중용할 인재가 남아 있지 않았다. 객씨는 완의국(浣衣局)으로 끌려가 심문을 받았다. 완의국은 황궁 빨래를 담당한 기구였지만, 실제로는 잘못을 저지른 궁녀를 처벌하던 곳이었다. 알고 보니 객씨와 위충현은 황위 계승에도 수를 써놓고 있었다. 스스로 황제의 아들을 낳지 못한 객씨는 황제에게 아들이 생기는 것을 가장 두려워했다. 모든 수단을 동원했다. 황제는 아들 셋을 두었는데 모두 객씨의 손에 잃었다. 낳자마자 죽은 맏아들은 『명사(明史)』에 생모가 누군지 알 수 없다고 나와 있는데, 괴상한 기록이 아닐 수 없다. 아이는 물론 아예 산모까지 해친 것으로 보인다. 황후도 객씨의 소동에 유산하고 다시는 아이를 갖지 못했다. 완의국에서 객씨를 심문하던 중 엄청난 사실이 드러났다. 당시 자금성에 임신 중이던 궁녀 8명 모두 객씨가 밖에서 임신하게 하여 들여보낸 것이었다. 객씨는 심문 중에 죽었고, 위충현은 귀양 가던 길에 자결했다.

청나라에는 객씨와 180도 다른 황제의 보모가 있었다. 숭정제 50년 뒤에 즉위한 강희제(康熙帝)의 보모 쑤마라구(蘇麻喇姑)다. 몽골 사람 쑤마라구는 강희제의 할머니의 친구 겸 궁녀로 할머니가 후금 황제와 혼인할 때 따라왔다가 베이징 자금성에도 함께 들어왔다. 할머니는 어려서 생모를 잃은 강희제를 자신이 가장 신뢰하던 쑤마라구에게 맡겼다. 인품은 물론 청나라 초기 관복과 의례 제도를 제정했을 만큼 견문도 넓었던 쑤마라구는 강희제를 지극정성으로 돌보아 큰 인물로 키워

냈다. 강희제도 천계제처럼 만들기를 좋아했다. 망원경을 직접 제작할 만큼 기술과 손재주가 뛰어났지만 천계제처럼 나랏일을 미뤄두지 않았다. 강희제에게 유치원 교사였던 쑤마라구는 강희제가 황제로서 국정에 대해 갖추어야 할 태도부터 엄격히 가르쳤다. 쑤마라구가 세상을 떠나자 강희제는 며칠 동안 조회를 멈추고 눈물을 흘렸다고 한다. 그리고 스승의 무덤을 황실 묘지에 썼다.

황제의 식사

자금성 안에 우물이 70개가 넘었다고 한다. 상주 인구가 몇만 명이었으니 그 많은 사람들이 날마다 먹으려면 우물이 70개라도 모자랐을 듯하다. 그런데 자금성 안의 우물물은 맛이 없었다고 한다. 베이징 지하수는 석회 성분이 많아서 예부터 쓴맛으로 유명했다. 지금도 베이징의 수돗물을 끓이면 허옇게 분이 남는 것이 중국 다른 도시의 수돗물보다 더 심하다. 예전에도 자금성 우물물은 길어서 화분에 물을 주거나 걸레를 빨거나 요강을 씻는 데 쓰고, 먹는 물은 모두 베이징성 서쪽 옥천산(玉泉山) 등에서 길어온 물을 썼다고 한다. 길어온 물이라 날마다 공급량이 정해져 있어 자금성 처소마다 절약해서 써야 했다. 황제의 부엌 어선방(御膳房)과 후궁 처소의 선방(膳房)에서도 물을 배급받아 썼다. 어선방에는 높고 낮은 관직의 400여 명(여자는 극히 드물었다.)이 음식을 만들었다.

황제는 배가 고파도 때가 아니면 식사를 하지 못했다. 제도가 그랬다. 끼니마다 사식(賜食)과 진식(進食)을 통해야 했다. '사식'은 어른이 아랫사람에게 음식을 내리는 것이다. 황태후가 밥을 다 먹고 나면 식탁 위의 요리와 주식, 후식을 황제에게 내렸다. 황제는 후궁과 자식들, 그리고 신하들에게 남은 음식을 내렸다. 궁인이 '이 음식을 누구누구에게 내립니다.'라고 하면 황태후와 황제가 대답한다. '그렇게 하도록 하라.' 그러면 기다리고 있던 각 처소의 궁인들이 음식을 받아 간다. 그때부터 '진식'이 시작된다. 황제가 식사하기 전 '음식 배달' 명령이 떨어지면 식탁 주관 태감이 식탁 세 개를 나란히 놓고 금박이 수놓인 식탁보를 깐다. 그리고는 어선방으로 가서 미리 만들어 놓은 요리와 주식, 후식, 탕 등을 붉은 칠기 합에 담아 식탁 위에 차례대로 놓는다. 이어서 시선태감(侍膳太監)이 요리마다 은패(銀牌)를 들고 뒤적여 보는데, 은패의 색이 변하지 않아야 한다. 황제의 식사는 날마다 재료비와 음식 이름, 만든 사람 이름을 적어 다달이 책을 만들어 보관했다.

청나라 황제들은 하루에 두 끼니를 먹었다. 조상들이 해 뜨기 전 간단하게 먹고 산에 올라가 사냥을 한 뒤 정오가 지나서 집에 돌아와 밥을 먹던 풍습을 바꾸지 않은 것이다. 조반은 지금 시간으로 6시 반, 만찬(晩餐)은 낮 12시 반. 다만 계절에 따라 1시간쯤 차이를 두었다. 하루에 두 끼를 먹고 견디기에 황제가 처리할 사무가 많았으므로 중간중간 차와 간식이 제공됐다.

명나라 궁중요리는 산동성, 강소성, 안휘성 요리 위주였지만, 청나라 궁중요리는 만주 음식에 중국 전역의 요리가 골고루 쓰였고 강희제부터 서양식 요리도 첨가되었다. 개고기는 올리지 않았다. 소고기를 먹지 않은 황제도 많았다. 청나라 황제는 국물 요리를 좋아했다. 건륭제(乾隆帝)의 어느 날 조반에는 '제비집 오리고기 전골'만 네 가지가 올라갔다.(오리를 구워서 넣은 것, 얇게 썬 오리고기를 양념에 절여서 넣은 것, 오리고기를 채 쳐서 넣은 것, 삶은 오리고기를 넣은 것) 여기에 버섯 돼지고기 전골과 오리탕도 곁들여졌다. 겨울 새벽에 전골 몇 가지가 끓고 있어야 방 안 공기도 훈훈해지고 식사 끝날 때까지 따끈한 국물을 먹을 수 있는 것이다.

드라마에서 청나라 황제와 후궁, 또는 황태후와 황제가 함께 식사하는 장면을 볼 때 그런 일이 아주 드물었다는 사실을 감안하고 보면 좋다. 청나라 황제는 대부분 혼자 식사했다. 아주 특별한 일이 아니면 누구라도 황제와 같은 식탁에서 밥을 먹을 수 없었다. 그것이 법도였다. 황태후도 황후도 후궁도 모두 각자의 처소에서 혼자 밥을 먹었다. 그에 비해 명나라 황제는 조반은 혼자 먹었지만, 저녁 식사는 함께 먹고 싶은 사람을 불러 오케스트라 연주와 소품 공연을 보면서 먹기도 했다. 반주도 곁들여서.

황제는 주로 건청궁에서 밥을 먹었지만 그렇다고 건청궁이 식사 장소로 정해져 있던 것은 아니었다. 정해진 시간에 황제가 있는 자리에 식탁이 차려졌다. 장소는 변해도 음식 종류는 변하지 않았다. 황제의 식탁에 올리는 음식은 종류도 가장 많고 재료도 최고급이었다. 그 아래로 지위에 따라 종류와 재료가 감해졌다. 황제의 음식 가짓수가 많아도 '사식' 제도가 있어 낭비는 없었다. 역대 자금성 황제들의 초상화를 보면 건장해도 과체중으로 보이는 예는 거의 없다. 청나라 황제들은 야위어 보인다.

황제들은 크고 작은 잔치도 자주 열었다. 그러나 잔치 하면 청나라의 강희제와 건륭제다. 강희제는 환갑 때 천하의 노인 1천 명을 원명원(圓明園)으로 초대했고, 건륭제는 74세와 85세 생일에 각각 몇천 명의 노인을 불러 잔치를 벌였다. 황제의 초대를 받은 노인들은 기쁜 마음으로 황제를 축수했고 황제는 노인들의 수복을 빌어주었다. 조손간인 이 두 황제는 서로 닮은 점이 많았다.

청나라 초기, 인재가 부족하기도 했고, 선비들의 마음을 달랠 필요도 있어 강희제가 특별한 행사를 생각해냈다. 벼슬 유무와 관계없이 각지의 지방관들이 추천한 인재를 자금성에 불러 황제 앞에서 시험을 보게 하겠다는 것인데, 여기까지 들으면 특별한 아이디어치고 평범하게 보인다.(원래 송나라 고종의 아이디어였다.) 지방에서 상경한 참가자들은 자금성 본관 태화전에서 황제로부터 환영 인사를 받은 뒤 체인각(體仁閣)으로 안내되어 각자 종이와 필묵이 마련되어 있는 책상에 앉아 답안지를 작성했다. 정한 시간 없이 완성하는 대로 제출하는 식이었다. 정규 과거 시험 중 황제 앞에서 응시하는 전시(殿試)는 태화전 북쪽 중화전(中和殿) 지나 있는 보화전(保和殿)에서 치렀다.

수험생들이 답안지를 작성하는 동안 끼니때가 되었다. 정기 과거시험에서는 스스로 먹을 것을 마련해야 했지만(명-청 향시의 경우 세 과목을 봤는데 한 과목에 2박 3일 동안 답안지를 작성했다.), 황제의 초대를 받은 이들에게는 식사가 제공되었다. 탁자 하나에 4명이 배정되었다. 두 가지 차가 먼저 나오고 애피타이저로서 과일과 딤섬 네 종류가 나온 뒤에, 요리는 12가지, 주식은 국수와 만두를 포함한 네 가지와 남방에서 온 사람들을 위해 쌀밥이 추가되었다. 식사 후에는 다시 따끈한 차가 나왔다. 황제는 이 한 끼의 밥상을 위해 지방관 지현(知縣) 7년 치 연봉에 해당하는 금액을 지출했다. 융숭한 대접이었다.

이 시험에는 약 150명이 참가해서 50명이 급제했다.(채점은 황제가 직접 했다.) 50명 모두 양자강 이남 출신이었다. 강남에 수재가 많다고는 하지만 정상적인 과거 시험에서는 생각할 수 없는 합격률이다. 억지로 불려 와서 명-청 교체기를 풍자하는 시를 적어낸 이도 합격, 강희제는 그이를 신변에 두고 가르침을 구했다. 특별한 인재 선발은 1678년과 1736년 두 차례 실시되었다. 합격자들은 먼저 『명사(明史)』 편찬 작업에 투입되었다. 이들에게 명나라 역사를 기록하게 한 강희제는 도대체 어떤 사람이었을까? 묘수가 아닐 수 없다. 명나라 사람이었다가 청나라 편에 서서 『명사』를 편찬한 이들은 뒤에도 중앙 조정과 지방에서 청나라를 위해 일했다. 황제가 자금성 안에서 대접한 따뜻하고도 융숭한 식사 한 끼에 명나라 유민들의 마음이 녹아 버린 이야기다.

조선 사신과 문연각

이 글을 쓰는 2020년 4월, 바이러스 창궐로 문을 닫은 자금성이 아직까지 열리지 않고 있다. 이 사태가 터지기 전까지는 번거로운 실명제 입장권 구입제에도 불구하고 하루에도 몇만 명(2018년 한 해에 약 1,700만 명 관람)이 구경 가던 그야말로 베이징 관광의 꽃이었다. 자금성은 우리나라 사람도 많이 찾는 곳인데, 그 안에서도 문연각(文淵閣)을 찾아가는 이들이 많다.

이곳은 황제의 도서관이었다. 이름을 보면 도서관의 서적('文')을 화재로부터 지키려고 물이 많은 못 '淵' 자를 붙여 놓은 것을 알 수 있다. 그런데 우리나라 사람들이 이곳을 찾는 것은 황제의 도서관을 구경하기 위해서라기보다 소현세자가 거처했던 곳을 보기 위해서다. 언젠가부터 이곳이 병자호란에서 청나라의 볼모가 되었던 소현세자가 거처했던 곳이라고 알려지면서 소현세자를 기리는 사람들의 발길이 잦아졌다. 그러나 결론부터 말하건대 소현세자는 지금의 자금성 문연각에 거처한 적이 없다.

소현세자가 베이징 자금성에 들어간 것은 청나라 초기 1644년, 산해관을 입성한 청나라 부대를 따라서였다. 그런데 현재 자금성에 서 있는 문연각은 청나라 중기 건륭제 41년(1776)에 『사고전서』를 보관하기 위해 지은 건물이다. 무려 130년이 넘게 차이가 난다. 그렇다면 소현세자가 거처했던 문연각이 없어지고 그 터에 새로운 문연각을 세운 것은 아닐까? 아니다. 건륭제는 문화전(文華殿, 현 서화전시관) 북쪽 성건거(省愆居, 황제 스스로 허물을 반성하는 곳) 자리에 새로운 문연각을 지었다.

그렇다면 사람들은 왜 지금의 문연각을 소현세자의 거처로 알고 찾아올까? '소현세자가 문연각에 있었다'는 언급은 여러 편 논문(중국 사람이 쓴 것도 있다)에 실려 있다. 근거는 김창업의 『노가재연행일기』와 박지원의 『열하일기』 등 『연행록』에 여러 차례 나오는 '소현세자가 문연각에 머물다'는 기록이다. 『열하일기』 기록을 보자.

> 문화전 앞에 문연각이 있다. 천자의 장서각이다. … 지금의 황제가 수집 정리한 『사고전서(四庫全書)』는 서고를 채우고 [모자라] 전

각 밖에 쌓아두지 않았을까? … 옛날 우리 소현세자가 구왕(九王)을 따라 이 전각에 머물렀다고 들었다. 구왕은 청나라 초기 예친왕 도르곤이다. -『열하일기(熱河日記)』,「황도기략(皇圖紀略)」

박지원은 1780년에 베이징을 방문하여 자금성의 문연각을 밖에서 구경했다. 황제의 장서각인 문연각 내부를 구경하고 싶었지만 문이 잠겨 한스러워 하면서 '이곳에 소현세자가 머물렀다'는 말을 들었다고 덧붙였다. 박지원은 문연각에 『사고전서』가 보관되어 있다는 사실은 알았지만, 1776년에 문연각을 새로 지은 사실은 몰랐던 모양이다. 한편 문연각을 새로 짓기 전 1712년에 자금성을 다녀간 김창업은 『노가재연행일기(老稼齋燕行日記)』에 다음과 같이 기록했다.

곳간 서쪽에 큰 집이 하나 있다. … 단청 빛깔이 선명하지 않은 것이 낡은 집이었다. 건물 안에 의자 하나가 놓였는데 누런 비단 천으로 덮어 두었다. 청나라 사람이 황제가 활 쏘는 곳이라고 했다. 이 건물 남쪽 8, 90보 떨어진 곳에 문화전이 있다. 서쪽 10여 보 거리에 좌익문(左翼門)이 있고 문 안에 태화전이 있다. 소현세자가 구왕을 따라 베이징에 들어왔을 때 문연각에 거처했는데, 건물이 황극전(皇極殿) 동쪽에 있었다고 들었다. 건물 배치상 그 큰 집이 문연각 같아 보였다. 그러나 편액이 없어서 알아내지 못했다. -『노가재연행일기』

김창업은 결국 소현세자가 거처했던 문연각을 찾지 못했다. 그러나 문연각이 황극전(태화전)의 동쪽에 있었다는 이야기를 들은 적이 있던 김창업은 태화전 바로 동쪽에 있던 큰 집을 보고 문연각이 아닐까 짐작했다. 김창업이 눈여겨본 건물은 전전(箭殿)으로 청나라 초기에 황제가 자손들에게 활쏘기와 말타기를 연마시킨 곳이다. 청나라 사람이 활쏘는 곳이라고 일러주었음에도 불구하고 김창업이 이 건물을 문연각이라고 생각한 것은 건물이 낡아 보였기 때문이다. 김창업이 방문했을 때까지도 자금성은 계속 복구 중이었으므로 온통 새 건물이 많았는데, 그 건물만 유독 낡아 보였으니, 명나라 말기에 화재를 당하지 않고 살아남아 소현세자의 거처로 쓰였던 문연각이 아닐까 하고 생각한 것이다. 그러나 그 건물도 청나라 들어서서 지은 것이었다. 1647년, 소현세자가 자금성을 떠나고 몇 해 지나지 않아 지었으니, 김창업 방문 당시 오래된 건물에 속하기는 했다.

김창업이 낡은 건물을 실마리 삼아 문연각을 찾아본 것에 주목한 이가 있었다. 1798년 무오년에 자금성을 방문한 서유문(徐有聞). 한글로 된 『무오연행록』을 남겼다. 서유문은 선배들의 베이징 기행문을 비판적으로 읽고 자신의 의견을 보태 그동안에 쌓인 잘못된 정보를 고치려고 애썼다. 그러나 문연각에 관해서는 서유문도 초점을 잃고 만다.

> 황극문 동편 담에 낸 문이 석경문이니, 경운문과 멀리 마주 대하였는지라. 그 두 사이에 담을 조금 내밀어 황제사정이란 집이 있으니, 곧 우리가 장막을 베풀고 날마다 대기하던 곳이라. 사정 편으로 문화각이 80보 정도에 있고, 서편으로 30보 동안에 좌익문이 담을 사이에 두었으니 문연각이 그 밖이오, 태화전이 동편이라. 숭정 갑신년에 소현세자가 구왕 군중에 계시사 북경에 들어와 계실 때 문

연각에 들어 계시더라 하고, 『노가재일기』에 집이 많이 퇴락했다 일컫더니, 이제 보니 단청이 빛나니, 근래에 중수한가 싶더라.

-『무오연행록』

서유문은 '김창업의 문연각'인 '사정(射亭)'에서 대기하면서도 다른 곳에서 김창업의 문연각을 찾았다. 1778년에 새로 지은 문연각을 소현세자의 거처로 보면서, 김창업은 낡았다고 했지만 그 뒤 중수해서 새 집처럼 보이는 것이라고 여겼다. 서유문은 『노가재연행일기』의 문맥을 제대로 파악하지 못했을 뿐 아니라 박지원과 마찬가지로 『사고전서』 보관을 위해 문연각을 새로 지었다는 정보를 접하지 못하고 있었다. 이렇게 해서 17세기 중엽의 소현세자가 18세기 말에 지은 문연각에 거처하게 되는 희극이 고착되었다.

문연각은 어디에?

그렇다면 1644년 5월 2일 자금성 안으로 들어갔던 소현세자는 어디에 거처했을까? 분명한 사실은 소현세자가 자금성에 들어가기 전, 문연각 건물이 이미 소실되어 없었다는 점이다. 따라서 문연각은 후보에서 배제해야 한다. 이 질문의 답은 사실 간단하게 알 수 있다. 조선에서 따라갔던 동궁 관리들이 소현세자의 일거수일투족을 기록한 실록에 다음과 같이 기록되어 있다.

(1644년) 5월 초이틀, 구왕 도르곤이 조양문으로 (베이징성에) 들어갔다. 연을 타고 무영전에 가서 어탑에 앉아 명나라 측 대소 신료들의 축하 절을 받았다. 세자는 태자궁 전성문(前星門) 밖 문연각 동공해(東公廨)에 거처하게 되었다. -『심양일기(瀋陽日記)』

소현세자의 자금성 안 거처는 문연각이 아니라 '문연각 동공해'였다. 고대 중국에서 '공해'는 크면 '관아'도 되고 작으면 '사무실'도 된다. 따라서 문연각 동공해는 '문연각 동편 사무실'이다. 사소해 보이지만 문연각 동공해와 문연각은 엄연히 다른 건물이다. 그런데 동공해가 문연각에 딸린 사무동이라면 문연각으로 쳐도 되지 않을까? 이 수수께끼를 풀기 위해서는 명나라 문연각을 심층 취재해야 한다.

'문연각 동공해'가 어느 건물의 정식 명칭이 아니었음은 중국 측 공식 기록에 전혀 등장하지 않는다. 명나라 문연각이야 명확하게 실재했던 건물이다. 앞에서 말한 청나라 문연각처럼 명나라 때 자금성 안에 있던 도서관이었다. 그런데 청나라 문연각과 다른 점이 있었다. 청나라 문연각은 황제 열람용 『사고전서』가 비치된 황제의 공간이었던 것에 비해 명나라 문연각은 황제보다 신하들이 주로 이용하던 도서관이었다. 황제가 오는 일도 있었지만 서적을 열람하는 일보다 정무를 의논하러 왔다.

명나라는 재상 제도가 없고 대학사(大學士)가 황제 자문역으로서 재상 역할을 했다. 그 대학사들이 황궁 '내(內)'에 모여 황제의 질문을 기다리던 전'각'(殿閣)이 '내각(內閣)'이었다.(내각제의 '내각'이 여기서 나온 말이다.) 그런데 내각은 편의상 붙인 이름이었다. 명나라 대학사들이 머무는 전각은 여러 군데였는데 모두 규모가 작고 볼품도 없었다. 자금성은 황제가 중심이 되어야 하므로 신하 전용 공간은 일부러 규모를 작게 지었던 것이다. 문연각도 작고 볼품없었다고 한다.

명나라 내각의 대학사는 '문연각 대학사'라고 불렸는데, 대학사들이 황제의 질문을 기다리며 대기하는 공간 중 귀중본 서적을 보관하고 있던 문연각이 가장 중요한 곳이었기 때문이다. 그래서 '내각'과 '문연각'은 동의어가 되었다. 명나라 공식 기록에는 문연각 대학사 후보들이 숙직하며 공부하던 '동각(東閣)'이 나온다. 이곳을 『심양일기』에 나오는 소현세자 거처 '문연각 동공해'로 추정할 수 있을까? 그럴 것도 같다. 그런데 문제는 명나라 때의 동각이 자금성 여러 군데 존재했다는 점이다. 필요에 따라 이곳저곳으로 자리를 옮긴 것이다. 따라서 문연각 동공해는 문연각 부속 건물로 문연각 근처에 있었던 것으로 추정하는 수밖에 없다.

명나라 문연각은 지금 어느 정도 위치 추정이 가능하다. 명말청초에 나온 『춘명몽여록(春明夢餘錄)』에 대학사들이 대기하던 문연각이 자금성 '오문 안 동남쪽 성벽과 붙은 곳'에 있었다고 나온다. 대문은 서향이었고 건물은 남향이었다. 자금성의 남쪽이 성벽으로 막혀 있으니 대학사들은 성벽에 막힌 공간에서 사무를 보았다. 그런데 '오문 안 동남쪽 성벽과 붙은 곳'이 꽤 넓다. 그 구역 안 어딘가에 명나라 문연각이 있었다. 문연각은 명나라 말기에 소실된 뒤 복원의 기회를 놓쳤다. 청나라 학자들도 없어진 명나라 문연각 자리를 찾으려고 애를 썼지만 결국 정확한 자리를 찾아내지 못했다. 그저 그쯤에 있었으리라 하고 만 것이다.

1946년에 찍은 자금성 사진. 오른쪽 하단 담장 안쪽에 있는 건물이 청나라 내각으로 명나라 문연각이 있던 곳으로 추정된다.

청나라에서도 재상을 두지 않고 '내각 대학사'가 그 역할을 대신했다. 그러나 내각 대학사를 문연각 대학사로 부르지 않았다. 문연각이 황제 열람 전용 『사고전서』 보관소로 기능이 바뀌었기 때문이다. 청나라 내각 건물은 '오문 안 동남쪽 성벽과 붙은' 구석진 곳에 지금도 남아 있어 명나라 문연각 위치를 대강이나마 짐작하게 해준다. 중국 자금성학회 사무실로 쓰고 있는 청나라 내각 건물은 비공개 구역이라 들어갈 수 없다. 그러나 2015년부터 자금성 성벽을 올라갈 수 있게 되어 성벽 위에서 내각 쪽을 내려다볼 수 있다. 오문 쪽에서 성벽으로 올라가 동화문 쪽으로 가는 자금성 남쪽 벽에 바짝 붙어 있는 건물군이 있는데 모두 청나라 내각에서 쓰던 건물들이다. 그중 정면 3칸짜리 집이 청나라 내각 건물이다.

베이징의 소현세자

『심양일기』에는 소현세자의 베이징 시절이 간략하게 기록되어 있다. 여기에는 사정이 있었다. 소현세자는 친히 조선인 부대를 이끌고 청나라 부대와 연합하여 베이징으로 진격해 갔다. 상대는 이미 멸망한 명나라의 뒤를 이은 이자성(李自成)의 대순(大順) 부대였다. 크고 작은 전투 중에 목숨을 잃을 뻔한 위기를 거치면서 마침내 베이징에 입성한 소현세자는 청나라 연합군 총사령관 도르곤과 함께 자금성에 들어갔다. 그런데 문제는 조선 사람 중 소현세자 한 사람만 자금성 안으로 들어가는 것이 허락되었고, 다른 사람은 자금성 밖에서 대기하게 된 것이었다. 청나라 측에서도 도르곤의 소수 정예 친위병만 자금성 안으로 들어갈 수 있었다. 도르곤이 자금성 안으로 들어간 뒤 출입은 엄격히 통제되었다.

『심양일기』는 소현세자가 직접 작성한 것이 아니라, 심양으로 옮겨가 있던 동궁전의 관리가 공문서 실록으로 남긴 것이다. 심양의 청나라 초기 황궁 가까이에 있던 조선 동궁전은 '심양관'이라고 불렸다. 이곳은 소현세자가 볼모살이를 하면서 청나라와 외교 활동을 하던 관아이자 세자의 살림집이었다. 그런데 소현세자가 자금성에 들어가 있었을 때에 동궁전 관리가 곁에 없었으므로 소현세자의 자금성 일지는 한 줄로 남게 되었다.

5월 초이튿날 자금성에 들어갔던 소현세자는 아흐레 밤을 자고 자금성 밖으로 거처를 옮겼다. 당시 자금성은 사람이 거처할 만한 데가 없었다. 소현세자가 머물렀던 명나라 대학사들의 사무 공간 문연각 동공해는 거주용 공간이 아니었으므로 잠자리며 식사 등 모든 것이 문제였을 것이다. 도르곤이 소현세자를 자금성 안으로 초대하고 그 안에서 거처하게 한 것은 소현세자를 우대한 것이었다. 그러나 문연각 동공해가 거처로 삼기에 불편했고, 신변에 조선 사람을 둘 수 없어 어려운 점을 호소하자 도르곤은 5월 11일에 소현세자의 거처를 옮기게 했다. 광인가(廣仁街) 서편에 있던 명나라 서안공주(瑞安公主, 『심양일기』에 만력제의 딸로 나오지만 만력제의 여동생이자 융경제隆慶帝의 딸이다.)의 아들 집이었다. 공주와 부마가 모두 세상을 떠나 그 아들이 물려받은 집이었다. 그 집도 전쟁 통에 망가진 데가 많아 불편했는지 소현세자는 이틀날 그 집 이웃에 있던 수양공주(壽陽公主, 서안공주의 언니) 집으로 옮겼다. 소현세자는 그 집에서 열이틀 머문 뒤, 5월 24일 베이징을 출발해 심양으로 향했다. 돌아갈 때는 베이징에 들어올 때의 산해관 쪽 길이 아닌 베이징 북쪽 길을 택해서 갔다. 세자가 심양에 도착한 것은 6월 18일이었다.

그때 후금의 도읍 심양에서는 베이징 천도 작업이 진행 중이었다. 이미 한 달 전에 베이징을 새로운 도읍지로 정한다는 도르곤의 발표가 있었다. 네 살 된 어린 황제와 그 생모 효장황태후가 도르곤의 의견에 따라 길 떠날 준비를 하고 있었던 것이다. 고향은 아니었지만 그래도 이십여 넌 도읍지로 썼던 곳인데, 그들은 미련 없이 베이징으로 떠났다. 땅이란 정착해서 사는 곳이 아니라 잠시 머무는 곳이었다. 그랬던 그들인데 베이징에 들어간 뒤에는 유목민의 본성을 한편에 내려두고 그곳에 정착했다.

그해 8월 18일 소현세자와 세자빈은 봉림대군의 식솔과 함께 황제 행렬을 따라 청나라 새 도읍 베이징으로 향했다. 소현세자가 베이징에 다시 들어가서 어느 곳에 머물렀는지 『심양일기』에 나오지 않는다.(2차 베이징 생활에 관한 기록이 아예 전하지 않고 있다.) 수양공주 집을 그대로 썼기 때문에 새삼 밝히지 않았을 가능성이 크다. 봉림대군의 거처도 따로 언급이 없는 것으로 보아 심양에서와 마찬가지로 소현세자와 같은 집에 살았을 것으로 추정된다. 베이징에 다시 들어간 소현세자는 아담 샬(Adam Schall) 신부와 친분을 맺었다. 아담 샬이 남긴 편지에는 소현세자가 가톨릭 베이징 남당에 여러 번 찾아갔다고 한다. 남당은 이 책 뒤에서 다시 언급한다.

소현세자와 봉림대군은 9월 19일부터 베이징에 살기 시작했다. 두 달쯤 지나 도르곤이 조선과의 적대 관계를 끝내겠다며 세자의 귀국을 허락했다. 11월 26일 소현세자가 귀국하고 봉림대군이 남았다. 남은 봉림대군은 소현세자가 죽은 뒤에야 한양으로 돌아갔다. 봉림대군은 효종으로 즉위한 뒤 북벌을 계획했다고 한다. 그러나 소현세자보다 더 오랫동안 베이징에 살면서 청나라 초기의 기세를 경험했던 봉림대군이었다. 세상 강한 군대와 대결해야 하는 북벌이 환상 속에나 있을

법한 전쟁이 되리라는 걸 그 누구보다 더 잘 알고 있지 않았을까? 결국 조선이 청나라를 치러 가는 일은 발생하지 않았다.

숭정, 이자성, 도르곤의 무영전

무영전(武英殿, 현 고궁박물원 도자기관)은 자금성 외조(外朝)의 왼쪽 날개로 문화전과 대칭을 이룬다. 명나라 말기 소실되어 버린 문화전을 청나라 강희제가 무영전 그대로 중건했고, 청나라 말기에 소실된 무영전을 중건할 때 문화전 설계도대로 지어서 지금 남아 있는 두 건물은 쌍둥이가 되었다. 무영전은 청나라 때 정교하기로 이름난 전본(殿本, 무영전본) 서적을 간행하던 곳으로 유명하다. 욕덕당(浴德堂, 목욕탕)과 우물을 부대시설로 갖추고 있는데 숙직하던 관리들이 이용했다고 한다.

자금성 안을 흐르는 내금수하(內金水河)가 동쪽에서는 문화전을, 서쪽에서는 무영전을 감싸고 있어 이 쌍둥이 건물은 다른 전각에 비해 훨씬 아늑하게 앉아 있다. 게다가 무영전의 대문 무영문 바로 앞을 내금수하가 지나는데 백옥 다리 셋이 대문을 향하고 있어 특별한 광경을 이룬다. 자금성 안 어디에도 이런 멋을 부린 데가 없다.

무영전과 문화전은 태화전보다 규모가 작고 외곽에 있지만 문화전은 태자가 정무를 처리하던 곳이고, 무영전은 태화전을 쓰지 못하게 되었을 때 황제가 임시로 정무를 처리하던 곳이다. 그중에서도 1644년 갑신년, 무영전에 일이 많았다.

다음은 주요 등장인물이다.

주유검(朱由檢, 1611~1644) : 숭정제(崇禎帝), 명나라 마지막 황제
이자성(李自成, 1606~1645) : 영창제(永昌帝), 대순(大順) 건국
도르곤(多爾袞, 1612~1650) : 청나라 섭정왕, 베이징 입성 장군
이왕(李溰, 1612~1645) : 조선 소현세자, 옵서버

이야기는 이렇게 된다. 1644년 3월 어느 날, 농민봉기군의 나라 대순국 군대가 만리장성을 넘어 베이징 북쪽 도성에 가까이 와 있었다. 풍전등화 신세였던 자금성의 숭정제에게 대순국 영창제가 사람을 보냈다. 자신을 명나라 제후왕으로 봉하고, 자신의 고향이 있던 섬서(陝西) 땅을 영지로 주면 당장이라도 명나라를 도와 산해관을 넘어 청나라를 멸해 주겠다는 제안이었다. 물론 군량미는 명나라 쪽에서 대는 조건이었다. 이미 명나라 북쪽은 거의 다 대순국 땅이 되어 있었는데 그 넓은 땅을 양보하고 섬서 땅만 갖겠다는 것이었다. 믿기 어려웠든지 아니면 아예 상대하기가 싫었든지 숭정제는 영창제의 제안을 들어주지 않았다. 2만 명의 대순국 군대가 베이징 도성에 사다리를 걸치자 숭정제는 자금성 북문을 나가 매산(煤山, 지금의 경산景山)에서 자결했다. 이어서 환관들이 도성 북서쪽 덕승문(德勝門)을 열고 대순국 군대를 맞이하여 승천문(承天門, 지금의 천안문)으로 인도했다. 숭정제의 자결을 보고받은 영창제는 정중히 장례를 치러 주었다.

영창제 이자성은 섬서 사람으로 20대 초반에 은천(銀川) 역졸로 있었다. 그런데 마침 숭정제가 즉위하여 개혁 조치를 한다며 역참마다 인력을 감축해 버렸다. 이때 해고된 이자성은 빚 독촉하던 채권자를 죽이고, 다른 남자와 정을 통한 아내도 죽인 뒤 감숙성(甘肅省)에서 농

민군에 투신했다. 그 뒤 발군의 실력으로 승진을 거듭하여 우두머리가 되었다.

마침내 자금성의 주인이 된 영창제는 무영전에서 사무를 보았다. 산해관(山海關)에 버티고 있던 오삼계 부대를 치고 와서 성대한 등극 의식을 올리고 본전의 옥좌에 오르겠다는 계획이었다. 그러나 오삼계가 청나라 부대에 지원을 요청하는 바람에 일이 틀어지게 되었다. 오삼계에게는 대순국과 청나라 둘 다 적이었지만 사정이 급해지자 청나라에 귀순해 버린 것이다. 영창제로서는 생각하지 못한 수였다. 산해관 전투에서 명청 연합군에 패한 영창제는 서둘러 자금성으로 돌아와 무영전에서 간단한 등극식을 거행했다. 그리고 자금성에 불을 지른 뒤 베이징을 빠져나갔다. 자금성에 들어간 날로부터 43일째였다. 산해관에 작전을 나갔으니 자금성에 머물렀던 건 한 달도 채 되지 않는다. 이때 영창제가 마지막 순간까지 집무했던 무영전만 화재를 피했다.

이자성을 쫓아 베이징으로 향했던 도르곤은 하루 차이로 이자성을 놓쳤다. 도르곤은 자금성 안 유일하게 남아 있던 무영전에서 개선식 거행하고 베이징을 청나라의 도읍으로 선포했다. 이때 소현세자가 참석했다. 조선인 부대에 대한 표창도 있었다.

도르곤은 심양에 있던 조카 순치제(順治帝, 1638~1661, 당시 7세)가 베이징에 들어올 때까지 넉 달 넘게 무영전에서 황제 대신 나랏일을 보았다. 몇 달 사이에 대명, 대순, 대청, 세 나라가 망하고 일어나느라 베이징 민심이 수상했고, 남쪽에서는 명나라 부흥 운동이 일어나 천하가 불안했다. 할 일이 많았지만 도르곤은 가장 먼저 베이징 방산(房山) 금나라 황제 묘역에 사람을 보내 여진 사람들이 다시 베이징을 접수했음을 알렸다. 방산에는 금나라 태조 완안아골타(完顔阿骨打)를 비롯한 금나라 황제 묘역이 보존되어 있었다.

무엇보다 도르곤은 명나라 도성을 그대로 이어받아 썼다. 역대에 드물게 보는 일이었다. 새 왕조가 이전 왕조의 도읍지와 궁궐을 대하는 방식 중 가장 흔한 것이 훼손으로 대개 불을 질러 다시는 쓸 수 없게 만들어 놓았다. 훼손하지 않은 경우가 있다 해도 도읍지 터를 확장하고 궁궐을 증축해서 썼다. 그러나 도르곤은 그렇게 하지 않았다. 명나라 도성을 그대로 재활용했다. 자금성이 명나라 건국 초의 틀을 유지하고 있는 것은 도르곤의 재활용 정책 덕이다. 도르곤은 조카 황제가 베이징에 들어온 뒤에도 섭정왕으로 집권하며 초기 청나라를 안정시켰다. 조카 황제는 삼촌을 모시고 무영전에서 황제 훈련을 받았다.

무영전은 숭정제에게도 사연이 있는 곳이다. 1635년, 이자성과 쌍벽을 이루던 장헌충(張獻忠)부대가 안휘성(安徽省) 봉양(鳳陽)의 주원장 가문 선산을 훼손했을 때, 숭정제는 반성문을 쓰고 으리으리한 건청궁을 나와 자금성 남쪽 구석의 '허름한' 무영전으로 거처를 옮겼다. 이곳에서 숭정제는 식사와 의복을 간소하게 하면서 국운의 회복을 위해 애쓰는 모습을 신하들에게 보여 주었다. 숭정제의 '무영전 쇼'는 얼마 가지 않아 끝이 났지만, 그뒤로도 숭정제는 자결하는 전날까지 무영전에서 사무를 보는 일이 많았다.

숭정제가 1611년 2월생이라 소현세자보다 한 살이 많다. 소현세자는 1612년 정월생이고, 도르곤이 시월생으로 둘은 동갑이다. 이자성은 이들보다 대여섯 살 많았다. 숭정, 이자성, 도르곤은 삼십 대 시절 얼마 되지 않은 시간 차를 두고 자금성의 주인 노릇을 했다. 소현세자는 세

명의 주인이 바뀌는 현장의 옵서버였다.

자금성 재난사

자금성은 여러 차례 고비를 겪었는데 그중에 화재를 가장 많이 겪었다. 자금성의 역사는 화재의 역사라고 해도 과언이 아니다. 명나라 230년 동안 자금성은 모두 47번 화재를 겪었다. 평균 5년마다 한 차례 불이 난 것이다.

첫 번째 화재는 준공 4개월 만에 났다. 1421년, 벼락을 맞아 3대 전각이 모두 타버렸을 때 영락제는 태묘에 가서 반성문을 제출하며 잘못을 빌어야 했다. 금전 손실도 손실이지만 조카와 3년 내전을 치르고 황위에 오른 것이나 많은 반대를 무릅쓰고 베이징으로 천도한 것, 수많은 사람을 죽여서 숙청한 것 등이 마음에 걸려 잠자리가 늘 불편했는데 드디어 하늘의 벌을 받는다고 생각했을 것이다.

그보다 먼저 정월 초하루 베이징 자금성에서 첫 조회 겸 준공식을 열었을 때 불길하게도 흠천감 박사 한 사람이 4월 8일 오시에 불이 날 것이라는 예언을 했다. 화가 나서 바로 죽이고 싶었지만 그 박사를 옥에 가두고 그날 그 시각이 지나도록 석 달 열흘을 조바심하며 보내고 있었다. 그 시각이 지나면 죽일 셈이었다. 4월 8일이 되어 오시가 지나도록 불이 나지 않아 한숨 돌리려는 순간, 갑자기 불이 나서 한순간에 황극전(태화전), 중극전(중화전), 건극전(보화전) 3대 전각이 타버리는 일이 발생했다. 불은 오시 3각에 일었다. 박사를 찾으니 이미 자결한

만력제 정릉(定陵)의 널방. 1958년 베이징 명십삼릉 중 처음으로 발굴되었으나 유물이 훼손되는 바람에 최후로 발굴된 능이 되었다.(《베이징문물지도집》 사진)

뒤였다. 오시가 되도록 불이 나지 않자 스스로 목숨을 끊은 것이었다.

황제는 3대 전각을 다시 짓고 싶은 생각이 전혀 들지 않아 문화전에서 정무를 보기 시작했다. 문화전은 황태자의 공간일 때가 많았는데 그때는 녹색 유리기와를 얹었다. 청나라 때 황제가 공부하는 경연장으로 쓰면서 황색 기와로 바꿨다. 자금성 중심의 엄청난 폐허를 바라보면서 화병이 났던 아들 황제와 손자 황제가 남경으로 도읍을 옮길 계획을 세우기도 했지만 두 황제 모두 일찍 세상을 떠나 이루지 못했다. 폐허는 불이 난 지 20년쯤 지나 증손자 황제 정통제(正統帝) 손에 복구

됐다.

이후에도 자금성의 화재는 계속되었다. 그중에서도 치명적인 화재는 만력제 즉위 25년(1597) 6월에 발생했다. 명나라 멸망 전 마지막으로 일어난 원인 불명의 큰 화재였다. 3대 전각이 또 모두 타버렸다. 기왓장이 포탄처럼 하늘을 날아다녔고, 자금성은 다시 폐허가 되었다. 바로 9개월 전, 자금성의 살림 공간인 건청궁과 곤녕궁에 불이 나서 황제가 거처를 옮겨야 했는데, 이번에는 집무 공간이 다 타버린 것이었다. 피해 규모가 너무 커서 복구 비용을 마련할 수 없었다.

1572년, 만력제가 열 살의 나이로 즉위했을 때, 명나라 조정에 장거정이라는 개혁가가 전면에 등장했다. 장거정은 새 황제의 스승으로서 황제를 교육하고, 대학사로서 황제 대신 정무를 처리했다. 장거정은 탈세자부터 처리하기 시작했다. 호적 세탁으로 탈세하던 자들을 찾아내기 위해 토지 조사를 하자 장부 뒤에 숨어 있던 탈세자들이 드러났다. 이들에게 토지분 재산세를 부과하면서 재정이 조금씩 호전되었다. 장거정은 정부와 황실의 불요불급한 지출을 삭감하고 공무원 인력을 재배치했으며 군비를 정돈했다. 그리고 부대별로 개간을 장려하여 주둔지에서 자급자족하게 했다.

그런데 자신의 이익을 침해받은 향촌의 신사들과 상인들이 개혁에 저항했다. 용감한 관리들은 신사들을 위협하기도 했지만 대부분의 지방 특히 강남에서는 신사들에게 세금을 요구하지도 못했다.

명나라 재정 10년은 견딜 수 있는 은을 마련해 놓고 장거정이 세상을 떠났다. 명나라는 선장을 잃은 배처럼 우왕좌왕 멸망의 길로 접어들었다. 장거정이 추진하던 개혁이 멈추었기 때문이다. 개혁의 발걸음을 멈추게 한 것은 만력제였다. 스승이 돌아가신 날, 황제는 '문충(文忠)'이라는 최고의 시호를 내리고 조회를 열지 않음으로써 애도했다. 또 3천 명의 군사를 보내 형주부(荊州府) 강릉(江陵)으로 가는 스승의 운구행렬을 호위하게 했다. 그러나 그것으로 그만. 4일째 되는 날, 장거정이 키운 인재가 탄핵되면서 숙청의 피바람이 불기 시작했다. 장거정은 부관참시했고, 그 가족들은 굶겨 죽이거나 멀리 유배 보냈다. 장거정이 기용했던 사람들도 삭탈관직에 참수형을 받기까지 했다. 스스로 목숨을 끊은 사람도 많았다. 장거정이 황제에게 누구인가! 아버지 황제가 고명(顧命)대신으로 지정하여 자신을 돌보게 했던 스승이자 대학자였던 것을, 단칼에 처리해 버린 것이다. 장거정은 열 살 황제를 호되게 훈련한 죄를 받은 것이다. 황제에게 사치와 낭비를 금한 죄도 컸다. 공부가 얼마나 지겨웠으면, 맛있는 음식이 얼마나 먹고 싶었으면. 장거정은 당장 필요 없는 건물이면 자금성 안에서도 토목공사를 일으키지 못하게 막았다. 황제의 부식비를 삭감했을 뿐 아니라 열여덟 한창때의 황제가 궁녀들과 어울려 놀고 있던 것을 황태후에게 고하여 황제가 6시간 동안 무릎을 꿇게 했다. 그러나 그것이 다가 아니었다. 더 큰 죄는 장거정의 개혁으로 대지주 관료들에게 큰 손해를 입힌 것이었다. 그들은 장거정에게 뒤집어씌울 죄명이 없어 장거정이 부친상에 제대로 복상하지 않았다는 죄를 씌웠다. 조정에 한시라도 장거정이 없으면 안 된다는 이유로 부친 상복을 입지 못하게 한 것은 황제였다. 그것으로 죽은 장거정을 벌하게 될 줄은 황제 자신도 몰랐을 것이다. 장거정의 명예는 40년이 지나 손자 황제 때에 가서야 회복되었다.

장거정이 세상을 떠난 뒤 전역에서 농민들이 들고 일어섰고, 동북쪽에서는 만력 연간에 후금을 건국한(1616) 여진 사람들이 공격해 왔다. 그러나 군량 조달도 어려웠다. 숭정 15년, 멸망까지 2년 남은 때 안타깝게도 전국에 역병이 돌았다. 제도가 있어도 사람이 문제, 일대 계층을 이루어 개인의 이익을 챙기기 바빴던 사대부들은 오합지졸, 국난 극복의 적임자가 될 수 없었다. 베이징의 민심이 다시 돌아섰다. 명나라가 망해도 좋다고 생각했다. 거기에 1597년 화재가 결정타였다.

1644년, 청나라 군대에 쫓기던 이자성이 자금성을 떠나면서 불을 질러 버렸다. 한 달 안 되게 머물렀던 자금성에 미련이 남았을 리 없겠지만, 외조 3대 전각과 내정 3대 전각을 비롯하여 거의 모든 건물을 태워 버렸다. 만력제가 은 900만 냥, 천계제가 600만 냥을 넣어 중건한, 몇십 년 지나지 않은 새 건물들이었다. 그 며칠 뒤, 도르곤과 함께 자금성에 들어갔던 소현세자는 그 폐허를 지켜본 유일한 조선 사람으로서 대국 명나라가 망한 모양을 실감했을 것이다.

천 년 단홍교와 회화나무

단홍교(斷虹橋)는 무영전 동쪽, 내금수하 위에 남북으로 놓인 다리다. 자금성 안을 흐르는 이 물길에는 모두 14개의 다리가 놓여 있는데 이 다리가 가장 오래되었다. 물이 이 다리 아래서 급하게 꺾인 것을 보면 명나라 자금성의 설계도를 그릴 때 원나라 황성의 대문 영성문(靈星門) 안에 있던 이 다리를 살리려고 일부러 물길을 꺾었음을 알 수 있다.

난간에는 모란, 국화, 연꽃, 해바라기 등 여러 가지 꽃들이 조각되

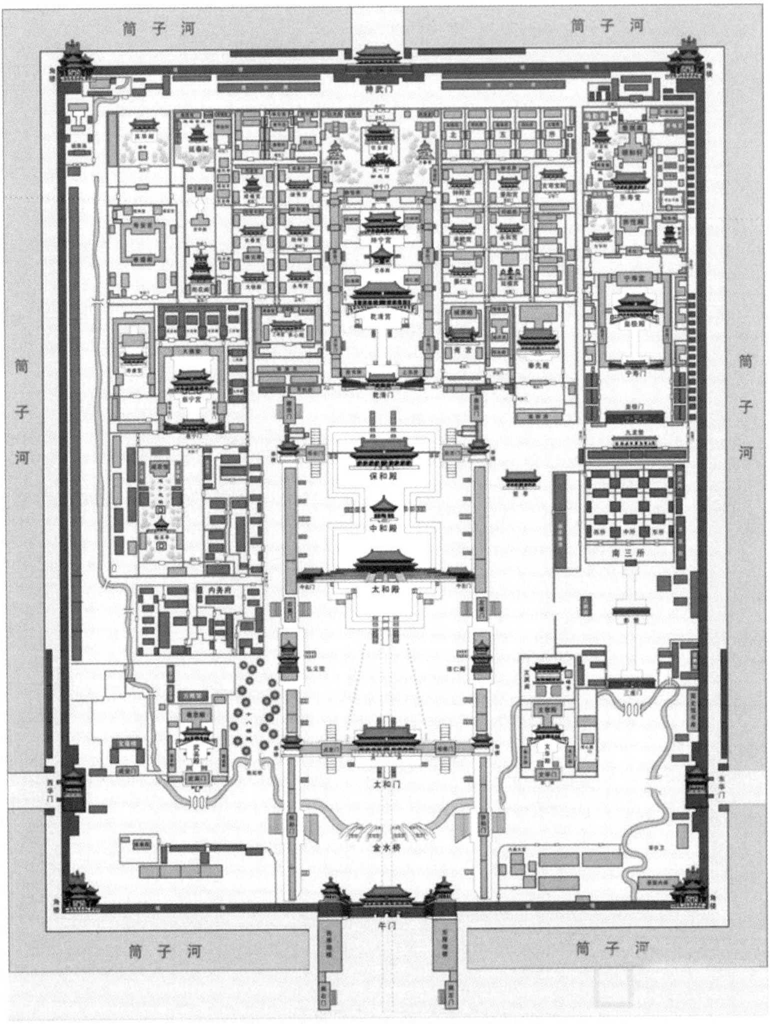

고궁박물원의 자금성 안내도. 그림 왼쪽 아래에 흐르는 내금수하에 놓인 다리가 단홍교이고, 무영전 오른쪽에 회화나무 자리가 표시되어 있다.

어 있는데 그 꽃 속에 용이 묻혀 있다. 용이 조각된 난간 위에는 각각 다른 모양의 34마리 작은 사자가 앉아 있다. 용 위에 사자가 앉아 있는 모습은 중국 고건축에서 흔하게 볼 수 있는 풍경이 아니다. 이 다리가 원나라 때 세워졌음을 알려주는 징표다. 다리에는 또 상상의 동물 공복(蚣蝮)이 새겨져 있는데 그 양식이 또 원나라 때 것이다. 공복은 한 번에 엄청난 물을 마실 수 있어 비가 많이 올 때 큰물이 지지 않도록 다리를 수호할 임무를 띠고 있다. 베이징의 다른 옛 다리 노구교(蘆溝橋)와 만녕교(萬寧橋)에도 공복이 있다. 금나라와 원나라 때의 다리들이다. 자금성 단홍교는 오랫동안 공개하지 않고 보호해 오다가 2016년부터 개방되었다.

이 다리 북쪽은 회화나무 숲이다. 원나라 말기에 심은 회화나무 고목이 작은 숲을 이루고 있다. 원래 열여덟 그루였는데 한 그루가 죽었다. 궁궐에 회화나무를 심은 것은 몇천 년 된 일이다. 주나라 때 조정 회의를 열면 삼 정승은 회화나무 세 그루 앞에 앉았다. 삼 정승 자리를 표시하기 위해 일부러 회화나무를 심은 것이다. 우리나라에도 이 풍습이 있다. 『삼국사기』에 따르면 백제 궁궐에 회화나무가 있었다고 한다.

이 회화나무 숲의 남쪽은 자금성 담장이고 그 밖은 사직단(현재 중산공원)이다. 사직단에도 오래된 나무가 많아 600그루나 있다. 그중에서 1천 살이 넘은 측백나무 일곱 그루의 위용이 대단하다. 요나라 흥국사(興國寺) 시절에 심은 나무들이다. 자금성 안팎의 목조 건축물들은 기사회생을 거듭했지만, 이 나무들은 다르다. 살아서 오랜 세월 베이징 중심을 지켜냈다. 이 나무들이야말로 베이징의 주인공이다.

2부

거꾸로 읽는 베이징 역사

50만 년 전 사람들

1918년, 스웨덴 지질학자, 고고학자, 탐험가 요한 군나르 안데르손(Johan Gunnar Andersson)이 베이징에서 화석 꾸러미를 선물 받았다. 선물한 사람 말로는 주구점(周口店)이란 곳에 가면 붉은 흙 속에 이런 화석이 가득하다고 했다. 안 그래도 20세기 초 베이징 약방에서 팔리던 '용골(龍骨)', '용치(龍齒)'를 구입한 독일인 의사가 고척추동물학자 오거스트 루드비히 슐레최르(August Ludwig von Schlözer)에게 감정해 보니 치아 2개가 사람의 것이라고 해서 그 용골의 산지를 탐사하려는 사람이 늘고 있었다.

안데르손은 1914년 중화민국 정부에 지질-광물조사 전문가로 초빙된 인물로서 베이징 원인(猿人)의 치아를 찾아냈고 앙소(仰韶) 채도 문화도 발굴했다. 중국에서 10년을 보낸 뒤 스웨덴에 돌아가 동방박물관에 근무하며 중국 고고학 연구에 집중했다. 중국 고고학을 발전시킨 인물이나 학문적 결점도 있었다. 앙소 문화 같은 수준 높은 선사문화가 중국에서 발생했을 리 없고, 서방에서 감숙성 하서회랑을 통해 중국 땅으로 들어갔다고 주장한 것이다. 아편전쟁 이후 서양 사람들의 청나라 무시가 심해져서 그것이 학술 연구까지 이어진 것의 전형을 보여준다. 동방을 자기네 입맛대로 신비의 땅, 황금의 땅으로 착각하더니, 전쟁으로 물자와 인력을 약탈하고 정치적으로 지배까지 했다. 모험 정신을 갖춘 상인들과 군대 앞에 섰던 선교사들 뒤로 지식인과 작가들이 따라가며 동방을 왜곡했다.

안데르손은 팀을 구성하여 1918년 주구점의 동굴을 조사하고 발굴에 들어가 1923년에 사람 치아를 찾아냈다.(오스트리아인 대원이 발견) 그런데 바로 발표하지 않고 1926년 스웨덴 왕세자가 베이징을 방문했을 때 환영식에서 그 사실을 공개했다. 뒤에 구스타프 6세로 즉위한 그 왕세자는 스웨덴에 중국 발굴품을 전시할 동방박물관을 세울 만큼 중국 고고학에 관심이 많았다. 중국위원회를 설립하여 중국에서 발굴한 유물을 모두 스웨덴으로 가져가서 연구한 뒤에 절반은 남기고 절반은 중국에 돌려주는 것을 골자로 한 중국-스웨덴 문화재 발굴 협력 사업 교섭에 성공한 안데르손을 칭찬하러 베이징을 방문한 길이었다. 왕세자는 안데르손 팀이 찾아낸 고인류 치아에 흥분을 감추지 못했다. 왕세자는 중국을 거쳐 그해 10월 경주를 방문해 마침 발굴 중이던 노서동 129호 고분에서 세 마리 봉황이 달린 금관을 직접 꺼내기도 했다. 129호 고분은 스웨덴의 '瑞'를 넣은 서봉총(瑞鳳塚)이다.

1929년, 주구점에서 중국인 주도하에 최초로 사람 두개골 화석을 발굴했다. 고인류 연구사에 한 획을 그었다고 할 만큼 중요한 발굴이었다. 책임자는 베이징대학교 출신 배문중(裵文中)이었다. 두개골은 깨지지 않은 것이었고 치아, 뼈도 함께 나왔다. 연대측정 결과 대략 50만 년 전에 살았던 고인류로 밝혀졌다. 그 뒤로도 계속 발굴이 이루어져 두개골 6구, 하악골 14개, 치아 157개 등이 나왔다. 남녀노소 40여 명의 잔해였다. 뇌 용량은 평균 1088ml(현재 인류 평균 1400ml), 성인 남자 키는 156cm, 여자 150cm였다. 발견된 현황으로만 볼 때 68.2%는 14세 전에 죽었고 50세 넘어 산 사람은 약 4.5%였다.

배문중 팀은 당시에 불을 썼던 흔적도 발견했다. 1930년, 같은 구역의 다른 지층에서 후기 구석기 때 살았던(약 1만 8천 년 전) 고인류의 뼈

주구점 베이징원인박물관(周正 사진)

화석이 발견됐다. 이를 산정동인(山頂洞人)의 화석이라고 하고, 1973년에 발견된 10만 년 전 고인류 치아 화석은 신동인(新洞人)이라고 한다. 그런데 1930년대까지 발견된 유물은 1941년에 어디론가 사라져 아직까지 소재가 파악되지 않고 있다. 일본군 또는 미군의 짓이라는 소문이 있는데 확인할 수 없다. 지금 박물관에 전시 중인 두개골은 모두 그 뒤에 발견된 것들이다.

지금까지 발굴된 결과로 보면 50만 년 전 주구점은 살기 좋은 환경이었던 모양이다. 게다가 한 곳에서 50만 년 동안 줄곧 사람이 살았던 흔적이 발견된 곳도 드물다. 2018년, 주구점 발견 100주년을 기념하여 주구점 유적지가 새로 단장되었다. 베이징에 살면서 이 유명한 구석기 유적지를 가보지 못했다. 도심에서 50km가 넘는 데다 교통도 아주 불편하기 때문이다. 올해 2020년 말이면 주구점 앞까지 지하철이 가 닿는다고 하니 다음 베이징행에 기회가 있을지도 모르겠다.

산융의 땅

명나라에 들면서 베이징 북방 장성에 안쪽에는 농경문화의 한인(漢人)들이, 바깥쪽에는 몽골 사람들이 살게 되는 새로운 질서가 형성되었다. 그보다 먼저 수나라와 당나라 연간에 말갈 사람들이 들어오기 전 베이징에는 유목문화가 형성되어 있었다. 장성이 생기기 전 베이징은 북쪽으로 열려 있어서 유목하는 사람들이 얼마든지 내려와 살 수 있었다. 그런데 옛날에는 황하(黃河)가 지금의 산동성 하구보다 더 북쪽인 천진(天津)에서 바다로 들어갔다. 은허를 마지막 도읍지로 하여 멸망했던 상(商, 기원전 1600~1046) 왕조 때만 해도 황하 하구가 베이징에서 가까웠다. 은허 중심으로 농경문화를 발전시킨 사람들이 황하 물길을 따라 북상하여 약 500km 북쪽의 베이징으로 나아갔다. 그리하여 유목문화와 농경문화가 베이징에서 만나게 되었다. 만리장성 팔달령(八達嶺) 구간이 있는 베이징 연경(延慶)에서 발견된 산융(山戎) 문화 유적지에서 두 문화가 부딪히던 시절을 상상해 볼 수 있다. 이곳에는 산융 사람들의 장방형 수혈식 묘지 몇백여 기가 나란히 분포되어 있다. 유물의 주를 이루고 있는 청동기로 판단할 때, 이 유목문화는 대개 2500년 전쯤의 것으로 보인다. 이때는 이미 농경문화 사람들이 베이징 남부까지 진출했을 때였다. 베이징 북부에는 이곳 외에도 유목문화 사람들이 남긴 것으로 추정되는 유적지가 있다. 원래 베이징을 차지하고 살던 유목문화가 농경문화에 밀려 베이징 북쪽 산지로 이동했던 흔적이 아닐까 추정해 본다.

연경 산융 문화 묘지 터로부터 동쪽 13km 지점 화강암 절벽에 1백 개가 넘는 혈거(穴居) 주거지가 남아 있다.(만리장성 팔달령 구간 북쪽 20km 지점) 미국 원주민의 클리프 팰리스(Cliff Palace)를 연상하게 하는 이 절묘한 공동주택에서 어떤 사람들이 살았는지 아직 정확하게 밝혀져 있지 않다. 혈거지는 거의 다 반듯한 사각형인데 면적이 큰 것은 20㎡, 작은 것은 3㎡로 큰 평수에는 방이 두세 개 있고 복층 구조도 있다. 집에는 문과 창문, 잠자리, 벽장, 연기 빠지는 통로, 창고 등이 갖추어져 있다. 주거용에는 아궁이가 있고 가축우리에는 구유도 있다. 대청을 갖춘 규모 있는 집은 왕궁으로 보인다. 절벽 혈거는 중국 농경문화에서는 볼 수 없는 주거지다. 연경 산융의 묘지와 가까운 곳에 있으니 여기가 산융 사람들의 아파트였을지도 모르겠다.

남쪽 농경문화의 상나라 사람들이 북상하면서 베이징의 산융 사람들은 상나라 변경과 이웃했다가 어느새 베이징 밖으로 쫓겨나게 되었다. 살기 좋은 베이징을 포기한 이들은 북쪽으로 옮겨가 흉노 문화에 합세했을 것으로 추정된다. 상나라에 이어 농경문화를 한 단계 더 발전시킨 주(周)나라는 제후국을 설치할 정도로 베이징에 탄탄한 세력을 형성했다. 더는 유목문화의 땅이 아니게 된 것이다. 유목문화가 더 먼 북쪽으로 밀려난 것은 기원전 2세기 한(漢) 무제(武帝) 때였다. 국고를 탕진해 가며 흉노와 결전을 치르던 그 시절, 흉노에 대한 한나라 사람들의 관심이 최고조에 달했다. 그런 시대적 관심사를 놓칠 리 없는 사마천이 당시까지 알려진 흉노의 역사를 채집하여 『사기(史記)』 흉노열전으로 엮었다. 그 첫 대목에 유목문화와 농경문화의 교류에 관한 의미심장한 내용이 나온다. "흉노의 선조는 하후(夏后)씨의 후예 순유(淳維)이다. 요임금과 순임금 전까지 산융, 험윤(獫允), 훈육(薰鬻)으로 갈라져 있었다." 하후씨를 농경문화의 조상으로 받들던 사마천은 유목문화의 흉노 사람들도 원래는 한 뿌리였다는 점을 역설한 것이다. 『산해경(山海經)』에도 "견융(犬戎)과 하인(夏人)의 조상이 같아서 둘 다 황제(黃帝)에서 나왔다."고 되어 있다. 또 『사기』 오제본기에는 황제가 유목문화 사람들처럼 자신의 무리를 데리고 정착지 없이 사방 이동하며 살았다고 나온다. 이런 기록을 보면 유목문화와 전쟁을 치르느라 고역이던 당시 사람들이 농경문화와 유목문화가 갈라지기 전 시대를 그리워한 것 같기도 하다.

여러 연나라

조선 사신들이 베이징에 다녀온 뒤 남긴 기행을 연행록(燕行錄)이라고 한다. 이때의 '연'은 베이징의 다른 이름인 연경(燕京) 또는 연도(燕都)를 이르는 말로서 '연나라 도읍'이라는 뜻이다. 연나라는 베이징에 들어선 최초의 대규모 농경문화 집단이었다. 주인공들은 서남쪽 주나라에서 온 사람들이었다. 기원전 1046년, 부족연합군이 목야(牧野)에서 대전을 치르고 주왕(紂王)이 이끌던 상나라를 접수했다. 연합군의 수장 주나라 무왕(武王)은 함께 싸운 부족들과 영토를 나눴다. 이때 모두 71

개 제후국이 생겨났는데 함께 싸웠던 무왕의 동생들도 여기에 포함되어 영토를 받았다. 그중 가장 멀리 베이징에는 두 나라가 봉해졌다. 지금의 베이징 광안문(廣安門) 일대를 계(薊)나라로 하여 요임금의 후손을 봉했고, 방산 일대에는 무왕의 동생 소공(召公)을 봉해 연나라를 세우게 했다. 그 몇백 년 뒤 계나라는 연나라에 합쳐졌다.

베이징의 연나라는 전국시대까지 맥을 이어가다가 진시황 때 진나라에 병합되었다. 멸망하기 몇십 년 전 연나라 소왕(昭王)이 쇠락해 가던 나라를 부흥하려 애썼다. 왕은 인재를 무제한 초빙하기 위해 황금대(黃金臺)에 황금을 쌓아놓았다. 연나라의 대우가 좋다는 소문이 나자 인재들이 몰려와서 연나라는 반짝 숨을 쉬게 되었다. 『열하일기』를 비롯한 연행록에는 조선 사람들이 황금대를 찾으러 베이징 시내를 헤매는 내용이 나온다. 전국시대 이후 황금대는 전설로만 남게 되어 청나라 때 베이징 사람들은 그 소재지를 알지 못했다. 연소왕은 인재를 우대하며 부국강병을 노렸지만 아들 대부터 나라가 다시 기울기 시작했고 얼마 가지 않아 멸망했다.

진시황에게 자객 형가(荊軻)를 보냈던 연나라 마지막 태자 단(丹)이 유명하다. 태자는 진시황과 인연이 있었다. 태자가 조나라 도읍 한단(邯鄲)에 인질로 가 있을 때 뒤에 진시황이 되는 어린 영정(嬴政)도 그곳에 살고 있어 알고 지냈다. 형가는 진시황을 만나는 데까지는 성공했으나 죽이지 못했다. 그 뒤 진시황이 파견한 군대에 쫓긴 태자의 아버지 왕은 태자와 함께 베이징을 떠나 동쪽으로 피난했다. 요동까지 쫓아온 진나라 군대를 막아낼 길이 없어 아버지는 태자의 목을 베어 진시황에게 보냈다. 그렇게라도 해서 화해를 원했지만 연나라는 끝내

망하고 말았다. 주나라 제후국으로 출발하여 천 년 넘게 이어오던 베이징의 연나라가 진나라에 병합된 것이다.

진시황 시대는 오래 가지 않았다. 진시황이 죽은 뒤 농민 봉기가 터지고 이어서 항우(項羽)와 유방(劉邦) 같은 토호들도 봉기했다. 진나라 도읍 함양(咸陽)에 먼저 깃발 꽂기 경쟁을 벌였는데 뜻밖에도 유방이 가장 먼저 함양에 입성했다. 그 뒤 홍문연(鴻門宴)을 거쳐 초한전이 벌어졌고 항우가 패하여 자결함으로써 유방의 한나라가 큰 세력으로 등장했다. 이때(기원전 198년) 유방은 자신을 도왔던 일곱 명의 동지를 제후로 봉했다. 그중 옛 연나라 땅 베이징에는 고향 친구 노관(盧綰)을 보냈다. 도읍에서 멀리 떨어진 연나라에서 제후왕 노릇을 하던 노관은 유방에게 괜한 오해를 사게 되었다. 유방이 군대를 보내 공격하자 장성 밖까지 쫓겨갔던 노관은 유방이 아프다는 소식을 듣고 빨리 낫기만 하면 직접 찾아가서 사죄하겠다는 말을 전했다. 그러나 곧이어 유방이 죽어 버렸다. 노관은 한신(韓信)을 해치운 여후(呂后)가 더 두려웠다. 그리하여 어차피 죽을 바엔 한나라와 결별하는 게 낫겠다고 생각하고 기원전 195년, 베이징 북쪽의 흉노 땅에 가서 귀순했다. 노관은 흉노의 동호로왕(東胡盧王) 벼슬을 받았다가 1년 뒤에 그곳에서 죽었다.

그 뒤로도 베이징에는 여러 연나라가 들어섰다. 그중 가장 마지막은 명나라 초기 제후국 연나라이다. 주원장은 넷째아들 주체(朱棣)를 이곳에 봉했다. 그때 원나라는 도읍 베이징을 명나라에 빼앗기고 북쪽으로 쫓겨 가 있었다. 주원장은 전투력이 뛰어났던 넷째아들을 베이징의 연왕에 봉하고 몽골 사람들을 방어하게 했다. 연왕은 부친 사후에 조카 황제와 권력을 다투다가 남북내전에서 승리하여 스스로 영락제에 취임하고 명나라의 도읍을 베이징으로 옮겼다. 제후국 도읍에서 제국의 도읍이 된 것이다. 그 뒤 6백 년, 명나라와 청나라는 베이징을 도읍으로 삼았다.

위만, 베이징을 출발하다

연왕 노관이 베이징을 떠나 흉노에 투항한 뒤 베이징을 떠난 사람이 또 있었다. 위만(衛滿), 위만조선의 그 위만이다. 사마천 『사기』에 '만(滿)'이라고만 나오는 걸 보면 한(漢)나라 무제(武帝) 때까지만 해도 성씨가 알려지지 않았던 모양이다. 몇백 년 지나 사마천이 몰랐던 '만'의 성을 위씨(衛氏)로 붙인 사람들은 성씨를 찾게 된 경위를 밝히지 않았다. 위씨는 한나라 무제의 황후 위자부(衛子夫)와 그 동생으로 흉노와 싸운 대장군 위청(衛靑)을 배출하면서 갑자기 명문거족이 된 가문이다. 그런 위씨 집안에 조선으로 가서 왕이 된 사람이 있었다면 '조선열전'을 엮기 위해 자료를 수집했던 사마천이 몰랐을 리가 없다. 사마천이 『사기』에 거론한 인물 중 성씨를 따로 밝히지 않은 예는 드물다. 있다 해도 백이(伯夷), 숙제(叔齊)처럼 묵씨(墨氏) 고죽국의 왕자라서 밝히지 않아도 모두 아는 경우가 많다. 그러나 '만'은 이와 다르다. 성씨를 추정할 정보를 찾을 수 없다. 그래서 여기서는 널리 알려진 '위만' 대신 '만'으로 부르기로 한다. '만'을 최초로 언급한 사마천의 기록을 보자.

조선 왕 '만'은 옛 연나라 도읍 사람이다. … 연왕 노관이 반역하여 흉노로 갔을 때 '만'이 국경을 넘어갔다. 천여 명을 모아 추계 머리에 만이복 차림으로 동쪽으로 가서 요새를 나가 패수를 건넜다.

–사마천, 『사기』 조선열전

사마천은 기원전 195년 베이징을 출발해 조선으로 갔던 천여 명의 머리모양 '추계(魋結)'와 옷차림 '만이복(蠻夷服, 호복胡服이란 기록도 있다.)'을 특별히 기록해 두었다. 그 천여 명이 원래 조선 사람이었다고 보는 설이 나올 만큼 차림새는 문화 구분의 기준이 되기도 한다. 그런데 이들의 추계 머리는 고대 중국 남자들, 특히 군인이나 관리가 흔히 하던 모양으로 진시황릉 병마용의 단정한 상투 머리가 바로 추계이다. 이 머리는 피발(被髮, 풀어서 늘어뜨린 머리)이 주종이던 유목문화 사람들에게 퍼져서 당시 국제 사회에 널리 유행했으므로 이것만으로는 조선 사람인지 알기 어렵다. 추계 상투를 틀고 베이징을 떠났던 그 무리는 질서정연한 부대처럼 보였을 것 같다. 거기에 옷을 조선 사람처럼 입었다면 조선 군대 같아 보이지 않았을까 싶다.

『위략(魏略)』에 보면 그들은 조선에 도착해서 조선 왕에게 귀순했다. 그리고는 바로 교섭에 나섰다. "조선의 서쪽 변경에 정착하게 해 달라, 앞으로도 중국에서 조선으로 피신해 올 무리들이 많을 것이니 그들을 받아 변경에서 조선을 지키는 첨병이 되겠다." 조선의 준왕(準王)은 그 말을 믿고 '만'을 박사(博士)로 임명하는 등 총애했다. 중국에서 피신해 오는 사람들의 규모가 늘어나 세력이 커진 만은 왕에게 "한나라가 쳐들어오고 있으니 도읍으로 가서 왕을 지키겠다."고 거짓으로 보고했다. 결과는? 조선의 왕이 만으로 바뀌게 되었다. 준왕은 마지막까지 따르던 무리 몇천 명과 함께 해로를 통해 한반도의 남쪽으로 갔다.

이보다 먼저 조선으로 갔던 기자(箕子)가 있다. 하남성 은허 출신의 상나라 왕족으로 상나라가 망할 무렵에 떠났으니 기자도 무리와 함께 갔을 것으로 짐작된다. 무리와 함께 가지 않았다면 조선에 당도한 기자가 조선을 다스리기 어려웠을 것이다. 중국 역대 사서에는 기자가 상나라 풍습을 보급한 것을 '교화'로 평가했다. 그 뒤에도 수많은 사람이 동쪽으로 이주했다. 『삼국지(三國志)』「위서(魏書)」에는 "진승(陳勝) 등이 거사한 뒤 천하가 진(秦)나라에 반기를 들었다. [옛] 연나라, 제(齊)나라, 조(趙)나라 사람 몇만 명이 화를 피해 조선으로 옮겨갔다."는 기록이 있다. 이 정도면 가히 조선 이민 러시라 칭할 수 있겠다. 조선으로의 이민은 조선에서 가장 가까웠던 옛 연나라 땅에서 많이 발생했을 것으로 추정된다. 진나라에 망하기 전 베이징 중심의 연나라 인구가 약 150만 명이었다고 하고 진나라에 병합된 뒤에 많이 줄어든 것을 감안하면 진나라 말기 진승의 거사(기원전 209년)를 계기로 '조선으로, 조선으로' 향하던 이민 행렬을 어렵지 않게 상상할 수 있다.

몇만 명이 이민했다고 해도 그들 중에서는 '만'처럼 조선의 왕이 나오지 못했다. 불과 십몇 년 뒤에 베이징을 출발한 만은 그들과 다른 전략을 쓰기로 작정하고 천여 명을 군사 조직으로 만든 것으로 보인다. 조선에서는 이민이 많아지던 당시 꼭 필요하던 이민 관리 업무를 조선 옷을 입고 온 만의 무리에게 맡겼다가 뒤통수를 맞았다. 만은 왕이 된 뒤에 나라 이름을 바꾸지 않았다. 당시 국제사회에 조선이란 이름이 널리 알려져 있었기 때문이 아닐까 한다.

연나라 도읍 베이징을 떠난 그 천여 명은 어디서 조선 옷을 마련했을까? 그 무렵 베이징에 진출하여 무역이나 외교 활동을 하던 조선 사람들로부터 도움을 받았을까? 조선 측과 교섭할 때 언어 문제는 없었을까? 그들은 조선 사람들이었을까? 답은 알 수 없다.

돌궐, 말갈, 고구려 사람들

내 고향 경상북도 의성군(義城郡) 금성면(金城面)은 잃어버린 고대 왕국 조문국(召文國, 또는 소문국)의 도읍이었다. 조문국은 기원전 108년, 한 무제가 파견한 군대에 도읍을 빼앗긴 조선 사람들이 남쪽으로 내려와 세운 나라 중의 하나로 추정된다. 2세기 말 사로국에 합병된 조문국은 금성산, 금성면이란 이름을 남겼다. '금성'은 경주의 이름이기도 했듯이 '산으로 둘러싸인 견고한 도읍'을 의미한다. 이런 금성과 달리 '의성'은 귀순한 땅에 붙이던 이름이었다. 『고려사』에 견훤 아래 있던 그 지역의 호족 홍술(洪術)이 왕건에게 귀부(歸附)하여 '의성'이란 이름을 받았다는 사실이 기록되어 있다. 접경 지역의 성주가 귀순해 왔으니 왕건에게 큰 힘이 되었을 것이다. 이에 견훤이 의성으로 쳐들어가 홍술을 죽였다. 그러나 그 싸움 끝으로 견훤은 기가 꺾였고 몇 해 뒤 왕건에게 귀순했다. 같은 글자를 써도 '인의예지신'의 '의'는 보편적인 덕목으로서 올바름을 의미하지만, '의성'의 '의'는 지배자 쪽에서 보기에 당연하고도 올바른 일을 가리킨다. 압록강 하구의 의주(義州)도 같은 계열이다. 이곳은 거란 사람들이 12세기 초 고려 예종 때 귀부하면서 '의'로운 땅이 되었다. 그 무렵 막 건국했던 금나라 여진 사람들과의 대결을 피하여 고려에 의지한 것이다.

1990년 봄날, 수교 전의 적성국 수도 베이징에 가게 되었다. 설렘을 안고 내린 공항은 베이징 '순의(順義)'에 있었다. '순할' 順에 '의로울' 義가 더해져 한눈에 봐도 '귀순한 땅'이라는 것을 알 수 있었다. 누가 어디로부터 귀순한 땅일까? 알고 보니 이 땅은 이웃한 회유(懷柔)와 더불어 여러 유목문화 사람들이 귀순의 대가로 받은 땅이었다. 우리말의 '회유'는 '어루만지고 잘 달래어 시키는 말을 듣도록 하다'의 뜻이 있지만 중국어에서는 '다른 문화의 사람들을 달래어 자기편으로 귀순하게 하다'는 뜻이다.

이야기는 여기서 잠깐 샛길로 빠진다. 1780년, 건륭제 칠순 잔치 축하를 목적으로 조선 한양을 출발했던 연암 박지원 일행은 천신만고 끝에 몇천 리 떨어진 목적지 베이징에 당도했다. 그러나 우물쭈물 나흘이 지나도록 황제의 칠순 잔치가 베이징 동북방 230km 열하 피서산장에서 열린다는 것을 모르고 있다가 "뭣들 하는 거냐, 빨리 열하로 들어오라."는 황제의 명령을 받게 되었다. 황제는 자신의 칠순 잔치를 위해 몇 해에 걸쳐 피서산장을 단장했다. 다급해진 일행은 순의와 회유, 밀운(密雲)을 지나 고북구(古北口)에서 만리장성 넘어 그동안 조선 사신단이 한 번도 가 닿지 않았던 열하

고북구 사마대장성
(《베이징문물지도집》 사진)

길을 재촉했다. 박지원은 이때 경험을 바탕으로 『열하일기』 중 명문이라 일컬어지는 '야출고북구기(夜出古北口記)'와 '일야구도하기(一夜九渡河記)'를 썼다.

박지원은 나중에 베이징에서 열하 가던 길을 복기했다. 그런데 만리장성 안의 베이징 땅(관내關內)과 그 바깥의 열하 땅(막북漠北)을 혼동하기 일쑤였다. 『열하일기』에도 "조선 사람이 한 번도 가보지 않은 길을 시간을 다투어 가느라 왕복 길에 있던 지명을 정확하게 파악하지 못했다."고 나온다. 박지원은 베이징 순의 땅을 지나던 날 일기에 "돌지계(突地稽)를 우두머리로 한 말갈 사람들이 수나라 문제(文帝) 때 그곳에 들어와 정착했다."고 썼다. "말갈이 고(구)려와 싸우다가 이기지 못하여(靺鞨與高麗戰不勝) 수나라에 복속했다."는 것이다. 예습 없이 열하로 떠났던 박지원은 조선에 돌아가 이 부분의 일기를 『요사(遼史)』를 참고하여 보강한 듯하다. 『요사』에만 '수나라 문제 때 말갈이 고구려와 싸웠다'고 나오는데, 실제 말갈은 그때 고구려와 싸울 형편이 아니었다. 『요사』에 오류가 있다는 것은 널리 알려진 사실이다.

박지원은 이어지는 일기에서 당 태종 때에 돌리가한(突利可汗)이 이끌던 돌궐 사람들이 같은 땅을 받았다고 쓰고 있다. 수나라 때엔 말갈 사람들이, 그 얼마 뒤 당나라 때에는 돌궐 사람들이 들어와 산 것이 되는데, 말갈 사람과 돌궐 사람들이 나누어 쓸 만큼 넓은 땅이 아니라서 불과 몇십 년 사이에 말갈 사람들을 내쫓고 돌궐 사람들을 정착시키지 않는 한 발생하기 어려운 일이다.

연행 내내 고구려를 생각했다고 해도 과언이 아닐 만큼 고대사에 관심이 많았던 박지원을 생각할 때 오류가 많다고 알려져 있던 『요사』

의 내용을 인용한 것은 선뜻 이해가 되지 않는다. 이는 박지원 같은 역사 전문가가 범할 만한 오류가 아니다. 박지원이 세상을 떠난 뒤 『열하일기』가 정식으로 출판되지 못하고 여러 종류의 필사본으로 떠돌았다는데, 그 과정에서 다른 사람이 내용을 불리다가 끼워 넣은 거라면 또 모르겠다.

이야기는 대강 이렇게 된다. 말갈 사람들은 거의 모두 고구려에 협력했지만 돌지계 무리만 예외로 수나라에 귀부했다고 한다. 이들은 궐계부(厥稽部), 홀사래부(忽賜來部) 등 8부에 속한 몇천 명 세력이었다. 수나라에서는 이들을 요령성(遼寧省) 조양(朝陽)에 정착시키고 정복 전쟁에 참전하게 했다. 수나라가 망한 뒤 당나라 고조에게 귀순한 돌지계 무리는 당나라가 일으킨 전쟁에 참전하거나 돌궐의 침입을 막거나 하면서 공을 세웠다. 이들은 오늘날의 베이징 도심 땅을 연주(燕州)로 받았다가 뒤에 베이징 창평(昌平) 땅으로 옮겨졌다. 결국 돌지계의 말갈 사람들은 '순의' 땅과 인연이 없었다는 이야기다.

순의 땅은 동돌궐에 내분이 생겨 돌리가한이 당 태종에게 귀순했을 때 받은 땅이다. 돌리가한이 삼촌에게 밀려 베이징 가까이에 주둔하고 있다가 삼촌이 공격을 해오자 하는 수 없이 귀순한 것이다. 그런데 한 해 뒤에 돌리가한이 죽으면서 일이 흐지부지되었다. 그로부터 백 년 좀 덜되어 거란 사람들이 귀순해 오자 당나라 현종(玄宗)이 그들에게 그 땅을 주었다는 기록이 있다. 농경문화의 세력이 강대해지자 자연스레 유목문화가 귀순해 왔다. 두 문화의 접경에 있던 베이징은 귀순자들이 유목문화 대신 농경문화에 적응하는 훈련장이 되었다. 그들은 귀순의 땅 '순의'에서 군사 조직으로 묶여 농경문화의 첨병 노릇을 하며 동화되어 갔다.

이야기가 나온 김에 말갈 사람으로서 고구려의 지배를 벗어나 최초로 만리장성 남쪽 베이징 땅까지 들어왔던 돌지계의 후일담을 전한다. 나당전쟁에서 신라가 승기를 잡은 매소성(買肖城) 전투의 당나라 장수 이근행(李謹行)이 바로 돌지계의 아들이다. 그보다 먼저 고구려 막리지 연개소문 사후 권력 다툼에서 밀린 맏아들 남생(男生)이 당나라에 구원을 요청했을 때에도 이근행이 출동하여 고구려 멸망 때까지 작전을 수행했다. 이후 고구려 부흥군이 일어나자 요동에서 평양을 거쳐 호로하(瓠蘆河, 임진강 중류)와 왕봉하(王逢河, 행주산성 일대의 한강 하류)까지 내려와 전투를 벌였다. 평양 전투에서는 이근행의 아내도 공을 세워 연군(燕郡)부인에 봉해졌다. 드문 일이었다. 베이징 창평을 베이스캠프로 하던 이근행의 말갈 부대는 고구려를 해치우라는 임무를 수행한 특공대였다. 이근행은 뒤에 연국공(燕國公)에 봉해졌다.

1972년 당나라 고종의 건릉(乾陵) 구역에서 이근행의 묘가 발굴되었다. 유목문화 출신으로 당나라 황제 능 구역에 배장(陪葬)된 것이다. 묘에서는 '숙신의 후예이자 속말말갈의 후대(肅愼苗裔, 涑沫之後也)'라고 이근행을 소개한 묘지(墓誌)가 나왔다. 현재까지 발견된 말갈 사람의 묘지로 유일하다.

한편 고려영(高麗營)이란 동네가 순의 베이징 국제공항 북동쪽에 있다. '營'이 붙은 것으로 보아 군대가 주둔하던 동네다. 옛 지리지에는 고구려 사람들이 살았던 동네라고 나오는데, 두 가지 설이 있다. 첫째는 이곳에 역참이 있었는데 북조의 여러 나라와 수나라, 당나라 도읍으로 가던 고구려 사신들이 전적으로 이용하던 곳이어서 아예 고구려 사람들이 역참에서 일하다가 고려라는 이름이 남게 되었다고 한다. 둘째 설은 규모가 더 크다. 당 태종에게 패하고 고구려 사람들이 강제 이주당할 때 일부가 이곳에 정착했다는 것이다. 태종은 이 마을에 절을 짓고 고구려와 싸우다가 죽은 넋을 달랬다. 지금은 절이 없어졌지만 명나라와 청나라 때 세운 중수비가 발견되었다. 이 마을에는 강희 연간에 이슬람 마스지드(모스크)가 세워졌는데, 몇 해 전에 복원되었다.

베이징 통주구(通州區)에도 '고려' 동네가 있었다. 강남에서 물자를 싣고 온 배가 대운하에서 노하(潞河)를 통해 베이징으로 들어가는 입구 장가만(張家灣)에 있던 번화한 부두 마을 고려장(高麗庄). 물길이 바뀌어 이제 노하가 마을 앞을 흐르지 않으니 옛 모습을 잃었고 이름도 대고력장(大高力庄, '麗'와 '力'의 중국어 발음이 비슷하다.)으로 바뀌었다. 이 마을도 고구려 사람들이 정착했던 곳으로 추정되고 있다.

안록산이 일어난 곳

수나라, 당나라 때 현 베이징 도심은 유주(幽州)의 중심지였다. 고구려 원정을 떠날 때마다 베이징에 대군을 집결하여 행군을 떠났다. 그 뒤 현종(玄宗) 때에는 유주절도사를 두어 거란을 방어하게 했다. 서역 소그드인 아버지와 돌궐 무녀 사이에 태어난 안록산(安祿山)이 유주와 인연을 맺은 것이 이 무렵이었다. 이십 대 후반, 떠돌이 생활 중에 양을 훔치다 잡힌 안록산이 유주절도사의 눈에 들어 양아들이 되었다. 그 뒤 안록산은 포로를 사로잡는 능력자로 인정받아 승진을 거듭했다.

베이징은 안록산의 운이 트인 곳이다. 수완 좋은 안록산은 뇌물을 써서 황제에게 이름을 알리는 데 성공한 뒤 지금의 요령성 쪽을 관장하는 절도사를 거쳐 유주절도사를 겸하게 되어 베이징으로 돌아왔다. 안록산의 수완이 뛰어났겠지만 현종의 안록산 총애는 좀 특별했다. 이에 안록산은 한술 더 떠서 스스로 자신보다 열여섯 살 어린 양귀비의 양자가 되겠다고 나섰다. 양귀비를 지키겠다는 뜻이었다. 안록산은 당나라 중앙에서 일하게 되었다.

황제에게 안록산이 반역할 기미가 있다고 알린 사람이 있을 만큼 티가 많이 났을 때쯤 안록산은 지방 근무를 자청하고 나갔다. 안록산의 반역을 예상하지 못했던 황제는 안록산에게 또 한 지역의 절도사를 맡겼다. 그리하여 안록산은 지금의 요령성과 베이징 포함 하북성에 산서성까지 관장하는 절도사가 되어 베이징에 주재했다. 한 지역의 절도사가 거느린 군대도 많은 데 세 지역의 절도사를 겸했으니 안록산은 엄청난 병력을 확보하게 되었다.

안록산 시절의 베이징에는 서역 상인들이 운집했다. 무역을 직접 관리한 안록산은 상인이 베이징에 들어올 때마다 연회를 베풀었다. 안록산은 연회에서 당나라 옷이 아닌 서역 옷을 입었다. 병력을 늘이는 데만 재주가 있었던 것이 아니라 재물을 모으는 데에 발군의 실력을 보였다. 여러 가지 언어에 능통했다고 하니 그 재주를 무역에도 발휘하고 여러 종족의 군사를 거느리는 데도 유용하게 썼을 것이다. 중앙을 떠나 베이징으로 복귀한 지 4년, 755년에 안록산이 거사했다. 여러 종족의 군사 15만 명을 모아 현종 곁에서 발호하던 양국충(楊國忠, 양귀비의 친척) 제거를 핑계로 일어난 것이다. 이듬해, 안록산이 낙양(洛陽)

에서 스스로 황제가 되어 웅무제(雄武帝)라고 했다. 나라 이름은 대연(大燕), 베이징의 '燕'이었다. 대연의 도읍은 낙양, 베이징은 동도(東都)가 되었다. 안록산을 총애하여 세상에 다시없는 병권을 선사했던 현종은 장안이 함락되기 전에 서쪽 성도(成都)로 피난했다. 양국충은 중도에 살해되었고 양귀비도 자결해야 했다.

안록산 군대의 충성도가 남달랐다고 하지만 당나라에서도 이광필(李光弼, 거란 사람)과 곽자의(郭子儀)를 내세워 승기를 잡았다. 진영이 흔들리자 내분이 일어나 아들이 안록산을 죽이는 일이 일어났다. 아들은 곧바로 사사명(史思明)에게 살해되었다. 사사명은 당나라에 투항했다가 베이징으로 근거지를 옮겨 대연국을 부흥시킨 뒤 친히 전투에 나서 당나라 군대와 싸움을 이어갔다. 그런데 맏아들과 사이가 벌어져 낙양 부근에서 살해되었다. 그 아들은 스스로 황제에 오른 뒤 사람들을 보내 베이징에 남아 있던 가족을 모두 죽이게 했다. 이때 두 편으로 갈라져 인정사정없이 싸우느라 사사명의 전 가족이 몰살되었고, 베이징은 폐허로 변했다.

황제가 된 사사명의 아들은 당나라와 대결하다가 베이징으로 후퇴하는 길에 자결했다. 베이징 봉기 후 안록산은 바로 살해되었지만 대연국은 당나라를 8년 동안 혼란의 도가니로 몰아 넣었다. 대연국은 763년 정월에 망했다. 그보다 먼저 그해 초여름, 현종과 현종의 양위를 받아 대연국과 싸우던 그 아들 숙종(肅宗)이 열사흘 차이로 세상을 떠났다. 안록산의 대연국 이후 베이징은 '반역의 땅'이란 이름을 얻었다.

베이징에 도읍한 할거 정권이 대연국말고도 두 나라가 더 있었다. 고구려와 대결했던 모용씨의 전연(前燕)이 6년 동안 베이징에 도읍했고, 10세기 초, 유수광(劉守光)이 세운 대연(大燕, 걸연桀燕)도 3년 동안 베이징에 도읍했다.

베이징의 유주 시절을 유비(劉備) 이야기로 마칠까 한다. 한소열(漢昭烈) 황제 유비는 베이징 도심에서 남쪽으로 70km 떨어진 누상촌(樓桑村)에서 태어나 자랐다. 누상촌은 당시 유주에 속한 탁현의 마을이었다. 세계 각처의 사람들이 유비의 고향을 찾아오는데 누상촌에는 유비를 떠올릴 유적지가 없다.(동네 밭 한가운데 '한소열 황제 유비 고향 마을' 비석이 하나 서 있었는데 지금도 있을지 모르겠다.) 이 마을에서 서쪽으로 3km쯤 떨어진 곳에 유비, 관우, 장비 세 사람이 의형제를 맺은 도원결의 터가 남아 있다. 수나라 때 이곳에 세 형제를 기리는 삼의궁(三義宮)을 세우고 유비가 태어난 음력 3월 24일에 대대로 제사를 지내게 했다. 명나라 정덕제가 1508년에 개수하고 현판 글씨를 직접 써서 내렸다. 나관중(羅貫中)의 『삼국지통속연의』가 민간에 유행하던 때였다. 베이징에서 누상촌 가는 길은 베이징 서역에서 기차를 타는 것이 가장 편리하다. 누상촌은 베이징 서역 출발 후 첫 번째 정차역 탁주동(涿州東)역에서 10km 떨어져 있다. 베이징 서역에서는 탁주동역으로 가는 기차가 하루에 스물다섯 편, 그중에서 고속열차(25분 소요, 요금 30위안)만도 열다섯 편이나 있다.

문제의 연운 16주

베이징에 살면서 연운(燕雲) 16주 중 4주가 지금의 베이징시 안에

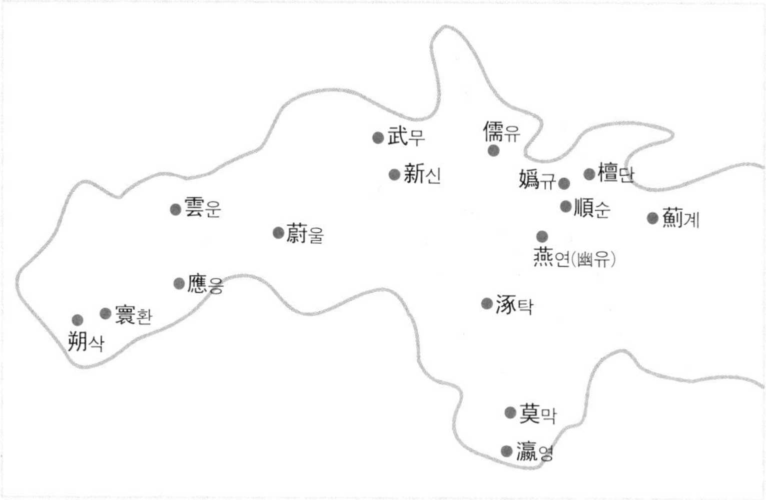

연운 16주 중에서 '연, 단, 계, 순' 4개 지역이 오늘날의 베이징에 속한다.

존재했고, 8주가 베이징을 에워싸고 있던 사실을 알았다. 나머지 4개는 산서성(山西省)에 있었다. 연운 16주는 만리장성과 상건하(桑乾河)를 따라가며 동서 600km, 남북 200km 길쭉하게 생긴 땅이다. 면적은 약 12만km², 한반도의 절반이 넘는다. 지형도를 펼쳐 놓고 보면 이 지역이 중국 역사에서 문제의 땅이 된 이유를 쉽게 알 수 있다. 연운 16주는 대흥안령(大興安嶺)에서 뻗어 내려온 연산(燕山)과 태항산(太行山)에 '燕'과 '雲'으로 분리되어 있다. '燕'은 화북평원에 접해 발해에 닿아 있고, 다른 절반인 '雲'은 황토고원에 있으면서 황하 오르도스 지역과 붙어 있다. 농경문화와 유목-수렵 문화의 경계에 있는 땅인 것이다. 농경문화 쪽에서 보면 최후의 보루였고, 유목문화 쪽에서 보면 물산이 풍부한 곳으로 내려가는 최전방이었다. 오래전부터 두 문화는 이 땅을 놓고 줄다리기를 했다.

예컨대 기원전 2세기, 흉노 사람들과 접전 끝에 매복조에게 당한 한(漢)나라 고조 유방(劉邦)이 이레 동안 포위되어 있던 곳 백등(白登)이 바로 '雲'에 있었다. 유방은 흉노 사람들에게 많은 물자를 건네야 했고, 왕소군(王昭君)보다 160년이나 먼저 한나라 종실 여자를 보내 흉노 선우와 혼인하게 했다. 동쪽의 '燕'에서는 유목문화가 먼저 형성되어 있었는데 주나라가 제후국 연나라를 베이징에 세우면서 형세가 달라졌다. 그러다가 당나라 때에 이르러 이 땅이 농경문화 영역으로 들어갔다.

그런데 936년에 이르러 사건이 일어났다. "연운 16주 할양". 농경문화 사람들에게 이 사건은 역대급 치욕이었다. 할양 주체는 후진(後晉) 고조 석경당(石敬瑭), 인수자는 거란 태종, 석경당이 태종의 도움을 받아 황제에 오르면서 그 대가로 연운 16주를 바쳤다는 것이다. 이상하지 않은가? 일개 절도사가 그것도 태종의 도움으로 황제가 된 주제에 그 넓은 땅 연운 16주를 어느 세월에 다 제 땅으로 만들어 거란에 바친단 말인가? 때는 30년 사이에 세 번 왕조가 바뀐 극도의 혼란기로 그 땅은 각각 성주들이 세력을 떨치고 있었다. 새 황제가 성주들더러 '거란에 땅을 바치라'고 한다고 '알겠습니다' 하고 공손히 명령을 받들었을 리 없다. 결론부터 말해 '연운 16주 할양'은 농경문화 지식인 사회의 일방적 주장이다.

당나라가 후량(後梁, 907~923)에 의해 망한 뒤 그만그만한 세력들이 줄기차게 일어나 백 년 분열의 '5대10국' 세상이 되었다. 북쪽에서 일어났던 다섯 왕조의 수장은 대부분 지방 절도사 출신이었다. 그중 문제의 인물 석경당은 두 번째 왕조 후당(後唐)의 절도사이자 황제의 믿

음직한 사위였다. 장인 황제가 죽은 뒤, 장인이 키운 13태보(太保, 양아들을 포함한 13명의 아들)의 권력 투쟁이 일어났다. 최후의 승리자 이종가(李從珂)는 장인의 양자로 석경당에게는 손위 처남 격이었는데, 석경당의 실력을 견제하다 못해 죽이려 들었다. 이렇게 하나 저렇게 하나 목숨은 하나뿐이니 모반할 생각이 없다가도 해야 할 판이었다. 태원(太原)에 묶여 있던 석경당은 거란에 사람을 보내 목숨을 구걸했다.

지금의 내몽골 적봉(赤峯)에 있던 황도에서 편지를 받은 거란 태종이 태원 근처까지 오는 데는 두 달이 채 걸리지 않았다. 태종에게 이 전쟁은 영토 확장뿐 아니라 자신의 형 야율배(耶律倍)를 죽인 이종가에게 복수할 기회였다. 태종의 부대는 무협 소설에 자주 나오는 안문관(雁門關, 『천룡팔부』 소봉蕭峰이 최후를 맞이한 곳)으로 들어가 태원으로 향했다. 후당 군대는 한창 기세가 올라가던 거란의 상대가 될 수 없었다. 후당 군대가 물러가고 목숨을 구한 석경당은 한밤중에 성문 밖으로 나와 거란 황제에게 경배했다. 석경당이 황제에게 "어떻게 이렇게 신속히 관문을 통과하고 대승을 거둘 수 있었습니까?"라고 묻자 황제는 자신도 안문관에서 고생 좀 할 줄 알았는데 별거 없더라, 일이 잘 될 모양이라고 대답했다. 석경당은 감동하지 않을 수 없었다.

태종은 석경당을 진왕(晉王)에 봉했다. 거란의 제후왕이다. 그러자 후당 황제 이종가가 가만있을 턱이 없었다. 국경에서 후당과 거란 사이에 두 달 남짓 전쟁이 벌어졌다. 거란 군대가 번번이 승리했다. 태종은 그해가 가기 전에 석경당을 진(晉)나라 황제에 책봉하고 그동안의 전리품을 석경당에게 모두 넘겨주었다.(태원이 춘추시대 진나라 땅이었으므로 국호를 '진'으로 정했다. '후진'은 후대 사람들이 구별을 위해 붙인 이름이다.) 태종은 석경당이 후당의 도읍 낙양으로 들어가는 길을 열어주기 위해 계속 전투를 벌였다. 낙양을 얼마간 앞에 두고 태종은 석경당과 헤어졌다. 송별연 자리에서 두 사람은 부자 관계를 맺기로 했다. 열 살 많은 석경당(45세)이 아들, 거란 태종이 아버지가 되었다. 부자지간이 된 기념으로 아버지 황제가 아들 황제에게 멋진 거란 모피 옷과 말 스무 필, 돈 1200냥을 선물했다.

아버지 황제는 그때부터 다시 전투를 벌여 '연운 16주'에 해당하는 땅을 거의 다 점령했다. 전투는 사실상 거란 사람과 거란 사람의 대결이었다. 이야기는 이렇게 된다. 유목문화와 접하고 있던 연운 16주에는 유목민들이 섞여 살고 있었는데 그중에 거란 사람이 많았다. 756년, 안록산이 베이징에서 봉기했을 때, 군사의 대부분이 유주(幽州)에 정착하고 있던 거란 사람들이었다. 거란 사람들은 특히 낙양 공성전에서 큰 공을 세워 안록산 부대의 중견이 되었다. 안록산에 대항했던 당나라 쪽에도 이광필 같은 거란 사람이 있었던 것을 보면 당시 거란 사람들은 여기저기 용병으로 뽑혀 다닌 것을 알 수 있다. 안록산이 무너진 뒤 거란 사람들은 당나라 부대에 편입되었다. 당나라에서 이 인재들을 영입하여 각 절도사 휘하에 배치한 것이다. 당나라가 망한 뒤에도 각 성에 속한 거란직(契丹直) 부대로 남아 있던 이들은 새로 일어나던 태종의 부대에 번번이 패했다. 태종은 이들을 무참히 살육했고, 그 가족들은 북방 거란 본토로 강제 이주시켰다. 그리고 본진의 거란 사람들을 베이징을 포함한 연운 16주로 식민했다.

한편 아들 황제는 아버지 황제가 붙여준 거란군을 이끌고 파죽지세로 낙양을 점령했다. 거란군의 도움으로 낙양을 차지하여 진정한 중원의 군주가 된 석경당은 거란에 사신을 보내 태종에게 존호를 올리고 '안문관 이북 땅과 지금의 베이징 땅인 유주와 계주(薊州)'를 거란 소속으로 하며, 비단 30만 필을 해마다 공물로 바치겠다고 했다. 거란 태종의 대답은 'NO'였다. 석경당은 거란이 이미 실효 지배 중이었던 땅을 정식으로 인정하겠다고 한 것인데 태종이 사양한 것이다. 두 달 뒤 석경당이 다시 존호를 올렸으나 태종은 사양했다. 무슨 꿍꿍이 속이었을까?

한 해가 지나 태종은 거란의 관제를 개혁하고 국호를 요(遼)로 고치면서 새로운 나라를 선포했다. 관제 개혁의 방향은 1국 2체제였다. 거란 사람은 거란 사람이 거란 식으로 다스리고 농경민은 농경민이 농경문화 방식으로 다스리게 한 것이다. 새로운 나라가 탄생하는 자리에 석경당의 사신이 선물을 바쳤다. 16주를 연결하여 그린 지도를 바쳤다. 이때 유주 즉 현재의 베이징을 요나라의 남경으로 삼았다. 앞서 태종이 '안문관 이북 땅과 유주와 계주'를 거란 소속으로 인정한다는 석경당의 뜻을 사양한 것은 일종의 쇼였다. 이미 지배하고 있는 땅인데 아들 황제 석경당이 인정을 하겠다니 우스운 일이 아닌가? 아버지 황제의 뜻을 눈치챈 석경당은 새로운 나라의 탄생을 기다려 16주의 지도를 바쳤다. 그 방식은 태종의 뜻에 맞았다. 태종은 농경문화 사람들을 다스릴 체제를 갖춘 뒤에 연운 16주의 핵심인 베이징 땅을 남경으로 삼아 농경민의 마음을 달래주었다. 1국 2체제를 실시한 태종은 연운 16주에 기반하여 농경문화의 송나라를 깊이 연구했다. 현대 분단국가의 1국 2체제 숙제가 잘 풀리지 않을 때는 거란의 '남북 양원제(兩院制)'를 연구해 볼 필요가 있다.

베이징의 유주가 거란 땅이 된 것은 세계사에 한 획을 그은 사건이다. 유목문화와 농경문화 사이에 놓여있던 경계 지대 베이징이 제국의 중심으로 발돋움하여 이후 다원적 정치, 경제, 문화의 중심지가 되었기 때문이다.

강동 6주 평행이론

"연운 16주 할양"과 비슷한 이야기가 우리나라 고려사에도 남아 있다. 바로 서희의 "강동 6주 획득 외교"다. 교과서에서 배우기로 서희는 거란 1차 침입 때 소손녕(蕭遜寧)과 담판을 벌여 송과 관계를 끊기로 약속하고, 그 대가로 강동 6주를 획득했다. 그러나 『고려사』 서희열전 등을 읽어보면 석경당의 '연운 16주 할양'이 할양이 아니었듯이 강동 6주도 거란이 '할양'했거나 고려가 거저 '획득'했거나 한 것이 아니었다. 이 건에 대해 당시 국제 사회가 남긴 기록이 『고려사』, 『요사』, 『송사』에 남아 있는데 내용이 약간씩 다르다. 예컨대 송나라에서는 '거란이 고려에 쳐들어가자 고려에서 변경에 6성을 쌓았다'고 나온다. 여기서는 가장 자세한 『고려사』 기록을 옮긴다.

993년, 고려 성종 때 소손녕 부대가 쳐들어왔다. 청천강 이북까지 내려온 소손녕은 "원 고구려 땅이 우리 땅이 되었다.(거란이 고구려를 이었다는 뜻으로 해석된다.) 그런데 지금 당신네 나라가 변경 땅을 먹었다. 그래서 요구하러 왔다."고 말하고, 문서에는 "우리가 사방을 통일했다. 귀부하지 않으면 소탕하겠다. 속히 투항하고 길게 끌지 말라."고 협박했다. 쳐들어온 이유에 관한 소손녕의 말과 문서의 내용이 다르다. 이럴 땐 말은 허장성세이고 문서의 내용이 더 중요하다고 봐야 한다. 서희는 거란이 쳐들어온 이유가 다른 데 있다는 점을 간파한 것 같다. 당시 거란은 송나라와의 결전을 준비하면서 송나라와 고려가 연합하는 것을 미리 막으려고 소손녕을 보낸 것이었다. 그렇다면 아쉬운 쪽은 거란이다. 소손녕은 고려 왕이 항복하지 않자 "백성을 구휼하지 않으니 하늘을 대신하여 벌주러 왔다."는 맥락 없는 이유도 댔다.

거란의 침입에 놀라 [고구려 땅을 달라고 하니] 평양 이북 땅을 떼어주고 황해도 아래만 갖자는 왕의 말을 막고 서희가 나섰다. "고구려 땅을 달라고 하는 건 우리를 두려워한다는 증거입니다. 삼각산까지 고구려 땅이었던 적도 있는데 달라고 한다고 다 주면 되겠습니까? 우리 쪽에서 한번 싸워보고 다시 의논해도 늦지 않습니다." 이렇게 하여 치른 전투에서 고려군이 이겼다. 청천강 북쪽 안융진(安戎鎭)에서 두 나라 군대가 대치했다. 소손녕은 다시 항복을 요구했다. 좋게 해결하자는 뜻이었다. 이에 서희가 적진으로 들어가 세기의 강화 담판이 시작되었다.

소손녕이 미리 했던 말을 반복하자 서희가 주장했다. "우리가 바로 그 고구려입니다. 그래서 [국호를] 고려라고 하고 평양에 (서)경을 두었습니다. 영토 경계로 말하자면 거란의 동경(요령성 조양)도 우리 영토에 있는데 어찌하여 우리더러 거란 땅을 먹었다고 합니까? 그리고 압록강 이쪽저쪽도 우리 땅인데, 현재 여진 사람들이 그 사이를 강점하고 교활하게 굽니다. 길이 막혀 바닷길로 가야 하는데 어렵습니다. 조빙(고려 왕의 입조)하지 못하는 것은 여진 때문입니다. 여진을 쫓아내

우리 원래 땅을 회복하여 성보(城堡, 작은 요새)를 쌓고 길을 내면 방문하지 않겠습니까?"

소손녕이 황제에게 이 말을 전하자 황제는 마치 기다렸다는 듯이 "고려가 평화를 원하니 철군함이 좋겠다."고 했다. 이에 서희가 군사를 거느리고 여진을 쫓아냈다. 그리고 2진(장흥진과 귀화진), 2주(곽주와 구주龜州)에 성을 쌓았다. 이듬해 다시 군사를 거느리고 2진(안의진과 흥화진)에 성을 쌓았고, 그 이듬해 다시 2주(선주과 맹주)에 성을 쌓았다.

이 기록으로 알 수 있듯이 거란이 차지하고 있던 땅을 고려에 거저 내준 것이 아니라 서희와 고려 군대가 여진 사람들을 쫓아내고 고려 땅이란 표시로 8개 지역에 성을 쌓은 것이다. 교과서에서 배우기로는 '강동 6주를 획득'했다는데, 서희가 군사 행동을 통해 확보한 땅은 '4진 4주'이다.(거란 측 기록에 '6성'이라고 나오기는 한다.) 『고려사』에는 4진 4주가 '강동' 즉 '압록강 남안'에 있다는 말도 없다. 강변 도시 의주의 경우 거란 땅으로 남아 있다가 백 년 뒤에 고려로 귀부되었다. '4진 4주' 개척으로 고려는 압록강 변까지 이르지는 못했으나 청천강 이북 평안북도 동부를 확보한 것으로 보인다. 여하튼 고려로서는 애초에 거란이 쳐들어오지 않았다면 그 8개 지역에 성을 쌓을 일이 없었다. 성을 쌓으면 관리를 해야 하는데 그쪽은 당시 급선무가 아니었다. 그러다가 고려와 협력해야 했던 거란의 국제적 입지 때문에 갑자기 영토가 넓어진 것이다.

당시 그 땅에는 여진 사람들이 살고 있었다. 그렇다고 대규모로 거주한 것 같지 않다. 서희가 군사를 거느리고 가서 쫓아 버렸다고 하는 것을 보면 전투다운 전투를 한 것 같지 않다. 전투가 있었다면 기록이 남았을 것이다. 그러니 서희가 소손녕에게 여진 사람들이 길을 막아 거란과 통교하기 어렵다고 한 것도 실제와 달랐을 것이다. 서희가 군사 행동으로 여진을 몰아냈다는 것을 보면 그 땅에 살던 여진 사람들이 거란의 지배를 받은 것 같지도 않다.

이런 점으로 미루어 보아 서희는 그 땅을 고려에서 차지할 테니 거란은 양해하라는 제안을 한 것이다. 소손녕으로서는 나쁘지 않은 조건이었다. 어차피 거란 사람들이 살고 있던 땅이 아니었다. 여진 사람들이 가지거나 고려 사람들이 차지하거나 마찬가지였다. 송나라가 고려와 연합하여 연운 16주를 회복하는 일을 막고, 나아가서 고려를 거란 편에 묶어두는 최상의 과제를 해결하면 그만이었다. 나아가서 고려가 여진 사람들을 몰아내고 그 땅을 차지하면 거란과 바로 국경을 맞대게 되어 두 나라 무역액도 늘어날 것이었다. 그렇게 되면 송나라에 대해 우월감을 느낄 수도 있을 터였다. 더구나 여진 사람들을 쫓아달라는 것도 아니고, 고려에서 그 땅을 차지하는 일을 양해만 하면 되었으니, 실리를 챙긴 소손녕이 낙타를 비롯해 수북하게 선물을 주고 돌아간 것이 이해된다.

그 뒤 고려 왕이 거란의 도읍으로 황제를 방문하겠다는 약속을 지키지 않아 두 나라의 신의가 깨졌다는 이유로 거란에서 이 땅을 요구했다. 이를 두고 거란이 거저 줬던 땅의 반환을 요구한 것처럼 해석하는데, 이야기의 맥락을 보면 그렇게 보기 어렵다. '전연의 맹' 이후 송나라가 지켜보고 있는데, 고려 왕이 입조 약속을 지키지 않으니 체면이 서지 않아 괘씸죄를 적용한 것일 수 있다. 그러나 당시 국제 질서를 생각하면 그 정도 일로 전쟁을 일으키기는 어려웠다. 거란의 주력부대를 포함하여 대부분의 군사력이 송나라 국경에 집중되어 있었기 때문이다. 그보다는 고려와 여진으로 통하는 요지에 있는 데다 바닷길까지 열려 있어 거란으로서는 6성을 확보해야 할 필요성이 생겼으리라고 본다. 처음에는 점잖게 사신을 보내 6성을 취하겠다고 했다. 고려에서 거부하자 거란은 '전에는 양해했으나 생각해 보니 그럴 일이 아니었다'며 막무가내 쳐들어왔다. 고려는 여진 사람 중 친고려파들과 합세하여 거란군을 전멸시켰고, 3차 침입 때는 강감찬(姜邯贊) 부대가 처절하게 깨뜨려 주었다.

소손녕은 강감찬에게 패배한 소배압(蕭排押)의 친동생이다. 이 형제는 둘 다 고려와 싸울 때엔 공을 세우지 못했으나 송나라와는 잘 싸워서 상도 많이 받고 황제의 딸과 혼인도 했다. 끝으로 『고려사』와 『요사』에는 소손녕의 딸과 고려 성종의 혼삿말이 나온다. 그러나 얼마 뒤에 성종이 세상을 떠나 없던 일이 되었다.

송나라에 이로웠던 전연의 맹

거란이 연운 16주 땅을 지배한 사실을 놓고 지금도 억하심정을 누르지 못하는 중국 사람들이 있어 아들 황제 석경당이 '매국노' 이름을 벗지 못하고 있다. 그러니 당시에는 어땠을까. 조상 대대로 지켜온 그 땅을 회복하는 것이 오매불망 소원이었다. 20년쯤 지나 후주(後周) 개국 군주 세종이 연운 16주 중 가장 남쪽에 있던 2주를 회복했는데, 내친김에 베이징(유주) 공격에 나섰다가 그만 병을 얻어 한 달 뒤 세상을 떠나 버렸다. 그 뒤로 거란은 '연운 14주'를 다스렸으나 사람들은 계속해서 '연운 16주'라고 불렀다.

후주 세종의 일곱 살 아들이 즉위한 이듬해 거란이 공격해 오자 조정에서 금위군 대장 겸 송주(宋州)절도사 조광윤(趙匡胤)에게 출전을 명했다. 군사가 부족하여 거란을 이길 수 없다고 판단한 조광윤은 군사정변을 일으켰는데, 이성계의 '위화도 회군'과 다른 점은 출정 다음 날 도읍 개봉(開封) 코앞에서 정변을 일으키고 그 다음날 즉위한 것이다. 송주절도사 조광윤은 새 나라의 국호를 '송'으로 정했다. 당시 사람들은 어린 황제보다 군사 실력가 조광윤에게 북벌의 희망을 걸어 군사정변을 역성혁명으로 인정했다. 조광윤은 아버지의 부임지 낙양에서 태어나 개봉에서 자랐지만 고향이 베이징이었다. 할아버지는 베이징에서 현령을 지냈고, 그 전 조상들도 대대로 베이징에서 살던 토박이였다. 사람들은 당장은 실력이 부족하더라도 조광윤이 황제가 되어 군사력을 키운 뒤 베이징을 수복해낼 것이라고 기대했다. 그러나 조광윤은 생각이 달랐다. 즉위 초부터 문치주의를 염두에 두고 장군들의 병력을 몰수했다. 거란과 전쟁할 생각이 전혀 없었던 조광윤은 거란 측에 선물을 주고 연운 16주를 되찾아오는 방식을 생각하고 이를 위해 따로 물자를 비축하기까지 했다. 그러나 미처 협상에 이르지 못한 채 함께 정변을 일으켰던 동생 조광의(趙匡義)와 술을 마신 다음 날 갑자기 죽어 버렸다. 조광윤에게 장성한 아들이 있었지만 그 이튿날 조광의가 즉위했다.

조광의는 조광윤과 달리 연운 16주 회복을 위해 북벌에 나섰다. 형을 독살했다는 소문을 씻기 위해서도 그 땅을 회복해야 했다. 조광의는 즉위 3년 동안 준비를 해서 979년, 연운 16주 중 '雲'의 서남쪽 경계 태원에 도읍하고 있던 북한(北漢)을 멸망시킨 뒤, '燕'의 심장이자 고향 베이징으로 쳐들어갔다. 반대하는 신하도 많았지만 조광의는 밀어붙였다. 몇 달 동안의 전투로 지친 군사들은 막판 힘을 발휘하지 못하고 고량하(高粱河, 현 베이징 도심 서직문西直門 부근) 전투에서 패배했다. 몇십 년 전쟁이 이어졌다. 조광의는 다리에 화살을 두 곳이나 맞아 말을 타지도 못한 채 수레에 실려 후퇴했다.

시간이 갈수록 조광의는 스스로 후퇴한 것이 부끄러워서 견딜 수 없었다. 조광의의 자학이 짙어질수록 연운 16주를 회복해야 한다는 망상은 더 커졌다. 그러나 전쟁 상대는 거란만이 아니라 서하(西夏), 농민 봉기군까지 있어서 회복은 쉽지 않았다. 조광의는 형 송나라 태조의 아들이 아닌 자신의 아들에게 황위를 물려주고 한 많은 세상을 떠났다.

거란은 999년부터 세 차례 대규모 공세를 퍼부어 국경선의 송나라 방어 거점을 무너뜨리고 포로와 물자를 약탈했다. 이러한 성공에 고무된 거란은 베이징에 20만 대군을 모은 뒤 송나라 도읍 개봉을 향해 남하했다. 그런데 개봉 북쪽 150km 전연까지 진격했을 때, 소달람(蕭達覽, 소배압과 소손녕의 아버지) 장군이 전사했다. 총사령관을 잃은 거란 측은 더 이상의 공격은 생각할 수 없게 되었다. 그때 송나라 진종(眞宗)이 죽을 각오로 직접 전투를 지휘하러 나타나자 송나라 군대의 사기가 올라갔다. 전세가 반전되자 거란 측은 곧바로 협상에 나섰다. 진종이 바라던 바였다. 협상 결과는 "첫째, 두 나라가 형제 관계를 맺되 나이가 많은 쪽이 형이 된다. 둘째, 베이징 이남 백구하(白溝河)를 국경선으로 정한다. 셋째, 거란의 국경 수비대에서 필요한 은 10만 냥과 비단 20

만 필을 해마다 베이징 남쪽 보정(保定) 국경선까지 실어 보낸다. 넷째, 국경에 각장(榷場)을 설치하여 무역한다."로 정리되었다. 진종은 체면이 좀 깎이긴 하지만 그 정도로 평화를 살 수 있다면 송나라에 유리하다고 생각했다. 송나라에서 보낸 은은 거란과의 국경 무역을 통해 송나라로 도로 돌아왔고, 갈수록 그보다 더 많은 은을 벌었다. 거란도 평화 국면을 통해 국력을 키웠다. 백 년 넘게 이런 평화가 지속됐다.

이 평화의 배후에 왕계충(王繼忠)이라는 주선자도 있었던 것을 부기해 둔다. 이 인물은 개봉 토박이로 아버지도 뛰어난 무인이었으므로 일찍부터 황제의 신임을 받았다. 왕계충은 거란의 총공격으로 위급한 상황에 이르자 황제의 은혜에 보답하겠다며 자원 출전하고 진두지휘하다가 포위전에 휘말려 결국 사로잡혔다(투항했다). 지원군을 바랄 수 없는 상황에서 부하들은 몰살시킬 수 없었기 때문이다. 그러나 송나라 측에는 장렬히 전사했다고 보고되었다. 황제는 그러면 그렇지 하면서 왕계충을 절도사로 특진시키고 멋진 의관묘를 만들어 주었다. 가족들에게 위로금이 전달된 것은 말할 것도 없다. 왕계충을 사로잡은 거란 측에서도 후히 대접했다. 농경문화 출신 인물을 만나면 마음껏 능력을 발휘하도록 권한을 주겠다는 조건으로 스카웃 제안부터 하던 것이 태조 야율아보기 때부터의 전통이라 왕계충 같은 송나라 '개봉특별시' 시민이자 황제의 심복을 내버려 둘 리 없었다. 이런 정책하에서는 계급은 남되 혈통은 의미가 없어져 농경민들의 거란에 대한 반항심이 희미해진다. 왕계충은 거란에서 높은 벼슬을 받고 혼인도 하면서 패전의 아픔을 잊고 무슨 일이든 힘을 다해 보겠다는 생각을 하게 되었다.

그놈의 연운 16주 때문에 986년 베이징 전투를 치렀고, 그 뒤에도 소소한 전투가 있었지만 승패를 가릴 수 없었다. 999년, 결정타를 날리고 남북통일을 이루어야겠다고 작심한 거란 측이 베이징에서 대군을 모아 남진했다. 이후 4, 5년 동안 승패를 가리기 어려운 치열한 전투가 끊이질 않았다. 1004년에 이르러 두 나라 모두 평화를 원하는 상황이 벌어지게 되었다. 그때서야 상처뿐인 영광을 위해 막대한 손실을 감당하는 것이 어리석은 일이라는 것을 깨달았던 것이다. 그때 왕계충이 사로잡혔으니, 두 나라 배후에서 평화협상 주선자가 되기에 딱 맞는 인물이었다. 배신자와 투항자라는 이중 신분 때문에 전면에 나설 수는 없었으나, 두 나라를 모두 사랑했던 왕계충은 두 쪽에 모두 이로울 계책이 있으리라 생각했다. 물론 어려움도 있었다. 왕계충은 자신이 속해 있던 거란 측부터 설득하여 한발 물러나 평화협상에 임하겠다는 집권자의 결심을 이끌어냈다. 왕계충 정도면 송나라 황제에게 충분히 통할 카드라고 여긴 것이다.

마침내 '북쪽에서 평화를 원한다는 말씀을 황제께 전해 달라'는 왕계충의 밀서가 송나라 진영에 전해졌다. 황제는 죽었다가 살아난 왕계충을 하늘이 보낸 사자라고 생각하고 '백성들을 쉬게 하겠다. 물자를 아끼지 말고 평화를 사도록 하라'며 적극 회담에 임했다. 왕계충에게는 따로 친서를 보내 고마움을 전했다. 왕계충은 계속해서 두 쪽이 모두 체면을 차릴 수 있는 방안을 던지며 회담을 이끌어갔다. 그때 마침 송나라 도읍 코앞의 '전연'에 진을 치고 있던 거란군 총사령관이 전사하게 되어 휴전협상은 속도를 내게 되었다.

'전연의 맹'이 이루어진 뒤 왕계충은 거란의 장군으로 승진했고 제후왕으로 봉해졌으며 야율(耶律) 황족에 입적됐다. 최고의 대우였다.

송나라에서도 거란에 사신을 보낼 때마다 왕계충에게 따로 후한 선물을 보냈다. 『요사』와 『송사』에 모두 열전이 남았는데, '송나라를 위해 죽지 않고 투항했으니 고상하다고는 할 수 없다', '요나라 벼슬을 했으니 절의는 망가진 셈'이라는 평가를 받았다. 도덕군자가 사서를 쓰던 시절이니.

장군 소태후

앞에 거란과 송나라 사이의 협약 '전연의 맹'이 나왔지만 한 사람 이야기는 아껴 두었다. 거란 사람 소작(蕭綽), 베이징을 주 무대로 활약한 정치가이자 장군으로 '전연의 맹'을 현장에서 결재한 인물이다. 그 때문에 송나라 사람들은 소작을 잔인하고 갖은 술수에 능한 인물로 평가했다. '전연의 맹'이 들어가는 후대의 문학 또는 예술 작품에는 소작이 음험하게 나온다. 이는 피해자 측의 주장이고, 거란 측에서 보자면 불세출의 영웅이다. 친히 군대를 이끌고 전투를 지휘했는데, 뛰어난 전략가였을 뿐 아니라 상벌이 분명한 지휘관이었기 때문에 부하들이 목숨을 바쳐 싸웠다. 그런데 안타깝게도 거란 사람들이 남긴 작품이 없다.

소작은 953년, 베이징에서 요나라 대신 소사온(蕭思溫)의 딸로 태어났다. 열일곱에 경종(景宗)의 황후가 되어 병약한 남편을 도와 국사에 종종 참여하다가 남편이 죽고 열두 살 아들이 황위를 잇자 섭정 태후가 되어 27년 동안 집정했다. 예컨대 1004년, 송나라와 '전연의 맹'을 맺기까지 아들 성종(聖宗, 당시 서른세 살)은 태후의 조역일 뿐이었다.(모자가 함께 전투에 참가했다.) 소태후의 섭정 기간은 거란의 최전성기라고 일컬어진다. 아들은 마흔이 다 되어 어머니가 세상을 떠나고 나서야 결재 권한을 얻었다. 서희와 담판했던 소손녕이 소작과 경종의 막냇사위다.

그보다 먼저 거란의 건국 때 야율씨는 황제, 소씨는 황후와 부마 자리를 나누어 맡는다는 약조가 있었으므로 소작은 태어나면서 황후 후보자였다. 외할아버지 거란 태종이 소작의 어머니를 베이징의 연국(燕國)공주로 봉했다. 아버지도 젊어서 당시 '베이징 시장'으로 근무했기 때문에 이 집안은 베이징과 인연이 깊었다. 당시 베이징은 거란의 영토 중 가장 남쪽에 위치한 변경 도시였다. 소작의 외할아버지는 남쪽의 농경문화 여러 나라와 교류하기 위해 베이징에 남경을 두었다. 안록산 때 국제적인 도약을 이루었던 베이징이 10세기에 이르러 궁성과 도성을 갖춘 거란의 남쪽 도읍이 된 것이다.(10세기는 바이킹이 약진하던 때이기도 하다.) 거란은 발해를 본받아 5경제를 실시했는데 그 다섯 서울 중 남경, 즉 지금의 베이징이 무역과 상공업의 수도이자 국제도시로 가장 번성했다. 러시아를 비롯해 몇몇 문화권에서 중국을 부르는 이름인 '키타이'가 바로 '거란'이다. 연국공주의 막내딸 소작은 어릴 때부터 베이징에서 농경문화를 자주 접하며 국제 감각을 익혀갔다.

흔히 거란 사람들을 유목민으로 분류하는데, 유목민이라고 부르기에는 농사를 잘 지었고, 농경민이라고 부르기에는 사냥과 물고기 잡기에도 뛰어났다. 그런데 거란 사람 중에서 소작만큼 농경을 발전시키려고 노력한 사람이 드물었다. 거란 사람들이 원래 농사에 관심이 많기도 했지만 소작은 농경문화의 장점을 잘 알고 있었고, 무엇보다 나라가 안정되려면 곡물 생산량이 많아야 하는 것을 정확히 파악하고 있었다. 소작은 조세를 받지 않는 것으로 황무지 개간을 장려하는 정책을 통해 대규모 경작지를 확보했을 뿐 아니라 농경민은 거란 사람이 아닌 농경민이 다스리도록 농경문화의 꽃 과거제도를 시행하여 대규모 농경민 인재를 발탁했다. 번갈아 다섯 정권이 들어서던 혼란의 시절을 겪었던 농경문화 사람들은 거란의 통치방식을 선호했다. 베이징 주변 거란 땅으로 이주하는 사람들은 늘어났고 개척되는 농토도 계속 증가했다. 친족을 모아 이주한 그 타향 땅에는 버리고 온 고향 이름을 붙여 정을 달랬다.

연운 16주 중 베이징 서쪽 교외와 접한 하북성(河北省) 선화(宣化)에서 장세경(張世卿)이란 인물의 무덤이 발견되었다. 거란족이 아닌 그 지방 사람으로 사재를 털어 고향 사람들을 도운 공으로 거란 조정의 벼슬을 받았다. 자신들을 보살펴 준 사람이 중용되는 것을 보고 고향 사람들은 거란이란 나라를 신뢰하게 되었을 것이다. 이를 두고 '이한치한(以漢治漢)'이란 말이 나오기도 했다. 이 무덤은 벽화가 유명한네 그중 손님에게 차를 따르는 남자의 모습은 꼭 차 문화의 본산 강남 풍경이다. 11세기에 제작된 이 벽화를 보고 있으면 이보

장세경 묘 벽화 중 차 따르는 장면

다 더 늦게 나온 남송 시대의 차 문화를 담은 〈명원도시도(茗園賭市圖)〉가 겹쳐진다. 만리장성 북쪽 거란 땅의 농경민 모습이나 강남 도시의 풍경이 별반 다르지 않다.

농경문화 사람들은 억지로 거란의 백성이 되었으나 살기는 그 전보다 나아졌다. 세금도 깎아 주고 증산용 수리 시설도 확충해 주었으며 과거제도를 통해 벼슬을 할 수도 있었다. 게다가 거란은 강한 군대를 확보하고 있어 쓸데없이 터지는 전쟁을 막아주니 군역에 끌려갈 일도 줄었다. 평화롭게 농사를 짓게 해 준다면 지배자가 거란 사람이라도 괜찮았다. 이렇게 농경과 유목 문화의 합체를 통해 거란이 전성기로 가고 있었다.

소작이 경종의 황후가 된 것은 아버지 소사온이 경종을 추대하는 데 결정적 공을 세웠기 때문이었다. 당시 목종(穆宗)은 알코올에 중독되어 정사를 볼 형편이 아닌 데다 걸핏하면 무고한 사람을 죽였다. 목종의 누나와 혼인했던 소사온은 처남 목종의 횡포를 두고 볼 수 없어 거사를 일으켰다. 황제가 되어 은혜를 갚고 싶었던 경종은 소사온의 사위가 되겠다고 발표했다. 그때 소사온의 세 딸 중 두 딸은 이미 혼인하여 막내딸이 경종의 황후가 되었다. 그 뒤 남편이 혼인한 지 13년 만에 세상을 떠나 태후가 되었다. 태후는 농경문화 출신을 대거 영입했는데, 그중 한덕양(韓德讓)이 가장 크게 중용됐다. 한덕양의 할아버지는 거란의 포로였는데, 아들, 즉 한덕양의 아버지 한광사(韓匡嗣)가 거란 태조 야율아보기의 황후 병을 고쳐주면서 집안이 일어났다. 소작은 남편 즉위 초, 고향이 베이징 근처였던 한덕양을 발탁하여 남경유수 즉 '베이징 시장'으로 임명하게 했다. 대대로 거란 황족이 맡아오던 요직 중의 요직이 한광사에게 돌아갔다는 사실은 '농경민은 농경민이 다스리게 한다'는 소작의 원칙이 완고한 거란 귀족 사회에 통했다는 뜻이다. 소작의 지도력이 돋보이는 대목이다. 아버지의 영향을 받아 변경 베이징의 중요성을 익히 알고 있던 한덕양은 아버지를 이어 베이징 시장이 되었다. 그 무렵 송나라 태종이 '잃어버린 연운 16주 회복'을 목표로 직접 베이징에 쳐들어왔다. 거란 측은 태종의 포위 작전에 말려 초반에는 고전했으나 고량하 전투에서 승리하면서 승기를 잡았다. 이후 소작은 한덕양을 더 크게 중용했다.

몇 해 뒤 남편이 죽고 소작은 태후가 되었다. 소태후는 한덕양에게 열두 살 아들이 황제 노릇을 제대로 할 때까지 자신을 도와달라고 부탁했다. 한덕양은 소태후에게 충성을 맹세했을 뿐 아니라 황제를 친아들처럼 교육했다. 이 황제가 거란 성종(聖宗)으로, 함께 강동 6주를 교섭했던 고려 성종(成宗)과는 한글은 같으나 한자가 다르다.

소태후는 '고량하 전투', '전연의 맹' 등 한덕양이 세운 공에 보답하기 위해 그의 지위를 높이다 못해 마침내 거란 황실의 성씨 야율씨를 하사하여 황족으로 만들었다. 이를 두고 소태후가 한덕양과 혼인하기 위해 내린 조치였다고 보는 사람들이 있다. 야사에는 두 사람의 러브스토리가 혼인까지 이르렀다고 전하지만 기록에는 남아 있지 않다. 집정 27년째 되던 해 소태후는 자신의 목숨이 얼마 남지 않았음을 알고 아들에게 거란 전통의 등극 의식 시책례(柴册禮, 장작을 쌓아 두고 등극례를 올린 뒤 장작을 태우며 하늘에 제사 드림)를 올려주고 물러났다. 고향 베이징으로 돌아가 여생을 보내려고 새집도 지었는데, 그리로 가는 길에 세상을 떠났다. 그해 고려에서 일어난 왕위 다툼과 '강동 6주' 이후 차

일피일 국왕이 입조를 미루던 것을 벌하겠다는 핑계로 거란 성종이 직접 고려에 쳐들어갔다.(거란의 제2차 침입) 한덕양은 성종을 보호하기 위해 참전했다가 회군하던 길에 세상을 떠났다. 농경민 출신의 자신을 끝까지 믿어준 소태후에게 도리를 다한 셈이었다.

소태후하(蕭太后河)는 섭정 기간에 소태후가 주장하여 판 30km가 넘는 인공 물길이다. 명실상부 베이징 역사상 최초의 운하다. 소태후는 베이징에서 송나라와의 결전을 준비하며 이 물길을 팠다고 한다. 베이징 동쪽을 흐르는 노하에서 지금의 베이징 도심 서남부에 있던 요나라 남경성의 해자까지 연결하여 남경성에 필요한 물자를 실은 배가 성 아래까지 가 닿을 수 있었다. 당시 요나라 남경성 서쪽에 풍부한 수원이 있었기 때문에 가뭄에도 배가 다닐 수 있고 장마철에는 둑 위로 넘실댈 만큼(넘치지 않게) 풍부한 수량의 인공 물길을 팔 수 있었다. 이 물길의 양안은 마치 강남의 어느 수향처럼 풍경이 좋았다고 한다. 물길 끝자락에 연방전(延芳淀)이란 늪이 있었다. 이곳은 요나라 황제가 해동청을 날려 늦봄 물새 사냥을 하던 곳이다. 황제의 사냥은 군사훈련을 겸했는데, 요나라 황제는 사철 장소를 바꿔가며 공식 사냥 행사를 했다. 누구보다 사냥에 능했던 소태후가 남경성에서 배를 타고 연방정에 나가던 풍경을 그려본다.

남부 베이징의 동서를 연결한 이 물길은 후대에도 유용하게 쓰였다. 옛 베이징 사람들은 명나라 때 놓은 다리도 소태후교라고 부를 만큼 소태후를 잊지 않았다. 그러나 쓰임새를 다한 물길은 수량이 줄어들었을 뿐 아니라 생활오수, 공장폐수로 인해 죽은 물이 되었다. 2000년대 초, 처음 소태후하에 갔을 때만 해도 거의 방치되어 악취가 진동

소태후교는 현재 통운교(通運橋)라 불리고 있다.(周正 사진)

했다. 그러나 몇 해 전 수질 정화 공정을 통해 완전히 새로 태어났다. 깜짝 놀랄 만큼 물이 맑아졌을 뿐 아니라 동쪽 끝, 옛 고려장을 지나 노하와 만나는 지점에는 습지공원, 요나라문화전시관이 조성되어 있다.

송나라와의 숱한 전투를 직접 지휘하고 '전연의 맹'을 거란에 유리하게 이끌었던 소작은 중국 역사 인물 기념주화에 유목문화 출신 여자로 유일하게 선정되었다. 5위안짜리 은화에 소작은 갑옷에 긴 칼을 차고 지도(병서일지도 모르겠다.)를 든 채 먼 곳을 바라보고 있다. 갑옷 위에 거란식 망토를 걸치고 있고 위엄 있어 보이는 모자를 썼다. 소작은 거란 야전사령군답게 막 공성전에서 승리하여 개선가를 부르는 군사들과 다음 작전을 구상하고 있는 듯하다. 영웅의 늠름한 풍모다.

제국의 중심이 되다

말갈, 숙신의 후예로 알려진 여진 사람들은 늘 괄시 대상이었다. 용맹했으나 광활한 지역에 흩어져 살아 세력을 모으기 어려웠기 때문이다. 12세기 초, 대국 거란의 압제가 견디기 어려울 만큼 심해졌을 때였다. 완안아골타라면 의지할 만하다는 소문을 듣고 각처에서 2천 명쯤 모여들었을 때 일이 터졌다. 영강(寧江, 현 길림성 부여시)과 출하점(出河店)에서 승리하여 서쪽 거란으로 들어가는 교두보를 확보한 것이다. 영강과 출하점은 백두산에서 발원하여 북쪽으로 흐르던 송화강이 눈강과 합쳐져 90도 동쪽으로 꺾이는 곳에 있던 남북 요새였다.

그 무렵 '여진 사람 1만 명이 모이면 큰일 난다'는 말이 돌았다. 소수 정예 여진 군대를 두려워하던 쪽에서 지어낸 말이었으나, 뒤집어 보면 그때까지 여진 사람들은 1만 명 이상 모인 적이 없다는 뜻이다. 그런데 거란제국과 두 번 싸워 두 번 다 대승을 거둔 완안아골타가 단숨에 1만을 모아 버렸다. 1115년 '암바라 안춘(大金)' 왕조를 세운 완안아골타는 10년 동안 서쪽으로 진군하여 베이징을 함락함으로써 거란 5경을 모두 차지했다.

1115년, 금나라를 세우긴 했지만 초기에는 중앙집권형 국가를 이루지 못했다. 아홉 명 황제 중 부자 황위 계승이 두 번밖에 없다. 금나라의 전성기는 3대부터 5대까지였는데, 세 명의 황제는 사촌 간으로 완안아골타의 친손자들이었다. 세 명 황제의 생부들은 친형제 사이로 모두 황위에 오르지 못하고 일찍 죽었으나 각각 독립된 세력을 보유하고 있었다.

여진 사람들이 세운 금나라는 125년 동안 지속되었는데 그중 115년을 송나라와 전쟁했다. 14세기에서 15세기에 걸쳐 영국과 프랑스가 백 년, 정확히 116년 동안 전쟁을 하기 전, 송나라와 금나라가 먼저 백년전쟁을 했다. 1125년부터 1234년까지 110년(몇십 년 휴전 기간 포함), 이 전쟁 끝에 두 나라 모두 망했다. 그 기간에 북쪽의 몽골이 성장하여 전쟁으로 피폐해진 두 나라를 냉큼 집어삼킨 것이다.

1115년에 개국하여 거란을 멸망시킨 것이 1125년, 그때부터 바로 송나라와 전쟁에 들어갔다. 금나라의 여진 사람들은 송나라 도움 없이도 쇠락하던 거란을 멸망시킬 수 있었으나 송나라 쪽이 원해서 연합군을 이루었다가 송나라가 약체라는 사실을 알아버렸다. 그때부터 금나라의 목표는 송나라가 되었고, 연합군 해체 후 몇 해 지나지 않아 송나라 황제 부자를 사로잡았다. 이 이야기는 다음 절에 나온다.

전쟁은 송나라 본진이 강남으로 옮겨간 뒤에도 이어졌다. 그 무렵 금나라 조정은 주전파와 주화파로 갈라져 있었다. 사실 전쟁이 능사는 아니었다. 이에 3대 황제 희종(熙宗, 완안아골타의 손자)이 주화파의 손을 들어 주면서 송나라와 평화 협정을 영토를 떼어주고 물자를 받는 식의 평화협정을 맺고 농경문화 학습에 나섰다. 그런데 희종의 음주가 문제였다. 늘 취한 상태에서 무고한 사람들을 죽이는 일이 잦아지면서 정변이 일어났다.

정변의 주체는 황제의 세 살 아래 사촌동생 완안량(完顔亮)이었다. 황제보다 더 적극적인 농경문화 학습파였다. 그런데 당시 금나라 도읍은 송화강 변의 하얼빈으로 농경문화를 배우거나 제국의 중심이 되기에는 구석진 데가 있었다. 황제는 금나라 영토 가장 남쪽에 있던 베이징으로 도읍을 옮길 준비를 했다. 황제는 즉위 3년 차에(1153년) 베이징으로 천도하고 중도(中都)라는 이름을 붙였다. 베이징이 제국의 수도로 데뷔하는 순간이었다. 중도는 이전 거란의 남경성에서 몇 배 확장된 규모로 건설되었다. 황제는 또 도성 남서쪽 대방산(大房山)에 대규모 황실 묘역을 조성하고, 완안아골타 등 선조들의 묘를 이장했다.

중도 건설을 끝낸 황제는 1161년 항주(杭州)의 송나라(남송)를 치러 베이징을 출발했다. 사촌형을 죽이고 즉위했던지라 남송 정복으로 체면을 세울 생각이었다. 1천km 행군을 지속하여 남경이 건너다보이는 양자강 변에 이르렀을 때 황제가 명령했다. "사흘 안에 강을 건너지 못하면 대신들을 모두 참형시키겠다." 때는 한겨울이었다. 당시 종군 중이던 대신들은 비밀회의를 거쳐 불가능한 명령을 내린 황제를 죽이기로 했다. 그때까지도 여진 사회는 집단지도체제 전통이 남아 있어 황제를 죽이고 새 황제를 선출하는 일이 그렇게 어렵지 않았다. 농경문화라면 대역 죄인이 되는 셈인데 당시 여진 사회는 회의를 거쳐 새 황제를 선출하면 그만이었다. 전지에서 황제를 죽인 대신들의 배후에는 송나라와의 전쟁을 미루어야 한다고 주장하던 여진 황족들이 있었다.

의욕만 앞섰던 황제는 미처 양자강을 건너지 못하고 부하의 손에 죽었다. 한겨울이라도 남경 부근을 흐르는 양자강은 얼어붙지 않아 물은 많고 물살은 거셌다. 추운 겨울, 북쪽에서 내려온 여진 사람들이 당해낼 물이 아니었다. 게다가 남송의 군대가 사생결단을 하고 방어에 나서자 종군 중이던 금나라 대신들이 황제를 없애 버렸다. 그리고는 바로 철군하여 황제의 영구를 끌고 베이징으로 돌아갔다. 현역 시절에 살해된 이 황제는 묘호가 없어 '폐제(廢帝)' 또는 '해릉왕(海陵王)'으로

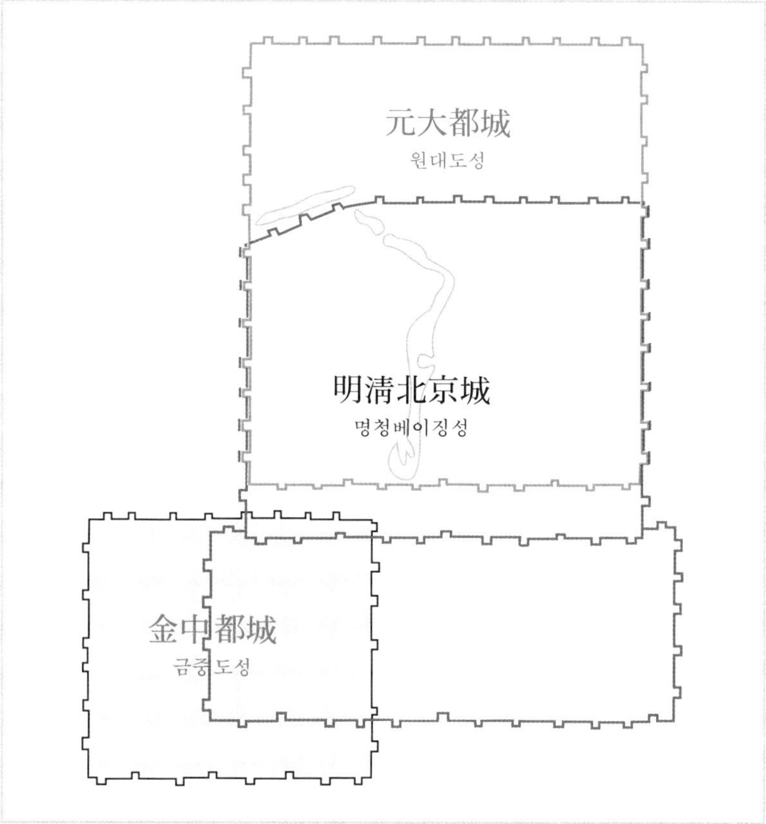

베이징이 제국의 도읍이 된 것은 금나라 때였다. 금 중도성은 당나라 유주성과 요나라 남경성의 확장판이었다. 원 대도성은 그 북쪽에 새로 쌓은 것이고, 명청 베이징성은 원 대도성과 금 중도성에 걸쳐 쌓은 것이다.

불린다.

2년 뒤 송나라가 반격해 왔으나 대패하고 물러났다. 그리고 맺은 평화조약으로 땅과 재물을 내준 뒤 40년 동안 전쟁을 멈췄다. 백년전쟁 중의 40년 휴식기였다. 새 황제 세종(世宗)은 폐제의 한 살 아래 사촌동생이었다. 새 황제는 남송 정복을 포기한 것 외에는 사촌형의 정책을 거의 다 계승했다. 사촌형의 흔적을 지우기 위해 베이징을 버리고 상경으로 돌아가자는 주장도 있었지만 듣지 않았다. 도읍이 농경문화의 본거지에 있어야 좋기도 했지만 사촌형이 상경을 떠날 때 다시 돌아오지 않겠다며 폐허로 만들어 버렸기 때문에 도읍 이전 비용도 문제가 되었을 것이다.

전쟁을 멈추고 토목 사업을 줄인 뒤 농경과 수공업을 장려하며 경제 발전에 힘쓴 결과 금나라는 국고에 곡식이 넘치는 번영을 누리게 되었다. 새 황제 세종은 '공무원 정년제'를 실시한 것으로 유명하다. 육십이 되면 정력적으로 일하기 어렵다는 이유로 고위 관리에 한하여 육십에 물러가게 한 것이다. 또 법조문이 구시대 유물이라 현실을 반영하지 못할 뿐 아니라 어려운 표현으로 가득 차 있어 사람들이 지키고 싶어도 지키기 어려운 점을 지적하고 명확하고 쉽게 개정했다. 이 시대를 세종의 연호를 따서 '대정(大定)의 치'라고 부른다. 농경문화 쪽에서 봐도 세종은 성군이 확실했다. 당시 남쪽에서 이 소문을 들은 주희(朱熹)는 세종을 '그 사람(他)'이라고 부르면서 '그 사람이 요순(堯舜)의 도를 따르고 있다.'고 평가했다.

유가 경전을 몽땅 여진어로 번역할 만큼 농경문화 쪽에 관심이 컸던 세종은 딱 십 년 농경문화 학습 기간을 거친 뒤 여진 문화 부흥 운동을 일으켰다. 농경문화에 젖어 들면 여진 사람들의 무력이 약화되니 여진 풍속을 지키며 살게 했다. 당나라 태종을 추앙했고 『자치통감』을 즐겨 읽었다는 몽골제국의 쿠빌라이 카안은 실제 국정을 운영하는 데에는 농경문화를 선택적으로 흡수한 '대정의 치'를 본받았다. 쿠빌라이는 세종의 치적을 '대정정요'라고 하여 태종의 『정관정요』에 비할 만큼 높이 쳤다.

베이징 시절에 고려에서 금나라로 보낸 사신들이 있었을 텐데 남긴 기록은 없다. 그러나 같은 시기 남송의 사신들이 '크고 화려한 궁궐 건물이 즐비하게 늘어서 있던' 베이징에 관해 기록을 남겼다. 식생활이 변했는데 온갖 고기를 즐겨 먹는 것은 비슷하나, 그전보다 농작물을 더 많이 먹고, 차도 많이 마시더라는 것이다. 술은? 물론 즐겼다. 도수 높은 증류주를 금나라 사람이 발명했다는 이야기가 있다.

금나라 중도에 관한 기록이 남아 있긴 하지만 당시의 모습은 찾아보기 어렵다. 그 시가지가 현재 베이징 도심 지하에 묻혀 있기 때문이다. 대략 명청 도성의 서남부에 해당하는데, 지금의 선무구(宣武區) 광안문대가(廣安門大街)가 그 중심이었다. 금나라 때 작성된 것은 아니지만 중도의 모습을 상상할 수 있는 고려 시대 기록이 있기는 하다. 원나라 말기에 간행된 것으로 추정되는 『박통사(朴通事)』에 '견성득도한 고려 보허(步虛) 스님의 설법을 들으러 남성(南城) 영녕사(永寧寺)에 가자'는 구절이 나온다. 『박통사』는 한어(漢語) 학습 교재로서 회화 소재는 원나라 대도에 장기 거주하던 고려인들의 일상생활이었다. 원나라가 신시가지를 건설하면서 금나라 중도는 '남성'이 되었는데, 이 책이 써진 14세기 중엽까지 금나라 사찰 영녕사가 남아 있었던 것이다. 보허 스님은 바로 태고(太古) 화상 보우(普愚)로서 『고려사』와 이색(李穡)의 『태고사원증국사비(太古寺圓證國師碑)』에 원나라 황실의 후원을 받아 영녕사에서 설법했다고 나온다. 영녕사는 현재 베이징의 선무문(宣武門) 근처에 있었다.

세월이 흘러 원나라를 거쳐 명나라 말기에 이르렀을 때 후금의 침입에 시달리게 되었다. 목수 황제 천계제는 금나라를 계승했다는 후금의 기를 꺾기 위해 대방산 금나라 황실 묘역을 철저히 파괴해 버렸다. 사실 금나라를 세운 생여진과 후금을 세운 건주여진(만주로 개명)은 혈연을 논할 수 없을 만큼 관계가 멀었다. 그러나 후금이라는 나라 이름에 금나라가 들어 있었으므로 화를 피할 수 없었다.

뒤에 후금이 청나라가 되어 베이징에 도읍한 뒤 가장 먼저 한 일이 자금성에서 45km 떨어져 있던 대방산의 금나라 황제 묘역을 참배한 것이다. 불과 몇십 년 전에 폐허가 된 묘역이었다. 완안량이 엄청난 규모의 황실 묘역을 조성한 뒤 금나라, 원나라를 거쳐 명나라 중기까지만 해도 제대로 관리되었는데, 후금의 침입에 시달리다 보니 명나라 황제도 어쩔 수 없었다. 물론 그곳을 폐허로 만들고도 후금의 세력을 꺾어놓지 못했지만 말이다.

석유화학 공장이 들어서 있는 지금의 대방산 금나라 황실 묘역 풍경은 스산하고도 메마른 것이 보기에 민망하다. 금나라의 여진 사람들은 지금 맥이 끊어져 이 묘역을 돌볼 수 없다. 중국 역대 황실 중 규모가 가장 크다는 명나라 황실 묘역 십삼릉보다 더 크다고 하니 후손이 있다 해도 돌볼 수 있는 규모가 아니다. 이 묘역 안에 금나라에 앞선 요나라 때 세운 네스토리우스파 교회 십자사(十字寺) 터가 있고, 묘역 남쪽 입구에서 정남 8km 지점에는 주구점(周口店) 베이징원인박물관이 있다.

곽약사, 융통성과 반역 사이

1127년, 금나라 천회(天會) 5년, 송나라 황제 흠종과 그 아버지 휘종이 사로잡혔다. 황제가 직접 협상하러 적진에 들어갔다가 다시는 나오지 못하게 된 것이다. 이 일을 송나라 흠종 정강(靖康) 2년에 일어난 변고라는 뜻으로 농경문화 쪽에서는 '정강의 변'이라고 한다. 그러나 금나라 쪽에서 보면 태종 천회 연간에 거둔 대승이었다. 거란과 맺은 '전연의 맹'으로 백 년 평화를 사고도 제대로 국력을 기르지 못해 여진과의 군사력 대결에서 무너진 것을 두고 마치 예상치 못했다는 뉘앙스의 '변'이라 칭하는 것은 편파적인 표현이다.

휘종은 송나라 내부의 모순을 해결하기 위해 연운 16주(실제는 14주) 되찾기 운동을 펼쳤다. 그때 마침 완안아골타를 중심으로 한 소수정예 여진 기병이 일어나 거란군에 대승을 거두는 중이라는 소문이 들려왔다. 여진이 요동 반도를 차지하자 휘종은 사신을 보내 연합 전선 구축을 요청했다. 거란이 길을 막아 육로로는 사신을 보낼 방법이 없었기 때문에 산동성 바닷가에서 배를 띄워 요동반도로 상륙하게 했다. 바닷길을 통해 사신이 오갔다고 해서 이 협상을 '해상의 맹'이라고 한다. 휘종은 두 나라 협공으로 거란을 멸한 뒤 연운 14주는 송나라가, 그 밖의 땅은 금나라가 차지하자고 제안했다.

엄청난 양의 물자를 해마다 주겠다는 조건까지 달려서 여진 쪽에서야 송나라 측 제의를 거절할 이유가 없었다. 거란부터 해치우고 송나라를 차지할 요량으로 단박에 공격을 감행할 것에 동의했으나 뜻밖에 송나라에서 군사를 동원하지 못했다. 대지주의 토지 겸병과 혹독한 조세에 대항하여 송나라 각지에서 농민이 봉기하고 있어 그 불부터 끄느라 정신이 없었던 것이다. 그중에서도 '불법에서는 누구나 평등하여 높고 낮음이 없다(是法平等, 無分高下)'는 기치를 내건 절강성 기반의 마니교도들이 가장 크고 늦게까지 위세를 떨쳐 송나라에서는 전군을 동원한 끝에서야 겨우 그 지도자 방랍(方臘)을 붙잡을 수 있었다. 휘종은 휴식 시간도 주지 않고 전군을 곧바로 북쪽으로 보냈다. 더 늦었다간 금나라 측에 베이징 공격권을 빼앗길 위험이 있었다. 그러나 송나라 군대는 거란군 방어선을 뚫지 못했다. 그때 희소식이 들려왔다.

그보다 앞서 1116년, 거란 말기의 일이다. 거란 동경(東京, 요녕성 요양)에서 고영창(高永昌)을 중심으로 발해국 부흥 운동이 일어났다. 고영창은 막 건국했던 금나라의 도움을 얻어 거란군에 승리했지만, 몇 달 뒤 금나라에 의해 처형됐다. 발해 부흥 운동을 돕는다면서 영토를 확장한 것이다. 동경을 빼앗긴 거란 측에서는 그 지역에서 베이징(거란 남경)으로 피난 나온 3만 명의 사람들을 모아 여진의 원수를 갚는다는 의미의 원군(怨軍)을 급조했다. 이 부대 중견 지휘관으로 곽약사(郭藥師)가 있었다. 약사는 약사여래불의 '약사'로서 당시 흔한 이름이었다. 곽약사는 부대 내에서 공을 세우며 계속 승진했다. 금나라가 베이징으로 쳐들어왔을 때, 마지막 황제는 북쪽으로 달아났지만 황족 야율순(耶律淳)이 황제로 즉위하여 원군을 상승군(常勝軍, Ever Victorious Army)으로 개명하고 베이징을 지키게 했다. 이때 곽약사가 대장이 되었다.

거란이 거의 망해가는 마당에 송나라 대군이 공격해 오자 베이징의 농경민 중에서 송나라로 넘어가는 사람들이 생겨났다. 그 통에 배신할 계획이 없었던 곽약사까지 의심받게 되었다. 이에 곽약사가 '자신이 농경민이었고 오래전부터 송나라 사람이 되고 싶었다'는 편지를 보내 투항 의사를 밝혔다. 휘종은 기쁨을 주체하지 못하고 '하늘이 보낸' 곽약사와 상승군을 받아들였다. 거란 백성으로 오래 살아 거란 말과 거란 문화에 익숙했던 그들은 거의 정보요원 수준으로 거란의 내부 사정에 밝았다. 송나라 군대의 선봉에 선 곽약사의 상승군 중 50명이 당시 베이징 사람들에 섞여 성문 안으로 들어갔다. 그 다음은 일사천리였다. 베이징은 곧바로 송나라 군대에 접수되었다. 그러나 거란의 반격이 시작되자 군기가 흐트러져 있던 송나라 쪽이 대패하고 베이징에서 물러났다. 얼마 뒤 완안아골타가 이끌던 금나라 군대가 단독 작전으로 베이징을 점령했다. 반년 동안 베이징을 점령한 완안아골타는 '해상의 맹'을 지켜 베이징 포함 연운 14주를 송나라 측에 넘겼다. 물론 거란의 남경이자 경제 수도였던 베이징을 떠나기 전 모든 물자를 실어 북쪽 여진 땅으로 보낸 뒤였다. 그리고 그 텅 빈 베이징을 다스리기 위해 곽약사 부대가 들어갔다. 1123년 음력 4월의 일이었다. 몇 달 뒤, 금나라 상경으로 회군하던 도중에 완안아골타가 세상을 떠났다.

이렇게 하여 베이징은 송나라 땅이 되었다. 휘종은 개봉으로 곽약사를 불러 격려했다. 곽약사는 당나라 현종을 구워삶던 안록산이 살아돌아온 듯이 멋진 연기를 펼쳤다. 휘종이 곽약사에게 북쪽으로 달아난 거란의 마지막 황제 천조제(天祚帝)를 잡아 오라고 요구하자 곽약사가 말했다. "황제의 명령이라 따르지 않을 수 없지만, 저에게 박하게 대해 제가 떠나긴 했지만 그래도 제가 섬기던 주군인데 제 손으로 해할 수는 없습니다." 휘종은 감동한 나머지 어마어마한 상을 내렸다.

한편 금나라에서는 완안아골다 뒤를 이어 그 동생 태종이 즉위했다. 형을 따라 거란 정복에 참전했던 동생은 송나라가 천하의 약체라는 사실을 꿰뚫고 있었다. 태종은 송나라에 양보했던 연운 14주를 찾는 김에 송나라도 멸망시켜야겠다는 목표를 정했다. 그 전에 북쪽으로 옮겨가 있던 거란의 마지막 황제를 잡고 거란의 멸망을 선포해야 했다. 1125년, 힘든 사막 생활 끝에 지금의 산서성 안으로 들어온 천조제가 마침내 잡혔다. 금나라에서는 이를 거란제국의 멸망으로 봤지만, 거란 본진은 그 뒤로도 약 150년 동안 정권을 이어갔다.

거란 문제를 해결한 여진 매파들은 곧바로 송나라를 치러 떠났다. 1125년, 매파의 대표 완안종한(完顔宗翰)이 총사령관이 되어 대군을 이끌고 서쪽 태원과 동쪽 베이징을 쳤다. 베이징에서는 곽약사가 전투를 포기하고 성문을 열어 금나라 군대를 맞이했다. 그리고 남조(南朝, 송나라) 내부 사정에 대해 자세히 보고했다. 금나라에 공을 세운 곽약사는 '베이징 시장'이 되었고 황족 완안씨 호적에 올랐다. 송나라 사람들은 곽약사 같은 사람들을 배신자라 여기며 분개했다.

이 대목에서 진수(陳壽) 『삼국지』의 한 장면이 생각난다. 여포(呂布)는 동탁(董卓)을 제거해 달라는 왕윤(王允)의 청에 "어떻게 아버지를 죽입니까?"라고 반문했지만 왕윤이 정곡을 찔러 버린다. "친아버지도 아니고, 장군을 의심까지 하고 있는데, 무슨 얼어 죽을 부자(父子) 타령입니까!" 나관중의 『삼국지통속연의』에는 그보다 먼저 동탁이 보낸 적토마에 넘어간 여포가 양아버지 정원(丁原)을 죽였다고 나온다. 말문이 막힌 여포는 동탁을 죽이고 왕윤과 협력한다. 진수는 이런 여포에게 '용맹하면 뭐하나, 지략이 없어 배신을 거듭하며 눈앞의 이익만 챙긴 것을. 그러니 비극적 최후를 맞이하지 않을 수 있을까!'라고 쏘아붙였다. 난세에 모든 사람이 무협소설 주인공 협객으로 살아갈 수는 없는 법, 틀에 박힌 평가가 아닐 수 없다. 여포가 동탁을 죽였을 때 여러 사람이 환호했을 테고, 조조(曹操) 군대에 패하자 유리하게 투항하라며 자신의 목을 내주던 여포에게 울컥한 부하들도 많았을 테다.

인생무상, 곽약사의 최후는 알려져 있지 않다. 상승군을 거느린 곽약사가 거슬렸는지 금나라 측에서 곽약사의 재산을 몰수했고, 상승군도 해체했다. 그러나 곽약사가 처벌을 받았다거나 비참한 최후를 맞이했다는 기록은 없다. 잦은 정권 다툼이 벌어지던 그 시절 베이징에는 '곽약사'류가 숱하게 많았고, 그들에 대한 평가는 이해 당사자가 사라진 지 9백 년이 지난 지금, 융통성을 발휘한 것으로 평가하는 학자가 소수 있기는 하지만, 여전히 박하다. 한 해, 두 해 벌어지던 국지전도 아니고 대규모로 인구가 감소하던 '천하대전' 시절, 베이징을 기반으로 하던 곽약사의 상승군은 인원 희생 거의 없이 요나라, 송나라, 금나라 사이를 주름잡았다. 모든 콜라보레이션에는 이익을 챙긴 상대가 있는 법, 곽약사가 이끌던 상승군과 협력한 송나라와 금나라 측도 얻은 실리가 컸다. 그러나 충효 이데올로기 교육으로서는 베이징의 '곽약사'류가 '기회를 엿본 죄'를 씻기에 9백 년 세월이 짧다.

곽약사의 도움을 받아 베이징을 함락한 금나라 군대가 황하를 건너 개봉에 이르자, 다급해진 송나라 조정에서 휘종에게 양위를 요구했다. 황제를 바꾸어 금나라와 새로운 관계를 성립하고자 했던 그 계획은 태상황 휘종의 훼방으로 효과를 거두지 못했다. 이듬해 다시 개봉까지 들어온 금나라 군대는 해를 넘기는 장기간의 포위 끝에 새 황제 흠종과 태상황 휘종을 포로로 잡았다. 연운 16주는 다시 유목문화 여진의 영토가 되었다.

베이징에 갇힌 송나라 황제

금나라 군대는 회군하기 전, 송나라의 국호를 초(楚)로 바꾸고 주화파 장방창(張邦昌)을 황제로 올렸다. 애초부터 송나라 땅을 직접 다스릴 생각이 없었던 여진 사람들은 가장 믿을 만한 사람에게 나라를 맡긴 뒤 베이징으로 철수했다. 장방창은 송나라 재상으로서 전쟁 피해를 줄이기 위해서는 재물과 인질을 건네고 협상에 나서야 한다고 주장했다. 그런데 막상 자신이 새로운 황제로 뽑혔다는 통보를 받자 그건 아니라고 생각했다. 백 번을 거절하다가 온갖 협박을 이기지 못하고 황제가 되었다. 새 황제의 첫 임무는 금나라 진영으로 가서 베이징으로 끌려가는 두 황제 일행을 전송하는 것이었다. 새 황제는 눈물을 흘리며 두 황제를 보냈다.

황제 집무실에서 새 황제는 도저히 남쪽을 향해 앉을 수 없어 서쪽을 바라보는 자리로 옮겨 앉았다. 신하였을 때 앉던 방향이었다. 집무실도 송나라 황궁 본관을 피해 황궁 남서쪽의 문덕전(文德殿)을 썼다. 문덕전은 베이징 자금성으로 치면 무영전과 비슷한 위치에 있었다. 새 황제에게 잘 보이려던 신하들이 절을 해도 받지 않았을 뿐더러 스스로 예를 갖추어 신하들을 만났다. '짐(朕)'을 칭하지 않았고, '폐하'라고 부르지 못하게 했으며, '성지(聖旨)'를 내리지 않았다. 금나라 부대가 철수하고 한 달이 지났을 때 장방창은 스스로 황제 자리에서 내려왔다.

끌려가지 않고 유일하게 남은 휘종의 아홉째 아들을 새 황제에 올리고 옥새를 반납했다. 새 황제는 장방창을 죽인 뒤 도읍지를 버리고 남쪽으로 떠났다. 전쟁 말기, 주화파 장방창이 금나라 진영에 협상 차 들어갈 때 바로 이 아홉째 아들을 인질로 데려갔으니, 악연이라면 악연이었다. 다른 기록에는 장방창이 죽임을 당하지 않고 자결했다고 한다. 나이 마흔일곱 살이었다. 장방창은 지금까지도 매국노 낙인을 벗지 못하고 있다. 매국노의 세상 기준이 야박할 때가 많다.

여진 사람들은 은과 비단은 물론 하나같이 고급이던 황궁 물건, 제기와 악기, 도자기를 싹 다 챙겼다. 그리고 정교한 인쇄로 소문난 서적까지 송나라 황궁을 깨끗하게 털어 모두 베이징으로 가져갔다. 가는 길에 두 황제는 인격적으로 철저히 짓밟혔다. 금나라 사령관 완안종한은 휘종에게 여진 군대의 흥을 돋우는 시를 짓게 했다. 예술 소양이 뛰어난 휘종에게 시 한 수 짓는 건 일도 아니었지만, 적군을 위해 그것도 날이면 날마다 짓자니 죽을 지경이었다. 그러나 그보다 더 심한 고통이 기다리고 있었다. 먹을 것이 배급되지 않아 두 황제 일행 중에 많은 사람이 죽어 나갔고 황제의 후궁과 딸들이 유린되었다.

베이징에 먼저 도착한 아버지 황제 휘종는 연수사(延壽寺)에 갇혔다. 연수사는 거란 황제가 불사를 열던 대형 사찰이었으나 휘종 일행이 머무는 영빈관이 되었다. 두 달 뒤에 도착한 아들 황제 일행은 이 절에 가까이 있던 민충사(憫忠寺, 지금의 법원사)에 갇혔다. 도중에 수많은 사람을 잃고도 베이징에 도착한 두 황제 식솔은 2천 명가량이나 되었다. 황제가 있는 공간에 다 들어가지 못한 사람들은 근처 다른 절에 수용되었다. 황제와 황후에게는 대접이 그나마 좀 나았지만 다른 사람들

법원사 민충각(耿朔 사진)

은 쌀과 소금밖에 배급받지 못해 사망자가 속출했다.

한편 도읍 개봉을 버리고 양자강을 건너 남쪽으로 갔던 새 황제는 임안(臨安, 지금의 항주)에서 송나라를 다시 일으켰다. 남송이다. 새 황제는 북쪽에 포로가 되어 있던 아버지와 형이 늘 걸렸다. 금나라 쪽에 송환을 요구하자니 정말 송환되면 자신의 자리가 위태로울 것 같고 방관하자니 도덕에 걸렸다. 그저 어영부영 넘기는 수밖에 없었다. 대신에 황제 자신의 생모 송환은 끈질기게 요구했다. 그러나 막상 생모가 돌아오니 반가움에 앞서 남 보기에 부끄러웠다. 생모가 북쪽에서 여진 사람과 재혼하여 아이를 낳았던 사실을 숨기기 위해 황제는 생모의 나이를 열 살 올렸다.

무협 송나라 망국기

두 황제가 잡혀간 뒤 농경문화 대국 송나라 본진은 강남의 임안으로 근거지를 옮겼다. 임안은 어디까지나 황실 묘역과 사당이 있는 개봉으로 돌아갈 때까지 임시로 사용하는 행재소였지만, 풍부한 강남의 물산을 바탕으로 하여 단박에 번화해졌다. 그 무렵 몽골국의 동쪽 변경은 금나라와 송나라였다. 몽골 사람들은 칭기스 카안의 유언에 따라 송나라와 연합하여 금나라를 쳤다. 칭기스 카안은 몽골 사람들을 괴롭히던 금나라를 유독 싫어했는데, 죽어서도 소원을 이루겠다며 금나라 정벌을 몇 마디 안 되는 유언에 박아 넣었다.

1234년, 금나라 정권이 몽골 군대의 공격에 처절히 무너졌다. 1211년, 칭기스 카안 때에 시작하여 20년 넘게 끌어온 몽골-여진 전쟁이 끝나는 순간이었다. 그러나 우구데이가 이끌던 몽골 군대는 바로 송나라와 전쟁을 시작했다. 중국 남부를 차지해야 제국의 경제적 기반이 튼튼해지리라는 것은 삼척동자도 알 만한 일이었다. 금나라를 없애기 위해 연합했던 두 나라의 전쟁은 이후 45년 동안 지속되었다가 송나라의 멸망으로 끝이 난다. 농경민에게는 참으로 무시무시한 세월이었다.

목표는 임안. 그 길목에서 가장 거세게 저항하던 상양(襄陽)이 5년 만에 무너지면서 송나라 군대는 결정타를 맞았다. 제갈량과 유비의 삼고초려가 발생했던 곳이자 조조, 유비, 손권이 맞서던 곳이자 무협 소설 『사조영웅전』, 『신조협려』, 『의천도룡기』 3부작에 나오는 유명한 성이다. 당시 장강 중류의 요지 상양성은 몽골 연합군(송나라 출신 농경민이 다수를 차지했다.)에 맞서 싸우던 송나라 맹장 여문환(呂文煥)이 지키고 있었다. 그런데 고립무원 상태에서 버텨도 너무 오래 버텨 몽골 연합군의 체면을 구겨 놓았다. 몽골 연합군은 이 성을 포위하고 물자 보급을 끊었다. 그러나 성안 사람들은 강물이 불어 포위선이 망가질 때를 기다려 물자를 보급받았고, 성안의 모든 집채를 헐어 땔감으로 쓰며 5년을 버텼다. 1273년 초, '죽을 때까지 온몸이 부서지도록 최선을 다할 뿐(국궁진췌鞠躬盡瘁, 사이후이死而後已 제갈량諸葛亮 〈출사표〉)'이라던 여문환이 투항했다. 회회포를 쏘며 공격하던 몽골 연합군의 장수 아르하야(阿爾哈雅, 위구르 사람)가 화살을 꺾어 보이는 것으로 여문환을 안심시키며 성문을 열게 했다.

이후 여문환은 몽골 연합군의 선봉에 섰다. 1276년, 약 40년 동안 송나라의 임시 도읍이던 임안성이 함락되었다. 조광윤이 건국한 지 320년이 지난 시점이었다. 투항한 황제는 다섯 살 공제(恭帝). 공민왕, 공양왕의 '恭'이다. 공민왕은 명나라에서, 공양왕은 이성계 일파가 지었으나, 투항한 황제의 '恭'은 항주를 떠나 바닷길로 지금의 광동성(廣東省)을 거쳐 베트남 쪽으로 달아나던 송나라 사람들이 붙였다. 달아나면서도 자신들의 최후를 잘 알고 있었던 것이다. 공제의 두 어린 형제가 그 후 3년 동안 황위를 이어가며 송나라의 마지막을 함께하긴 했다.

공제의 형을 황제로 옹립했으나 이 일곱 살 소년은 바닷물에 빠진 뒤에 병을 얻어 바로 사망했다. 사람들은 다시 공제의 동생을 옹립하고 지금의 마카오 북서쪽 섬에서 항전했다. 이들은 지금의 베트남 땅으로 들어가지 못한 채 몽골 대군과 최후의 일전을 벌였으나 역부족이었다. 사십 대 좌승상이 여섯 살 황제를 업고 절벽에서 바다를 향해 뛰어내린 그날, 송나라가 공식적으로 멸망했다. 1279년 초의 일이었다.

마지막까지 항전한 송나라 사람은 몇만의 군대를 포함하여 20만 명쯤 이었다고 전해진다. 그들을 추격한 몽골국 군대는 30만 명, 대부분은 원래 송나라 유민이었다. 쿠빌라이 카안이 고려 측에 무리한 압력을 가하여 일본 정벌을 시도한 것은 이 송나라 최후의 세력과 일본의 연결을 막기 위해서였다고 한다.

베이징에서 티베트로

1276년 초, 말이 황제지 세 살에 즉위하여 겨우 다섯 살이 된 아이가 할머니 태황태후 품에 안긴 채 투항했다. 송나라의 본진을 털었다는 보고를 받은 쿠빌라이는 어린 황제와 할머니, 어머니의 얼굴을 보고 싶다면서 기어이 세 사람을 베이징으로 불렀다. 이들은 3월에 항주를 출발하여 5월에 베이징에 도착했다. 그러나 도착 당시 쿠빌라이가 하도(夏都)에 있었으므로 세 사람은 다시 약 400km 넘게 북상해야 했다. 이들을 만난 쿠빌라이는 다섯 살 아이의 신분을 송나라 황제에서 몽골제국의 영국공(瀛國公)으로 강등했다.

이후 세 식구는 베이징에서 살았다. 차비 카툰(카안의 부인)의 도움을 받아 초기에는 큰 고생이 없었으나 1281년, 친절했던 차비 카툰이 죽은 뒤에는 사정이 달라졌다. 당시 각지에서 원나라에 반항하는 농경민들이 계속 봉기하고 있었으므로 쿠빌라이는 신하들의 의견을 받아들여 열한 살이 된 소년 영국공과 어머니, 할머니의 거처를 하도로 옮기게 했다. 쿠빌라이는 농경민에 대한 관용 정책을 거두고, 5년 동안 가두었던 남송 주전파의 거두 문천상(文天祥)을 처형했다. 이어서 영국공의 할머니가 세상을 떠났다. 깊이 의지하던 두 사람을 잃은 영국공은 불교에 귀의하여 수행을 시작했다. 영국공이 자원해서 출가하겠다는 의사를 밝히자 쿠빌라이 카안은 흔쾌히 동의하고 수행을 하려면 먼 곳으로 가는 게 좋겠다는 충고와 함께 많은 재물을 건넸다. 그렇게 하여 끊임없이 일어나는 송나라 부흥 운동을 이유로 영국공을 없애야 한다고 주장하던 신하들의 입을 막았다.

영국공은 열여덟 살이 되던 1289년에 어머니와 헤어져 지금의 티베트로 갔다. 사실상 유배였다. 쿠빌라이가 영국공을 티베트 샤카 사원으로 보냈다. 쿠빌라이의 스승 팍파('Phags-pa, 八思巴 1235~1280) 국사가 입적한 곳이었다. 영국공은 쿠빌라이 카안 개인 소유의 절이라고 해도 될 만큼 몽골 황실과 깊은 관계에 있던 그 절에서 출가했다. 영국공이 출가한 뒤 그 어머니도 베이징에서 출가했다.

절은 티베트 중에서도 지금의 네팔에 가까운 곳에 있었다. 베이징에서 가장 먼 곳에 있는 카안의 절, 송나라 마지막 황제를 유배하기에 다시없는 장소였다. 고려 충선왕도 이 절에 2년 동안 유배된 적이 있었다. 충선왕은 황제에게 날이면 날마다 자신을 베이징으로 불러달라는 편지를 썼다. 절은 그만큼 오지에 있었다.

그곳에서 티베트어를 배워 능통하게 된 영국공은 불경 번역가가 되었다. 불가에서 불경 번역은 무량공덕의 대사로 숭앙받는다. 송나라 황실의 우월한 문예 유전자를 타고난 영국공은 불경 번역의 대가가 되었고, 그 덕에 티베트 사람들은 티베트어로 불경을 읽을 수 있게 됐다. 영국공이 번역한 티베트어 불경은 지금도 전해지고 있다.

현재 송나라 마지막 황제의 베이징 거처는 찾을 길이 없다. 그런데 당시 베이징을 방문했던 고려 사람이 어린 황제가 거처했던 집을 지나며 기록을 남겼다. 당시 베이징에서 활동했던 고려 충선왕 일파이자 목은 이색의 처조부 권한공의 시다.

어여쁘나 수척하니 불안해 보여	玉痩瓊憔意未平
속세 밖의 선녀일까 몸시도 갸날퍼라	出塵仙骨更輕盈
자세히 보니 마냥 곱지만은 않아	細看不是春風面
눈 속 만 리 길 가던 왕소군처럼	萬里明妃雪裏行

-권한공(權漢功), 〈영국공제분매(瀛國公第盆梅)〉

대문이 열려 있었을까? 베이징에 출장 갔다가 '영국공제' 즉 송나라 어린 황제가 살던 집을 지나던 권한공이 그 집 안에 보이는 매화 분재에 영감을 얻어 지은 시다. 이른 봄 어여쁜 매화는 흔히 왕소군에 비유된다. 영국공 집의 수척한 매화는 고생스레 만 리 길 가던 왕소군처럼 티베트로 길 떠나던 어린 황제를 떠올리게 했다. 당시 몽골 사람이나 송나라 유민 중에는 베이징 송나라 황제 거처에 관한 기록을 남긴 사람이 없다. 이 시가 현재로서는 유일한 기록이다.

카안에게 출생의 비밀이?

몽골 사람들이 북쪽으로 쫓겨 간 뒤 세상은 명나라판이 되었다. 몽골 지배 기간 동안 받은 설움이 폭발하여 수많은 작품이 나왔는데, 그 중에서도 공공연한 비밀처럼 떠돌던 베이징 마지막 카안에 관한 흉흉한 소문이 작품으로 쏟아져 나와 사람들의 흥미를 자극했다. 작가들은 어릴 때 스승이나 어른한테 들은 이야기라면서 마지막 카안에 관한 명예훼손감 정보를 털어놓았다. 대부분 가짜 뉴스였다. 심지어 명나라 황제도 그 대열에 끼어 있었다. 자금성 무영전에 걸어둔 원나라 황제 초상화를 보면서 영락제가 "몽골 카안들은 모두 양고기를 즐기느라 턱이 발달했는데, 마지막 카안만큼은 송나라 사람처럼 생겼다."고 하자 모두 그에 관한 소문을 들은 적이 있다면서 맞장구를 쳤다는 것이다.

'마지막 카안'은 숱한 반대에도 불구하고 고려 출신 후궁 기씨(奇氏)를 제1 카툰에 올린 우카가투 카안이었다. 원 순제(順帝)로 더 많이 알려져 있다. '순제'는 베이징에서 '순순히' 물러갔다고 하여 명나라 주원장이 붙인 칭호이다. 몽골 카안의 혼인 관례를 어기고 궁녀-후궁 출신을 제국의 공식 국모 자리에 올리기는 무척 어려웠다. 그것도 고려 출신이었다. 그러나 카안은 정략결혼으로 얻은 두 카툰에 처절히 절망했던 터라 자신의 결정을 밀어붙였다. '기황후'로 알려진 고려 카툰의 몽골 이름은 '기 설렁거 울지 호따그'이다. '설렁거'는 고려 사람이 많이 쓰던 몽골 성씨였다. 당시 사람들은 절대 해서는 안 될 결정을 내린 카안의 심중을 도무지 헤아릴 길이 없어 여러 가지 억측을 해댔다. 그 중의 압권은 출생의 비밀이었다.

소문의 줄거리는 이렇다. 송나라 마지막 황제가 수행 생활을 할 때 감숙성에서 한 여자를 만났다. 그 여자는 임신한 채 마지막 황제(1271~1323)와 헤어져 몽골 황족 쿠셀렌(1300~1329)과 혼인하고 아들을 낳았다. 몽골 황족은 뒤에 카안이 되었고 그 아들이 대를 이었는데, 바로 기 카툰의 남편 카안이다. 카안은 황궁에서 온갖 요상한 행동으로 정사를 그르쳤다. 낮에는 목공예에 열중하고 밤에는 남녀쌍수(男女雙修)라는 방중술에 전념한 것이다. 게다가 고려 출신을 제1 카툰으로 올렸다. 송나라 부흥 운동 일파가 몽골제국 황궁에 꽂은 행동대원이 아니고서야 어떻게 이렇게 망칠 수 있겠는가.

우카가투 카안(1320~1370)의 생부가 송나라 마지막 황제라는 것을 증명하는 공식 기록은 없다. 목공예를 좋아하여 직접 물시계와 수레를 제작하고 누선(樓船)을 설계했던 것은 맞지만 온종일 매달려 다른 일을 하지 않았다는 기록도 없다. 특히 '남녀쌍수'는 밀교 수행에 어두웠던 명나라 사람들이 작정하고 꾸며낸 악담이라는 것이 최근 학설이다. 베이징에 대도를 건설한 쿠빌라이 카안이 죽은 뒤 우카가투 카안이 베이징을 떠날 때까지 75년 동안 모두 열 명의 카안이 즉위했는데 우카가투 카안은 그 절반 넘는 세월을 카안으로 있으면서 업적도 많이 남겼다. 그럼에도 악의적인 소문에 시달렸던 데에는 그럴 만한 배경이 있었다.

공식 기록을 보자. 우카가투 카안이 태어난 무렵은 몽골 제국의 황위 다툼이 치열했다. 세력이 밀린 카안의 아버지가 알타이산 근처 차가타이한국 땅에 도피 중이던 시절, 카를룩 부족의 여자를 만나 카안을 낳았다. 산모는 바로 세상을 떠났다. 어린 시절, 아버지가 카안에 올랐으나 삼촌이 곧바로 아버지를 독살해 버렸다. 삼촌 카안은 열 살 조카를 고려 대청도에 위리안치했다. 삼촌 측에서는 대청도도 안심이 되지 않았던지 베이징으로 조카를 불렀다가 광서성으로 유배했다. 이

때 삼촌 측은 조카가 형님의 핏줄이 아니라는 소문을 만들어냈다. 그런 삼촌이 서른이 못 되어 세상을 떠났다. 이 삼촌은 베이징에 규장각을 만들고 법전도 완비한 문치주의자였으나 권신 엘 테무르에게 휘둘린 면이 있었다. 삼촌 카안은 자신이 형을 죽이고 조카를 대청도와 광서성에 유배 보낸 것을 참회하며 죽었다. 그때 엘 테무르가 삼촌의 여섯 살 아들을 카안에 올리려고 하자 숙모가 반대했다. 숙모는 자신의 아들이 카안에 오르면 불행한 미래를 맞이하게 된다는 샤먼의 말을 듣고 조카를 카안에 올렸으나 43일 만에 사망하는 바람에 광서성에 유배되어 있던 또 다른 조카를 베이징으로 불러올려 액막이로 삼았다. 알타이산에서 태어나 바로 생모를 잃고 카라코름에서 아버지를 잃었으며 출생에 관한 가짜 뉴스에 시달리며 2년 사이에 대청도와 광서성 유배 생활을 마치고 베이징에 도착한 피곤한 열두 살 소년은 영문도 모른 채 엘 테무르가 세상을 떠날 때까지 반년을 갇혀 지냈다. 섭정 태후였던 숙모는 자신의 아들이 후계자가 되는 조건으로 조카의 카안 즉위를 승인했다. 이렇게 하여 고단한 한 소년이 우카가투 카안으로 즉위했다. 그러나 악몽은 계속되어 엘 테무르의 딸이 카툰으로 들어왔다.

우카가투 카안은 광서성 유배 시절, 『논어』를 암송하며 시간을 보냈듯이 황궁 안에서도 잠자코 미래를 준비했다. 스무 살이 되었을 때 자신을 도와줄 인재 톡토를 만나 권세를 부리던 대신들을 제거하고 조세 경감, 과거제도 부활, 법령 정비, 농경민 우대 등 개혁 정치를 펼쳤다. 아들을 낳은 고려인 후궁을 제2 카툰에 올린 것도 이 무렵이었다. 그러나 나라는 이미 쇠락의 길로 접어들어 각지의 농민군의 기세가 날로 거세지고 있었다. 설상가상 자연재해가 연속으로 덮친 데다 황하

둑이 터지고 전국에 전염병이 돌았다. 1355년, 개혁의 파트너 톡토가 그 반대파에게 살해되면서 카안은 정사를 놓고 밀교 수행에만 전념했다. 그러는 동안 농민군 봉기는 더 맹렬해져 제국의 영토는 계속해서 줄어들었고, 조세 수입도 격감했다. 1367년, 카안은 제주도에 행궁을 짓고 그곳에서 노년을 보낼 계획을 세웠다. 그러나 행궁이 세워지기 전, 주원장이 파견한 부대가 밀어닥치자 카안은 베이징을 떠나 제국의 원래 근거지 카라코름으로 갔다. 다시 베이징을 차지한 농경문화 쪽에서는 몽골제국이 건재하여 명나라와 대결할 것이 두려웠다. 대군을 파견하여 몽골군과 전쟁하는 한편으로 심리전 차원에서 마지막 카안이 원래 농경민의 핏줄이었다는 소문을 뿌린 듯하다. 특히 카안의 일생을 그린 『경신외사(庚申外史)』는 문체는 점잖았으나 내용은 외사답게 지독했다. '경신'은 1320년(경신년)에 태어난 카안의 별명이다.

1370년, 카안이 세상을 떠나자 빌레그트 카안(기 카툰의 아들)이 올라 명나라에 계속 대항했다. 이때 〈의천도룡기〉에 조민(趙敏)의 오빠로 살짝 나왔다 들어가는 농경민 출신 왕보보(王保保, 코케테무르) 장군이 눈부시게 활약하여 주원장의 간담을 서늘하게 만들었다.

3부

오래된 계획도시

마르코 폴로와 재너두

『동방견문록』이란 유명한 책을 중국에 와서야 읽었다. 마르코 폴로가 묘사한 13세기 동방은 당시 유럽 사람들에게 도무지 인간 세상 같지 않아 보였다. 상상 속의 공간, 그 동방으로 사람들의 왕래가 늘면서 이 책 속의 동방이 실제로 있는 땅이란 것을 믿게 되었다. 그 결과는 아편전쟁으로 이어졌지만.

독일, 영국, 오스트레일리아, 미국, 심지어 중국의 학자들이 마르코 폴로는 동방에 간 적이 없다는 논문을 학술지에 발표하기도 하지만 그 반대로 이 책의 신빙성을 주장하는 여러 국적의 학자들도 있으며 심지어 책의 내용을 증명하기 위해 마르코 폴로의 행로를 따라다니기도 한다. 세상과 격리된 중국 운남(雲南) 산골에는 마르코 폴로가 언급한 13세기 무속 의료가 지금까지도 고스란히 남아 있어 마르코 폴로 지지파에게 큰 힘을 실어 주고 있다. 책에 담긴 내용과 거의 일치하는 무속 의료 행위가 여전하다는 점도 놀랍고, 지금도 오지 중의 오지인 운남 산골까지 가서 그 지방 풍습을 관찰하고 기록으로 남긴 마르코 폴로도 대단하다.

나는 마르코 폴로가 동방을 여행하고 견문록을 남겼다고 생각하는 쪽이다. 이 책을 읽고 가보고 싶은 곳이 많았지만, 그중에서도 재너두(Xanadu)가 영순위였다. 재너두는 바로 대몽골국 도읍이었던 상도(上都, 베이징 천도 후의 하도夏都)이다. 마르코 폴로가 소개한 뒤로 사람들은 이 도시에 최대한의 상상력을 불어넣었다. 콜리지(Samuel Taylor coleridge)의 시 〈재너두〉와 올리비아 뉴튼존(Olivia Newton-John)의 뮤

지컬 영화 〈재너두〉가 모두 이 도시를 노래한 작품이다.

지금은 인적이 끊어져 '달빛 고요한 황성 옛터'가 되었지만 왕년에는 사방에서 몰려오는 손님들로 북적이던 대몽골국의 도읍이었다. 농경 위주로 삶을 영위하던 거대한 땅을 정복한 뒤 몽골 사람들은 그 농경문화 사람들을 제대로 지배하기 위해 그 사람들의 사고방식을 공부했다. 한자를 배우고 유가 경전을 읽으며 그들을 달랠 치명적 무기를 찾다가 농경문화 사람들은 도읍을 정하면 성부터 쌓는다는 것을 이해했다. 성이 웅장해야 도읍지답다고 생각하는 사람들을 위해 성 쌓기와 전혀 관계없던 몽골 사람들이 단번에 가치관을 바꾸고 농경문화의 주특기인 성 쌓기에 몰두하여 처음으로 쌓은 성이 재너두다. 그러나 아직 농경문화에 익숙해지기 전이었으므로 곳곳에 유목문화의 특징이 배어 있다. 재너두의 황궁의 배치도를 보면 중앙에 송나라 도읍 개봉의 황궁에서 뜯어온 본관 건물 희춘각(熙春閣)을 그대로 복원하여 대안각(大安閣)으로 개명한 것 외에는 이리저리 자유로운 분위기가 충만하다. 농경문화라면 원림이나 별장에서나 가능한 일이었다.

재너두 지역은 2012년 유네스코 문화유산에 등록되어 보호를 받고 있으나 사람이 아예 살지 않는 데다 관광객도 드물다. 이 재너두 정남 직선거리 300km 지점에 옛부터 유목문화와 농경문화의 접점으로 존재해 온 베

상도박물관의 대안각 추정 모형

이징이 있었다. 거란과 여진 사람들이 그랬듯 몽골 사람들도 그 농경 문화의 관문 베이징을 향해 달려갔다.

대원몽골국의 탄생

1206년, 칭기스 카안을 중심으로 탄생한 대몽골국은 신속하게 지구에서도 가장 큰 대륙의 사방 언저리까지 확보했다. 1271년, 쿠빌라이 카안이 나라 이름을 새로 정했다. 대원(大元), 완벽한 한자 문화 스타일의 이름이었다. 당시 '대원몽골국'이라고 부르기도 했다.

'대원'은 『역경』의 괘사에서 따온 이름이다. 유학자들로부터 이 이름을 제국의 명칭으로 추천받았을 때 몽골 사람들은 전혀 거부감을 느끼지 않았다. 다른 문화 사이에도 동질성이라는 것이 존재하는 법. 농경문화 지식인들이 꺼내든 '元'이라는 카드가 쿠빌라이 카안의 마음을 흔들어 놓았다. 『역경』 첫 괘이자 하늘을 상징하는 건괘(乾卦. 태극기 4괘 중의 하나이다.)의 괘사 '원형이정(元亨利貞)'에 들어있는 '元'은 '대재건원(大哉乾元)', 즉 '위대한 하늘의 창조 신공'을 담은 부호였다. 만사를 '텡그리(하늘)'의 뜻으로 살아가던 당시 몽골 사람들에게 '위대한 하늘이 천지 만물의 본원'임을 뜻하는 '대원'은 매력적인 이름이 아닐 수 없었다. 농경문화 사람들과 몽골 사람들의 사상에서 접점을 찾은 역사적 사건이었다.

몽골을 비롯한 유목 문화권에서 텡그리의 존재감은 어마어마하다. 모든 것은 텡그리의 뜻에 따라 결정된다. 유목 문화권에서 군주를 텡

그리라고 높여 부른 데에는 그만한 이유가 있었다. 한자 문화권에서도 군주의 존칭으로 '천자(天子)'를 썼는데, '하늘의 아들'이 '하늘'을 대신하여 사람들을 아끼고 보호한다는 뜻이다. 또 325년의 니케아 종교회의에서 확정된 기독교 교리에 따르더라도 '하늘'이 곧 '하늘의 아들'이다. 당시 몽골 사람 중에는 기독교인이 많았으니, '대원'은 여러 문화권을 만족시키는 훌륭한 이름이었다.

그전에도 한나라나 당나라, 송나라를 대한(大漢), 대당(大唐), 대송(大宋)이라고 불렀지만, 주로 남들이 외교 관례상 높여 불러 준 것이었지 정식 이름에는 '大'가 붙어 있지 않았다. 몽골 사람들이 국호에 '大'를 붙인 것이 좋았던지 그 뒤 베이징에 도읍한 두 나라도 따라서 '대명(大明)', '대청(大淸)'이라고 국호를 정했다. 대원, 대명, 대청을 원, 명, 청으로 부르는 것은 우리나라 이름 '대한민국'을 '한국'으로 줄여 부르는 것과 같은 이치다.

몽골 사람들이 나라 이름까지 한자 이름으로 바꾸는 등 마음먹고 농경문화를 받아들이기로 한 이상, 몽골 기병을 두려워하던 송나라 사람들도 몽골 사람들의 충정을 무조건 몰라라 할 수 없었을 테다. 나라 이름을 바꾼 지 8년 만에 몽골 사람들은 송나라 정권의 마지막 근거지를 점령하고 통일을 이루었는데, 몽골 연합군의 전투 능력이 뛰어나기도 했지만 남쪽 사람들이 마음에서 우러러 '우리나라'로 받아들일 수 있도록 나라 이름을 '대원'으로 바꾼 작전이 주효했다고 하지 않을 수 없다. 나라 이름의 상징성이 지금보다 훨씬 클 때였으니 말이다.

몽골 사람들이 세운 나라 대몽골국을 몽골어로 읽어야겠다 싶어 찾아보니 '예케 몽골 울루스', 대원국은 '다이 유완 구룬'이다. 입에 익을 때까지 자주 불러봐야겠다.

카안 발리크와 황궁

몽골 사람들은 새로운 나라 이름 '대원'과 함께 새로운 시대를 이끌어 갈 새 도읍지도 정했다. 새로운 도읍지로는 북쪽 몽골 사람들의 발상지와 남쪽 농경 곡창 지대의 경계에 있는 베이징이 만장일치로 뽑혔다. 거란과 여진 사람들이 남쪽으로 내려올 때 그랬듯이 몽골 사람들로서도 별다른 선택의 여지가 없었다. 몽골 사람들은 거란과 여진 사람들이 개발했던 중도 시가지 동북쪽에 새로운 시가지를 개발했다. 새로운 시가지는 구시가지의 곱절 가량 컸다.

쿠빌라이는 재너두에 있으면서 새로운 도읍지 건설을 감독했다. 1274년, 베이징이 '다이두 호타(Dayidu qota)' 즉 대도(大都)로 다시 태어났다. 그 시절 금나라 도읍 베이징의 백성으로 살다가 원나라 백성이 된 사람들은 완전히 다른 도시를 보았을 것이다. 규모가 달라졌을 뿐 아니라 무엇보다 모든 성벽이 흰색으로 칠해져 있어 누가 봐도 대도 베이징의 겉모습은 몽골 도시였다. 그러나 『주례(周禮)』「고공기(考工記)」의 농경문화 이념을 제대로 구현한 도읍이기도 했다. 테무친이 1206년 칭기스 카안에 올라 대외정복에 나선 지 10년 만에 베이징을 함락하고 연경로대흥부(燕京路大興府)를 설치했을 때만 해도 이런 세상이 올 줄은 아무도 예상하지 못했다.

이 도시의 설계자 이름이 남아 있으니 류병충(劉秉忠)이다.

쿠빌라이와 처음 만났을 때 류병충은 출가 중이었고, 쿠빌라이는 아직 카안이 되기 전이었다. 그의 재주를 알아본 쿠빌라이는 카안이 된 후에 환속을 명했다. 류병충은 쿠빌라이에게 국호 '대원'을 천거한 장본인이자, "빠르게 천하를 얻었다고, 바로 천하를 다스릴 수 없다"고 충고한 인물이다. 말 위에서 모든 것을 해결하던 방식으로 농경문화를 대해서는 어렵다는 뜻이었다. 쿠빌라이는 그 말을 받아들여 역사부터 배우기 시작했다. 쿠빌라이는 당나라 태종 이세민(李世民)의 통치 방식에 흥미를 기울였다. 이세민은 돌궐을 비롯한 북방 유목문화를 융합한 뒤 스스로 '천가한(天可汗)'을 칭했다. 농경문화와 유목문화를 잘 담아낸 호칭이었다.

1266년, 쿠빌라이가 류병충에게 농경문화를 아우를 새로운 도읍의 설계를 맡긴 데 이어 몇 해 뒤에는 조정 의례와 관료 제도를 정하게 했다. 류병충이 국호 대원을 추천한 것도 그 무렵이었다. 대도가 건설되는 기간 내내 감독을 게을리하지 않았던 류병충은 대도 구획이 완공된 몇 달 뒤에 병 없이 예순 살로 세상을 떠났다. 쿠빌라이는 그 기초 위에 황궁의 규모를 늘리고 관청을 계속 지어나갔다. 1285년, 구시가지의 금나라 유민 중 부자를 뽑아 신시가지로 이주시켰다. 10년간 50만 명이 이주했다고 하니, 그 시절 베이징 인구와 경제 규모를 짐작할 수 있다. 두 시가지의 왕래가 늘면서 신도시 남문에서 구도시 동북문을 잇는 동북-남서 방향의 골목이 여럿 생겨났는데 지금도 남아 있다.

이 도시를 마르코 폴로를 포함한 당시 국제 인사들은 '카안 발리크(Khan baliq)'라고 불렀다. '발리크'는 몽골어가 아니라 돌궐어다. 성(城) 또는 도시라는 뜻의 이 돌궐어는 국제 사회의 통역 기준 언어였던 페

르시아어와 위구르어에 그대로 살아남아 이탈리아에서 온 마르코 폴로는 물론 당시 몽골 사람들도 즐겨 쓰게 되었다. 그들에게는 당나라 장안(長安, 지금의 서안西安)이 '카안 발리크'였는데, 원나라 이후 베이징이 그 위치를 대신하게 되었다. 중국 서쪽에서는 그 뒤에도 베이징을 카안 발리크라고 불렀다. 카안 발리크 시장에는 없는 물건이 없었고 의료시설도 많았다고 한다. 목각 아이 인형이 걸려 있으면 소아과 의원, 붉은색 신발 한 쌍이 걸린 곳은 조산원, 12개의 나무 기둥이 꽂혀 있는 곳은 동물병원이었다. 『박통사』에 대도 홍교(紅橋)에 있던 장씨 성을 가진 용한 수의사가 나온다. 홍교는 당시 대도의 동북문이던 광희문(光熙門) 부근에 있었다. 지금은 베이징 지하철 13호선이 광희문역을 지난다. 『박통사』에는 피부과 의원도 나오는데, 문 앞에 철제 세 발 두꺼비를 놓아두었다고 한다. 돌기가 많은 두꺼비 등을 보면 피부병이 바로 연상되었을 것이다.

쿠빌라이가 주도한 베이징의 복원도를 보면 오늘날의 베이징 도시 구조가 이때 만들어진 것을 알 수 있다. 도시 개발의 투자상은 몽골 사람들, 시공자는 농경문화 사람, 시행사와 도급을 받은 시공사는 금나라와 송나라 쪽이었다.

황궁 설계는 송나라 황궁 건축을 공부한 아라비아 사람이 맡았고 시공은 송나라 출신 기술자들의 힘을 빌렸다. 그리하여 몽골과 송나라에 서역 문화까지 합해진 황궁이 탄생했다. 황궁 중심에 남북으로 길게 태액지를 두고 동편은 황제와 황후의 공간, 서편은 태자와 태후의 공간으로 나누었다. 동편 공간이 서편보다 넓었는데, 불교사원과 관공서를 넣었기 때문이다. 동편에서는 심지어 양을 키웠고 양조장도 갖추

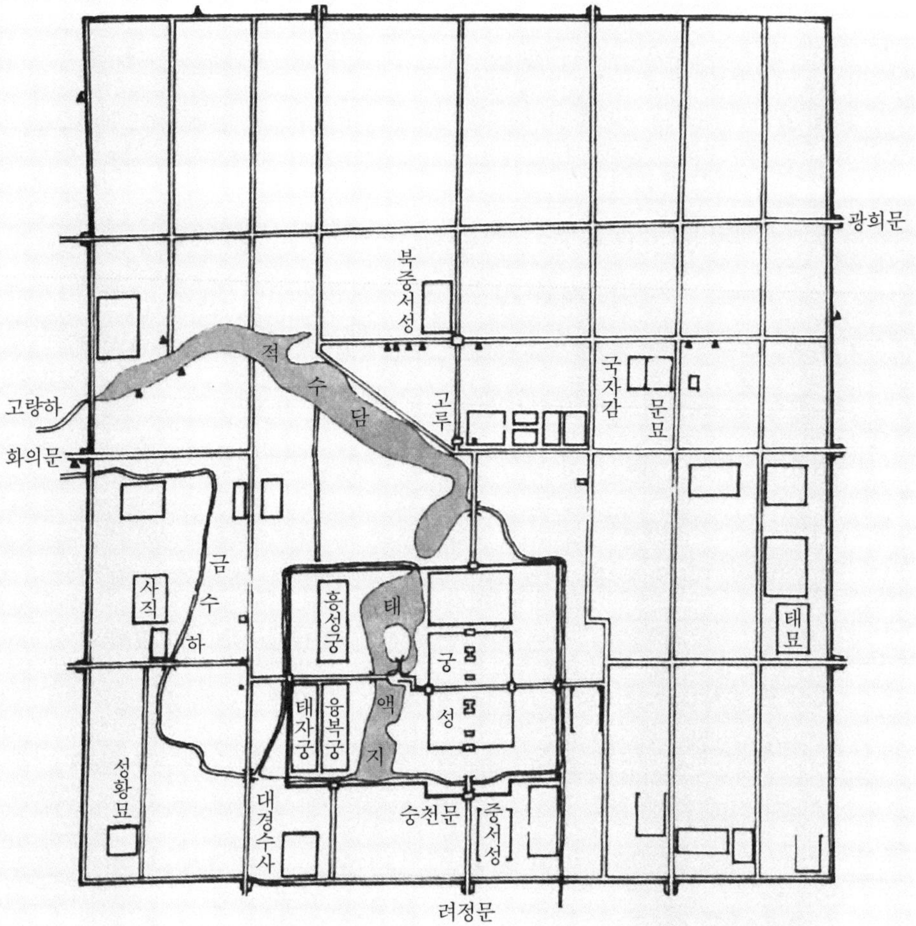

간략하게 그린 원나라 대도. 최근 연구 결과 북중서성의 위치가 적수담 북쪽으로 파악되었다. 북중서성에는 고려 이곡(李穀), 이색(李穡) 부자가 일했던 한림국사원(翰林國史院)이 있었다. 이색은 그 동쪽 비껴 아래에 있는 국자감에서 공부하고 원나라 과거에 합격했다.

고 있었다.

대도와 황궁을 건설한 쿠빌라이 카안이 황궁 안에서 가장 좋아한 공간은 황궁 본관 대명전(大明殿) 서편에 있던 자단전(紫檀殿)이다. 건물 전체가 자단목으로 지어 향기가 진동했다고 한다. 이 건물에서 쿠빌라이는 막내딸이 낳은 외손자가 고려의 세자가 되자 베이징으로 불러 숙위하게 하면서 재롱을 보았다. 외할아버지는 세자가 귀여워서 만날 때마다 '크리스탈 잔', '무소뿔에 연잎을 새긴 잔', '옥배(玉杯)' 등을 선물로 주고 맛있는 음식도 자주 내렸다. 이 세자는 뒷날 고려 왕보다 원나라 외척으로 사는 것이 좋아서 아들에게 왕위를 넘기고 베이징에서 지냈다. 만권당을 짓고 원나라 지식인들과 학술 토론과 예술 작품 감상을 즐겼다는 그 충선왕이다. 『고려사』에는 또 쿠빌라이가 고려로부터 남자 샤먼과 무녀를 자단전으로 불러 고려식 주술 의식을 거행하게 한 사실이 기록되어 있다. 이들은 카안의 손과 발을 잡고 주술을 외웠고 황제는 웃었다고 한다. 쿠빌라이는 마지막에 이 자단전에서 세상을 떠났다.

대명전은 카안의 공간으로 조회와 연회를 베풀던 곳이었다. 그런데 농경문화의 황궁 정전과 달라서 카안의 침전도 같은 공간에 있었다. 사무 공간과 침실을 한 건물에 담기 위해 대명전은 '工' 모양으로 건물을 배치하여, 사무 공간 전전(前殿)과 침실 후전(後殿)이 회랑으로 연결되어 있었다. 농경문화 황궁에서 외조(外朝)와 내정(內廷)을 구분했으나 이들은 그런 전통이 없었다. 제1 카툰을 비롯한 여러 부인들이 거처한 연춘궁(延春宮)도 같은 구조였다. 규모가 비슷했던 대명전과 연춘궁은 회랑을 통해 남북으로 붙어 있었다. 또 한 가지, 중요 관아가 황궁 안에 들어와 있었다. 농경문화의 황궁에서는 보기 어려운 구조다. 남녀 사이나 카안과 신하 사이에 거리가 그렇게 멀지 않았던 유목문화 전통을 반영하고 있다.

연춘궁의 중심 건물 연춘각은 제1 카툰의 집무, 기거 공간이었다. 특이한 것은 그 2층에 카안 집안의 은을 보관한 것이다. 현재 자금성 태화전 서쪽 홍의각(弘義閣)이 청나라의 은 보관 창고였으나 황후가 관리한 것은 아니다. 칭기스 카안이 세운 전통에 따라 카안은 여러 명의 카툰을 둘 수 있었다. 각각의 카툰은 카안의 서열 낮은 부인 여러 명과 함께 독립 채산제의 '오르도'를 경영했다. 이들은 봉토와 군대, 백성을 거느렸고, 무역을 하기도 했다.

카안 집안의 여자들은 쿠릴타이 회의에 참가하는 등 군사력에 기초한 참정권도 확보하고 있었으니 별로 놀랄 일도 아니다. 조회 때에는 카안의 부인들과 딸들이 카안과 함께 앉아 나랏일을 의논했고, 외국 사신을 맞이하는 자리에도 으레 함께했다. 카툰이 따로 외국 손님에게 술을 대접하면서 선물을 주고받기도 했다. 심지어 카안보다 카툰의 권력이 더 셀 때도 있었다. 예컨대 오고타이는 카안에 오른 뒤 술에 빠져 부인 투레게네에게 대권을 맡기다시피 했다. 투레게네는 제6 카툰이었으나 1241년 오고타이가 죽고 나서 정식으로 섭정 자리에 올랐다. 투레게네는 1246년 사망 때까지 제국을 경영했다. 쿠릴타이에서 다음 대권을 잡은 것은 아들 귀위크 카안이었으나 3년 만에 갑자기 세상을 떠나자 제2 카툰 오굴 카이미시가 섭정에 올라 4년 동안 세계 최대 제국을 호령했다. 투레게네와 카이미시 고부지간이 제국 확장기 중거의 10년을 통치한 것이다. 카툰들은 카안 집안의 다른 여자들과 협력하기도 했지만 권력을 다투기도 했다. 카이미시는 섭정 기간 내내 숙모 소르칵타니 베키(칭기스 카안의 막내아들 톨루이의 부인)와 관계가 좋지 않았다. 소르칵타니는 끝내 투쟁에서 끝내 승리하여 맏아들 몽케를 카안에 올렸다. 쿠빌라이도 소르칵타니의 아들이다.

고려 출신 '기 카툰'은 연춘각이 아닌 태액지 서북편 흥성궁(興聖宮, 지금의 북해공원 내)에서 집무하고 거처했다. 기 카툰은 27년 동안의 제2 카툰 시절을 거쳐 베이징에서 철수하기 세 해 전인 1365년에 제1 카툰 자리에 올랐다. 기 카툰이 태후의 공간이던 흥성궁을 쓴 이유는 정확히 알 수 없으나 카안 집안의 재물을 보관하던 연춘각보다 거주하기에 더 알맞은 공간이기는 했다.

고려 사람 중에 기 카툰말고도 베이징에서 카안의 부인이 된 사람들이 더 있다. 왕족 평양공 왕현(王眩)과 허씨(뒤에 충선왕과 재혼하여 순비가 됨)의 딸과 김심(金深)의 둘째 딸 달마실리(達麻實里)가 카툰에 추존되었다. 순비의 외손녀이자 노책(盧頙)의 딸(고려 공양왕 왕비의 고모)이 우카가투 카안의 후궁이 되었고, 권겸(權謙)의 딸은 우카가투 카안과 기 카툰의 며느리, 즉 빌레그투 카안의 카툰이 되었다. 이들은 소위 공녀(貢女)들로서 고려 최상류층 출신이었다. 여기서 고려에서 백여 년 동안 몽골에 바친 공녀에 대해 생각해 보게 된다. '공녀'는 고려와 몽골 공식 문서에는 등장하지 않는 용어다. 현재 남은 기록을 볼 때 당시 몽골 쪽에서 황제를 포함한 상류사회 남자가 고려 상류사회에서 배우자를 찾을 때 '구동녀(求童女, 동녀를 구하다)'라는 표현을 썼다. 베이징의 몽골제국 상류사회에서는 고려 상류층 배우자를 얻어야 행세를 할 수 있었다. 뒤에 일부 최고위층 색목인과 극소수 한인(漢人) 고위 관료 중에서도 이런 정략혼인에 성공한 경우가 나오기는 했다. 공녀라는 말은 뒷날 그 역사적 사실을 비하하기 위해 나온 말일 가능성이 크다. '貢'은 '貝'가 들어있는 것으로도 알 수 있듯이 '관청에 재화를 바치다'라는 뜻의 동사로서 사람을 목적어로 쓰는 말이 아니었다.

충숙왕 때 이곡(李穀)이 공녀의 폐단 때문에 고려 사회가 피해를 입고 있다고 한 것은 위에서 언급한 양국 상류층끼리의 정략혼인을 이른 것이 아니었다. 이곡은 고려 출신 환관들이 몽골 황제의 명령이라고 꾸며 고려 처녀들을 한 해에 4, 50명씩 끌고 가서 환관이 스스로 취하거나 돈을 받고 원하는 몽골 사람에게 혼인시키거나 궁녀로 들여보내던 것을 고발하고 황제가 이 사실을 조사하여 해결해 주기를 고려 조정의 이름으로 청했다. 황제는 청을 들어주었다고 한다. 따라서 황제의 명령을 사칭한 공문서 위조범들이 끌고 갔거나 몽골 침입 초기 약탈해 간 고려 부녀자를 두고 공녀라는 표현을 쓰는 것은 맞지 않다. 그렇다고 고려 왕족이나 귀족이 더 많은 권세를 누리기 위해 딸을 카안발리크 베이징으로 보내 몽골 황제나 상류층과 정략혼인하게 한 것을 공녀라고 하는 것도 역사적 감각이 떨어지는 표현이다.

물의 도시

중국 북방 도시 중에 베이징만 한 물의 도시가 없다. 물 많은 강남으로 이사 와서 20년 가까이 살면서 이름난 수향(水鄕)을 여럿 돌아보았는데, 대개 도시 규모가 작고 가까이에 수원지가 있어 인공수로가 발달할 조건이 충분했다. 그러나 베이징은 초대형 도시인 데다 주변에 수원지도 많지 않다. 그런 점을 고려한다면 베이징을 흐르는 인공물길이 다르게 보인다. 이화원 곤명호부터 자금성에 이르는 인공물길과 호수 풍경은 남경이나 소주(蘇州), 항주 못지않다.

베이징에 인공 수로를 많이 낼 수 있었던 것은 베이징 외곽에 산이 많기 때문에 가능했다. 베이징은 삼면이 산으로 둘러싸여 있다. 서쪽은 태항산 줄기와 이어져 있고 북쪽과 동쪽(정확히 말해서 동북쪽)은 연산 자락이다. 남쪽은 산이 없이 드넓은 화북평원으로 이어진다. 원나라가 베이징에 도읍하면서 이 삼면의 산지에 흐르는 수많은 갈래의 계곡물을 한곳에 모아 베이징 도심으로 흘려보냈다. 그러자 베네치아에서 온 마르코 폴로가 극찬할 만큼 아름다운 물의 도시가 생겨났다.

원나라 이전, 요나라와 금나라 때에도 베이징의 늪지를 황실 원림으로 이용했지만 인공을 가미하지 않았다. 원나라에서 계곡물을 모두 뒤져가며 대규모 인공수로를 판 것은 도읍의 규모를 예전에 비할 수 없이 크게 잡았기 때문이다. 도성의 해자 및 조운(漕運)과 무역을 맡고 있던 운하를 채울 물만 해도 엄청난 양이 필요했고, 황궁과 귀족 저택을 비롯한 도읍지 인구의 생활용수도 공급해야 했으므로 대도를 설계하기 전에 물의 공급원부터 찾았다.

그때 베이징의 수원을 확보하고 물길을 설계한 사람이 곽수경(郭守敬)이다. 대도의 설계자 류병충과 한 고향 사람으로 쿠빌라이에게 천거되었다. 조부는 송나라 백성이었으나 곽수경이 태어날 때쯤 고향은 금나라 땅이 되어 있었다. 류병충은 어려서부터 수학에 뛰어났던 고향 후배 곽수경을 쿠빌라이에게 천거하여 베이징의 수리를 맡겼다. 곽수경은 부하들을 보내 베이징 서쪽과 북쪽의 산속에 흐르는 계곡물을 모두 찾아 옹산박(瓮山泊)에 저장한 뒤 베이징 시내로 흘려보내 용수 문제를 해결했다. 이 옹산박은 청나라 때 이화원 곤명호로 확장되었다.

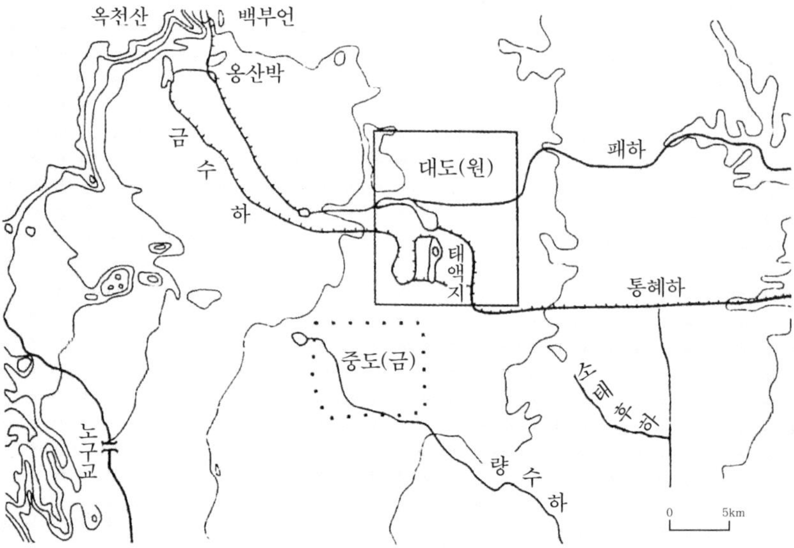

곽수경은 베이징의 서쪽과 북쪽의 계곡물을 모아 백부언(白浮堰)과 옹산박에 가둔 뒤 다시 대도 시가지로 흘려 보냈다. 이 물은 패하와 통혜하를 통해 베이징 동쪽 끝자락 고려장에서 백하(白河)로 들어갔다. 옹산박은 뒤에 이화원의 곤명호로 개조되었다. 백부언 계곡물 합수 물길은 대부분 말라 버려 찾을 수 없다가 1964년부터 발굴하기 시작했다. 계곡물이 합수된 백부언 중심 물길은 현재의 베이징-밀운 수로와 많이 겹친다.

또 황궁 안에 태액지라는 큰 호수를 팠다. 이 호수는 명청 시대에 계속 확장되어 지금도 자금성 서쪽에 북해, 중해, 남해로 남아 있다.

원나라 지배층은 이 호수에 배를 띄워 놀았다. 원나라 베이징 시절 마지막 카안이 태액지에 띄울 크루즈선을 설계한 기록이 남아 있다. 1354년 겨울 이 호수에서 조선 작업이 시작되었다. 카안의 감독 아래 조성된 배는 길이 120척(약 40m), 너비 20척(약 6.6m)에 화려한 단청 누각을 갖추고 있었다. 배를 한 마리 용으로 하여 용머리의 눈, 입이 살아 움직이는 것은 물론 다리의 발톱과 꼬리가 흔들리는 물 위에 춤을 추었다. 몽골 사람들이 사막에서 누리지 못하던 영화였다.

곽수경 팀은 베이징 동쪽 통주에서 서쪽 황궁까지 운하를 연결하여 무역선이 도심의 부두까지 바로 들어오게 했다. 베이징의 지세는 동쪽이 낮고 서쪽이 높아서 서쪽으로 운하 물이 흐르게 하려면 특단의 조치가 필요했다. 곽수경 팀은 물길 중간에 여러 갑문을 설치해 계단식으로 물을 채우고 빼는 시설을 만들어 그 문제를 해결했다. 그 뒤 명청 시대에 물길이 바뀌어 갑문의 흔적을 찾아볼 수 없었는데, 몇 해 전에 옛 물길을 찾아내면서 신비에 쌓여 있던 13세기 갑문 시설도 발굴되었다. 베이징 지하철 2호선 적수담역 C출구 밖 회통사(匯通祠) 안에 곽수경 기념관이 있다. 도심 호수 속의 섬 안에 있는 아름다운 공간이다. 인공수로의 건설 과정을 연도별로 잘 정리한 공로에 더하여 천문학자이기도 했던 곽수경을 기려 고대 천문관측의까지 설치한 이 박물관은 규모는 작지만, 여러모로 도움이 되는 공간이다. 곽수경은 1년을 365.3425일로 계산한 수시력(授時曆)을 완성한 인물이다.

이제는 세상에서 완전히 없어져 버린 조운. 원, 명, 청 시대 베이징은 조운의 최종 목적지였다. 원나라는 강남에서 바닷길로 천진에 이른 뒤 운하로 베이징까지 운반했고, 명나라와 청나라는 내륙의 대운하를 주로 이용했다. 그 운하가 베이징으로 들어오는 입구 통주에 영통교(永通橋)가 있다. 통주성 서문에서 8리 떨어진 곳에 있어 팔리교(八里橋)라고도 불렀다. 이 다리가 베이징에 거의 다 왔다는 표식이었으므로 조선 시대 연행록에 자주 등장한다. 이 다리부터 8리에 걸쳐 관청이 늘어서 있었다고 한다. 지금의 영통교는 15세기 명나라 때 건설한 다리다. 명청 시대에는 팔리교 아래를 흐르는 통혜하(通惠河)로 베이징 도성 동편문(東便門)에 도착하면 모든 짐을 부리게 했다. 원나라 대도 황궁의 북쪽까지 연결되던 수로를 변경했기 때문이다. 전국에서 실어 온 양곡을 동편문 부두에 부려 놓으면 인부들이 수레에 실어 도심으로 운반했다. 그 양곡을 쌓아두던 창고가 조양문(朝陽門) 안에 7개 있었다. 그중 도성 성벽에 붙어 있던 남신창(南新倉, 지하철 2호선 동십사조東十四條역 D출구)이 남아 있다. 6백 년 된 조운 양곡 보관 창고다. 이밖에도 동편문에서 조양문을 지나 덕승문에 이르기까지 도성의 바깥벽으로 길게 붙여 양곡 창고를 두었으나 성벽이 헐릴 때 함께 없어졌다.

'동편문 조운 부두 공원'이 몇 해 전에 문을 열었다. 물도 그런 대로 깨끗한 편이다. 이곳뿐 아니라 몇 해 사이 베이징 도심과 외곽을 둘러싸고 있는 물이 모두 꽤 맑아졌다. 베이징의 공기도 물처럼 깨끗해지면 좋겠다.

이방원과 연왕부

고려 말, 이방원(李芳遠)이 이색을 따라 주원장을 만나러 간 일이 있다. 1388년의 일이다. 이방원은 이성계의 아들 중 유일한 과거 급제자였다. 그것도 십 대였고, 급제 동기 황희(黃喜)보다 성적이 더 좋았다. 이색은 이런 이방원을 현장 외교문서 담당 서장관으로 데려갔다. 이색은 공민왕 사후 흔들리던 고려를 안정시키기 위해 주원장에게 고려 우왕을 지원해 달라고 환갑이 지난 나이에 직접 출사했다. 이방원을 데려간 것은 이방원의 문장이 뛰어났기 때문이기도 하지만 이성계에게 고려가 흔들리지 않을 것을 보여주기 위한 계산도 있었다. 그러나 조선이 들어섰다. 1394년, 이단(李旦)으로 이름을 고친 조선 태조가 아들 이방원을 명나라에 보냈다. 의심 많은 주원장이 오해하고 있던 몇 가지 사실을 밝히기 위해서였다. 그중 압권은 조선 국호를 승인해 주었는데 조선에서 올린 외교문서에 이성계가 국왕을 칭하지 않고 있다는 것이었다. 이성계는 주원장이 국호만 내려주고 국왕의 인장을 내려주지 않았기 때문에 다음 단계를 기다리고 있었을 뿐 주원장에게 아무 불만이 없다는 것을 설명하려고 이방원을 보낸 것이었다.

당시 남경으로 가는 길은 여러 갈래가 있었지만 주로 바닷길을 통해 산동반도에 내려 육로로 갔다. 그런데 이방원은 그 북쪽 베이징으로 돌아갔다. 그뿐만 아니라 연왕 주체를 만났다. 주원장은 외국 사신이 명나라 제후왕을 만나는 일을 엄금하고 있었다. 제후왕이 외국 세력과 결탁하여 역모할 것을 방지하기 위한 처사였다. 직전에 조선 사신이 산동에서 주원장의 일곱째 아들 제왕(齊王) 주부(朱榑)를 만난 일을 크게 문제 삼은 적도 있었다. 그런데도 이방원이 길을 돌아가기까지 하면서 베이징의 연왕을 만난 것은 이해하기 어려운 대목이다. 조선 『태조실록』을 보자. '전하'는 이방원을 가리킨다.

> 명나라 벼슬아치들이 전하를 보고 다들 조선 세자라고 부르면서 몹시 공경했다.
>
> 전하가 연왕부를 방문했다. 연왕 즉 명나라 태종 황제가 직접 전하를 만났다. 주위의 호위병을 물려 한 사람만 시립하고 있었다. 연왕은 부드럽게 말했고, 대접은 아주 융숭했다. 시립하고 있던 사람

을 시켜 술과 음식을 내오게 했는데, 몹시 풍성하고 정갈했다.

전하가 베이징을 떠나 길을 가고 있을 때, 연왕이 경사(京師)에 입조하기 위해 안여(安轝)를 탄 채 말을 몰아 질주해 갔다. 전하가 말에서 내려 보니, 연왕이 행차를 멈추고 여러 차례 손짓했다. 휘장을 걷고 오랫동안 부드럽게 말한 뒤 길을 갔다.

-『태조실록』 6권, 태조 3년 11월 19일

1394년 주원장이 살아 있던 당시의 명나라 사정상 발생하기 어려운 일이다. 위에서 말했듯이 외국인으로서 명나라 제후왕을, 그것도 두 차례나 만났고 술과 음식을 대접받기까지 했다. 모반죄에 해당하여 연왕의 제후왕 자리가 날아갈 수도 있는, 명나라 법을 어겨도 크게 어긴 일이다. 몰래 만나도 안 되고 공개적으로는 더 위험한 일을 두 나라의 왕자가 벌인 이유가 궁금하다. 두 사람의 행적을 잠깐 살펴보자. 이방원은 1398년에 형제 및 정도전과 권력 다툼을 했고, 1400년에도 비슷한 일에서 이긴 뒤 왕이 되었다. 왕위 계승의 정당성을 문제 삼는 이들 때문에 마음이 편하지 않던 중 명나라에서 처절한 권력투쟁이 일어나 1402년, 조카 황제의 생사가 불분명한 가운데 삼촌이 즉위하는 일이 일어났다. 명나라에서 '능력자'가 황제에 오르자 이방원은 "봐라, 대국에서도 우리 방식을 베끼지 않느냐?"며 곧바로 환영의 뜻을 밝혔다. 이방원은 그 절호의 틈을 타서 자신과 새 황제는 둘 다 잠저 시절부터 보통 사이가 아니었고, 두 사람 다 군주가 될 운명을 타고났다는 점을 강조하려 언론전을 펼친 것은 아닐까? 조선『태조실록』은 연왕이 황제에 오른 뒤에 편찬되었다. 명나라 사람들은 조선왕조실록의 독자

층이 아니니 기록이 문제될 일도 없을 터였다.

명나라 벼슬아치들이 이방원을 세자라고 부르며 공경했다고 한 기록도 마찬가지다. 예법을 따지는 데 이골이 나 있던 명나라 벼슬아치들이 세자가 아닌 왕자를 세자로 불렀을 가능성은 거의 없다고 봐야 한다. 명나라 상층부가 진작부터 이방원을 조선의 실세로 인정했다고 주장하기 위해 『태조실록』을 작성하던 측이 곡필했을 가능성이 크다. 이렇게 의아해할 독자들을 위해 이어지는 내용에 세밀함이 돋보이는 장치를 해두었다. 몇 해 뒤 이방원이 왕위에 올랐을 때, 명나라 영락제가 국왕 인장을 보내주었는데, 그것을 가지고 왔던 명나라 사신에게 이방원이 물었다고 한다. '그때' 연왕 옆에 홀로 시립하고 있던 그 사람은 누구이고 잘 있는지? 사신은 그 '대인'이 아주 좋은 사람인데 이미 죽었다고 알려주었다. 이방원이 베이징 연왕부에 찾아갔던 때의 상황을 잘 알고 있는 사람이라야 가능한 대답이다. 사신은 명나라 황궁의 환관이었다. 세밀함이 지나치면 신빙성이 떨어지는 법이다.

이방원의 이야기가 길어졌다. 베이징으로 돌아가자. 1368년, 명나라 군대가 원나라 도읍 베이징을 쳐들어가자 원나라 황제와 기황후는 황궁을 버리고 북쪽으로 떠났다. 그 뒤 대오를 회복한 몽골 사람들은 계속해서 명나라와 대결했고, 1449년에는 베이징 부근 토목보(土木堡)까지 들어와서 명나라 황제를 사로잡아 가기도 했다. 명나라 도읍을 남경에서 베이징으로 옮긴 데는 여러 가지 이유가 있었지만 황제가 직접 몽골을 방어하겠다는 의도가 컸다.

주원장은 넷째 아들을 연왕에 봉하고 몽골족을 방어하라는 임무를 주어 베이징에 배치했다. 넷째 아들이 연왕이 된 것은 열한 살 때였지만 실제 베이징에 부임한 것은 1380년, 스물한 살 때였다. 넷째 아들은 부임 초부터 전투를 개시하여 몽골 사람들을 더 먼 북쪽으로 쫓아냈다. 주원장은 이런 넷째아들 연왕에게 원나라 황궁의 일부를 쓸 수 있게 허락해 주었다. 명나라 각지에 제후왕의 대규모 저택 터가 남아있지만 원나라 황궁만이야 할까.

애초에 연왕이 썼던 곳은 원나라 황궁 태액지 서편의 융복궁(隆福宮), 원나라 태자가 쓰던 곳으로 면적은 현 자금성의 3분의 1쯤 되었다. 현재 서안문대가(西安門大街) 이남, 부우가(府右街) 이서, 영경(靈境)후통 이북에 해당한다. 주원장은 연왕의 자손이 늘 때마다 증축도 허락했다. 주원장 사후에 즉위한 조카 황제가 삼촌 연왕이 원나라 황궁 안에 살고 있는 것을 문제 삼았지만 연왕은 그대로 머물렀다. 『태조실록』에 나오는 대로라면 그 무렵 이방원은 옛 원나라 황궁 융복궁으로 연왕을 만나러 간 것이 된다.

연왕은 조카 황제와 4년에 걸친 내전 끝에 승리하고 황제가 되었다. 1406년, 새 황제는 베이징에 새 황궁을 짓기로 함과 동시에 연왕부를 서궁(西宮)으로 증축했다. 자금성의 축소판이었던 서궁은 자금성보다 먼저 완공되었다. 서궁은 서원이라고도 불렀다. 1부에 나온 '표방'이 서궁에 있었다. 새 황제의 후대 중에는 자금성을 버리고 바로 옆 서궁에 기거한 황제들이 여럿 있었다. 원나라 때에는 태액지 호수가 황궁의 중심축을 이루고 있었지만 명나라 때에는 태액지 동쪽에 높은 담장을 쳐서 자금성과 호수를 격리해 버렸다. 자금성은 황궁 건축 원칙을 엄격하게 적용하여 대국의 위엄을 나타내기에는 충분했으나 사람이 거주하기에는 부담스러울 정도로 웅장했다. 반면에 태액지 서안의 원나라 황궁 서반부를 증축한 서궁은 경치도 뛰어난 데다 건물도 아기자기하게 들어서 사람이 살기에 훨씬 좋은 환경이었다. 지금의 북해공원 일부와 중남해 일부가 서궁에 해당한다.

계획도시의 완성판

조카 황제와 4년의 내전 끝에 승리한 영락제는 베이징으로 천도를 결정하고 새 도읍지 개발에 나섰다.

베이징성은 주원장 때부터 다시 쌓기 시작했던 것을 이어 쌓았다. 원나라 도성 내 적수담 기준 북쪽 부분은 포기하고 서쪽 적수담부터 동쪽으로 성벽을 새로 쌓았다. 성 동북쪽 해자로 적수담을 이용하느라 그 부분은 성벽을 반듯하게 쌓지 못했다. 동면과 서면은 남아 있던 원나라 도성을 보강했다. 원나라 도성의 남면은 해체하고 1km 남쪽에 새로운 성벽을 쌓았다. 이때 완성된 도성은 평균 높이가 15미터에 이르고 총 길이는 20km였다. 몇십 m마다 성벽에서 돌출시켜 쌓은 방어시설 치(雉, 중국어 마면馬面)를 두어 올록볼록 입체감이 대단했다. 그 뒤 몽골 사람들이 계속 베이징을 위협했으므로 16세기 중엽에 14km의 외성(外城)을 쌓아 '凸' 형의 베이징 도성을 완성했다.

베이징 도성에는 성루와 각루가 많았다. 내성에 아홉 개, 외성에 일곱 개, 모두 열여섯 개가 있었고, 각루는 내성과 외성 네 모서리에 각 하나씩 있었다. 모두 서른 개가 넘는 성루와 각루는 본채 건물 외에 전루(箭樓, 화살을 쏘도록 창을 여럿 낸 성루)가 딸렸고 주둔 부대 기지와 숙직실도 갖춘 복합 옹성(甕城) 구조였다.

황궁 자금성은 3년여 만에 완공되었다. 시간을 단축할 수 있었던 것은 기술자만 20만 명에 헤아릴 수 없이 많은 인부를 동원해서였기도 하지만 원나라 황궁의 기초를 이용했기 때문이기도 하다. 그 몇십 년 전 주원장이 명나라 도성을 남경에 건설할 때에도 이전 남당(南唐) 도성을 이용하여 1년 만에 완공한 바 있다. 영락제는 그 아버지 주원장과 달리 기공 10년 전부터 전국에서 물자를 베이징으로 운반해 놓았다.

새로 지은 황궁을 원나라 황궁과 비교해 보면 결정적 차이를 발견할 수 있다. 원나라 황궁은 태액지가 중심이 되어 동쪽에 황제의 공간 대내가 있고 서쪽에 태자궁과 태후궁이 있었는데 명나라 황궁은 황제의 공간이 중심이고 태액지는 그 부속 호수로 지위가 떨어졌다. 농경문화에서 물이 중요하긴 하지만 물은 도처에 있는 것이어서 귀하게 생각하지 않았다. 몽골 사람들은 물이 귀한 곳에서 살며 물을 소중하게 여긴 전통을 황궁 설계에 반영했다.

공사가 끝나자 영락제는 전국에서 동원했던 사람들을 주저앉혔다. 그 이전부터 전국에서 세금 혜택을 줘가면서 부자들을 이주시키던 중이었다. 그렇게 하여 명나라 군대의 공격을 받고 폐허로 변했던 베이징 땅에 인구가 늘고 번성하기 시작했다.

만주 팔기 병영 도시

청나라 도읍 베이징은 병영 도시였다. 도시 전체를 여덟 구역으로 나눠 팔기(八旗)가 주둔하고 있었는데, 이 부대를 금려(禁旅, 수도방위사령부)라고 했다. 지방에 주둔한 팔기는 주방(駐防)부대이다. 베이징 입성 초기, 베이징 내성(內城)을 우물 '井'의 아홉 구역으로 나누어 중앙의 자금성을 둘러싼 여덟 구역에 팔기 부대를 배치했다. 부대가 배치된 구역 안에 들어 있는 제후왕의 저택, 관청, 양곡 창고, 사원은 따로 관리하고, 나머지 땅은 팔기 부대와 부대 사택으로 썼다. 청나라 베이징 내성에는 팔기 사람이 아니면 거주할 수 없었다. 물론 노비는 거주했다. 명나라 말기 총인구를 6천만, 베이징 인구는 120만 명으로 본다. 당시 베이징에 살던 농경민 후예들은 이때 모두 쫓겨난 것이다.

팔기는 여진 사회의 사냥 조직에서 발전한 군사 조직으로 누르하치 때에 두 차례 확장을 거쳐 팔기로 완성되었다. 1기는 7,500명 병사 기준으로 구성되었다. 평시에는 사회경제 조직이다가 전시에는 즉각 부대로 편성되었다. 금나라를 건설한 그전의 여진족 사회도 모극군(謀克軍)과 맹안군(猛安軍) 행정 조직이 있었다. 청나라 사회는 이미 만주(滿洲, 1365년 여진에서 개명)팔기, 몽골팔기, 한인(漢人)팔기로 조직되어 신속한 전시 동원 체제를 갖추고 있었다. 금나라의 모극과 맹안도 일부 다문화 사회이긴 했지만 절대다수가 여진 사람으로 구성되어 있었다. 모극과 맹안 조직에 딸린 노비는 대개 송나라 포로들이었다. 청나라는 베이징 입성 전 팔기 조직을 정비했다. 2기는 황제 직속으로, 나머지 6기는 황족이나 귀족이 이끄는 경쟁 체제가 되자 자연스레 전투력이 고취되었다.

베이징에 입성한 뒤 땅을 나눌 때, 만주 기는 황궁 가까이에, 몽골 기와 한인 기는 그 바깥쪽으로 배치했다. 청나라 팔기는 정치, 경제, 군

1752년에 제작된 베이징 지도. 팔기 병영이 색으로 구분되어 있다.
청나라의 도읍 베이징은 팔기 부대가 주둔하던 거대한 병영 도시가 되었다.

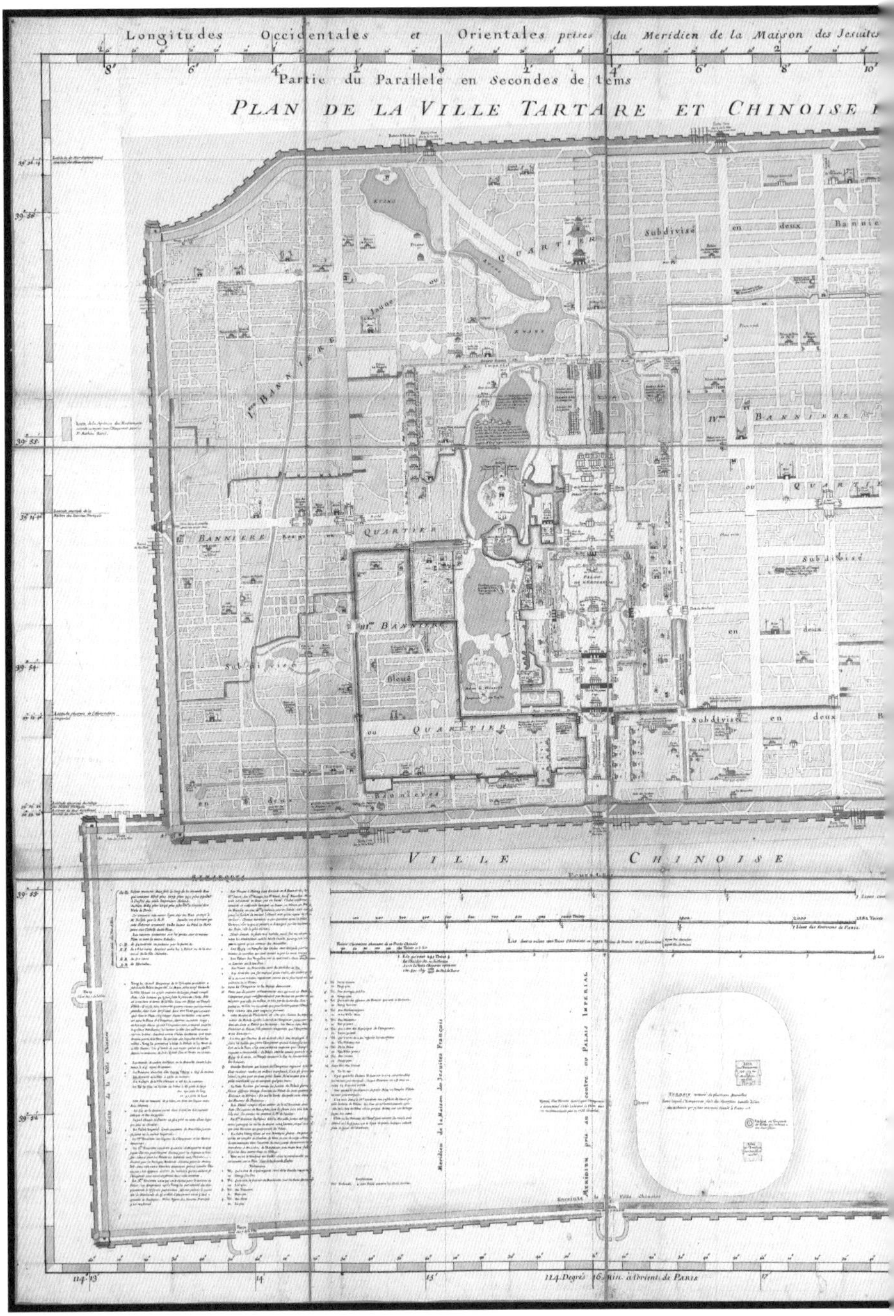

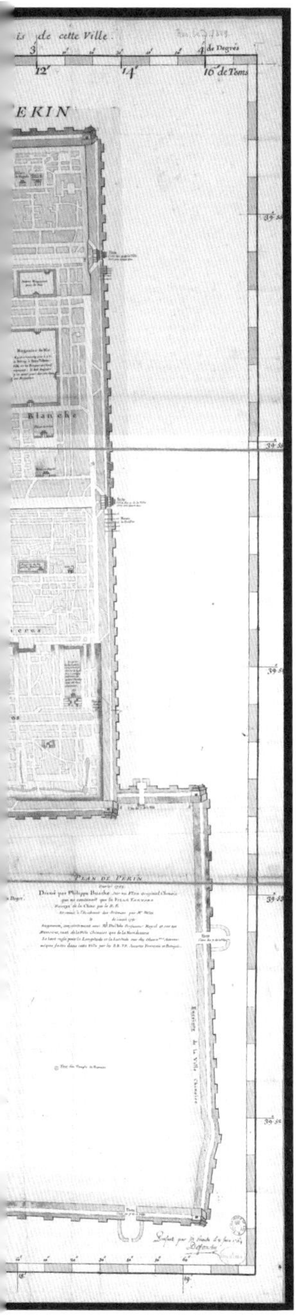

사 일체형 특권 조직이라 당시 사회가 팔기 위주로 돌아갔는데 그중에서도 만주팔기의 권력이 가장 셌다. 팔기 군사와 그 가족들은 기인(旗人)이라고 했다. 청나라의 신흥 귀족이었다. 기인 중 남자는 모두 평생 급여가 보장되는 직업 군인이었다. 아들을 낳으면 바로 그 앞으로 급여가 나왔으므로 호적에 딸을 아들로 바꾸어 올리는 사람도 있었다고 한다. 그런데 평화로운 세월이 길어져 팔기의 전투력이 급속히 떨어졌다. 능력과 상관없이 평생 양질의 경제생활이 보장되니 구태여 힘을 들여 무예를 단련하거나 글공부를 할 필요가 없었다. 그리하여 조상은 날랜 군사였으나 후손들은 칼집에 손 한 번 대지 않고 평생을 유유자적 살았다. 유유자적이 지나쳐 집안 대소사 일체를 여자들에게 맡기고 각종 취미 생활에 전념하는 사람들이 대부분이었다. 취미 생활에는 도박이나 아편도 포함되었다. 그렇게 2백 년 세월이 흐르고 베이징성이 공격받게 되었을 때 대포 소리에 놀라 가장 먼저 도망간 것이 바로 팔기 군사들이었다.

현재 중국에는 자신을 만주 사람의 후예로 인정하는 인구가 1천만 명쯤 있다. 청나라가 망하고 중화민국이 들어설 때 베이징의 팔기 조직도 무너졌다. 당시 베이징의 남녀 포함 60만 명쯤의 만주

기인(베이징 입성 초기 만주팔기 군사 약 5만 명)들은 거의 다 베이징을 떠났다. 지방으로 흩어진 그들은 만주 사람이라는 것을 숨기고 살다가 문화혁명의 십 년 회오리바람이 지난 뒤에서야 만주 사람으로 돌아왔다. 현재 베이징에 거주 중인 만주 사람은 약 30만 명이다. 그중 예전 베이징 팔기 기인의 후예가 얼마나 될지는 알 수 없다.

불국토 베이징

베이징에는 고대로부터 여러 종교가 혼재했다. 그중 불교가 가장 성행했고 그 흔적으로서의 불교사원이 지금도 아주 많이 남아 있다.

먼저 약 1,700년 전에 세워진 베이징에서 가장 오래된 절 담자사(潭柘寺)가 있다. 도심에서 약 30km 떨어진 산속에 있는데, 원래는 다른 이름이었지만 그 동네에 계곡물의 '潭'과 산뽕나무의 '柘'가 붙은 담자산이 있어 담자사로 더 많이 불리게 되었다. 이 절에는 호랑이가 정기적으로 내려와 염불 소리를 들었다는 전설이 있다. 깊은 산중에 베이징 첫 불교 사원이 지어진 것을 보면 당시에는 대중의 호응이 크지 않았던 모양이다. 그 뒤 베이징에 도읍했던 모든 왕조가 거금을 후원하여 베이징에서 가장 부유한 절이 되었다. 쿠빌라이 카안의 딸이 이 절에 출가하여 아버지가 저지른 살생의 죄를 대신 참회했다는 이야기가 전한다.

담자사에서 도심 방향 10km 지점에 계대사(戒臺寺)가 있다. 수나라 때 세웠고 거란 사람들이 증축했다. 거란 시절 북방 율종의 본산이었

담자사에는 금나라 이후 역대 승려 사리탑 70여기가 남아 있다.(耿朔 사진)

계대사 거란 시대 법균(法均) 의발탑(《베이징 문물지도집》 사진)

던 이 절에 거란 유물이 많이 남아 있다. 그중 수계(受戒)의 계단(戒壇)이 가장 유명하다. 백옥의 3층 계단은 높이 3.5m, 아래 층 한 변이 15m이다. 이 절에는 거란 사람들이 심은 소나무를 포함하여 고송 열 그루가 살아 있다. 모두 천 살이 넘은 나무들인데 1300살 구룡송(九龍松)이 가장 나이가 많다.

방산 운거사(雲居寺)는 이 절에서 동쪽으로 1km 떨어진 뇌음동(雷音洞)과 함께 석경(石經, 불경을 돌에 새긴 것)으로 유명하다. 이곳에서는 수-당 시절 승려 정완(靜琬)이 30년 동안 불경을 돌에 새겼다. 석경이 종이 인쇄물보다 보존성이 뛰어나 불교 배척 운동이 일어나도 훼손되지 않을 것이라는 점을 시주들에게 설득한 것이다. 뒤에 거란 사람들은 아예 국고지원 사업으로 정해 대대적으로 석경을 새겼다. 이때 운

▲ 운거사 전경(〈방산운거사화책〉 사진)

방산 석경(耿朔 사진) ▼

거사 절집도 증축되었고 불탑과 비석도 세워져 지금까지 남아 있는 유물이 많다. 거란 때 지은 절은 동향(東向)이 많은데 운거사도 그렇다. 원나라 말기 고려 승려 혜월(慧月)이 뇌음동의 석경이 훼손된 것을 발견했다. 그 무렵 베이징에는 고려 사람이 세운 절이 많았다. 혜월은 뇌음동에서 멀지 않은 고려 절 영암사(靈巖寺, 절터와 부도가 아직 남아 있다.)에 있으면서 이 석경을 발견했을 가능성이 크다. 혜월은 원나라 황족들의 시주를 받아 석경을 보수했다. 고려 출신 환관 고용복(高龍卜, 즉 高龍普)과 신당주(申黨住)도 거금을 냈다. 석경 보수 팀 명단이 남아 있는데 몽골과 서역 승려들도 들어 있다. 1940년대 초 항일 유격대와 일본군의 교전에서 일본군의 포탄을 맞아 운거사 건물이 거의 다 날아가 버렸다. 1957년, 운거사-뇌음동 복구 팀이 혜월이 보수했던 석경 판을 비롯해 수많은 석경을 찾아냈다. 현재 이 석경들은 풍화 방지를 위해 지하에 보관되어 아쉽게도 볼 수가 없다.

베이징 도심에 백탑사라는 티베트불교 사원이 있다. 원나라 때 세운 대성수만안사(大聖壽萬安寺, 〈의천도룡기〉에 이 절이 나온다.)를 명나라 때 묘응사(妙應寺)로 이름을 바꾸었다. 그런데 이 이름은 유명하지 않고 엄청난 규모의 백탑이 남아 있어 베이징 사람들은 지금도 이 절을 백탑사라고 부르고, 부근 시내버스 정류장 이름도 백탑사이다.

이 탑은 현존 중국 최대의 라마탑이다. 설립 연대(1279년)도 가장 이르다. 묘응사 붉은 담장 너머 우뚝 서 있는 백탑의 모습이 예사롭지 않다.(베이징 불교 사원의 담장은 붉은색이다. 중국 남쪽 지방 불교 사원 담장은 황색이다.) 이 탑은 쿠빌라이의 탑이다. 쿠빌라이는 불교를 국교로 삼고 민심을 수습하고자 베이징 도심, 원래 거란 탑이 있던 자리에 거

묘응사와 백탑. 최근 수리 과정에서 백탑의 전신에 거대한 연꽃무늬가 돋을새김되어 있는 것을 발견했다.(耿朔 사진)

대한 '스투파'를 세우고 석가모니 사리를 모실 계획을 짰다. 쿠빌라이의 원대한 꿈을 상징하는 스투파를 건설한 것은 네팔 팀이었다. 대장은 아니거, 쿠빌라이의 스승 팍파 국사가 추천한 인물이다. 아니거가 쿠빌라이를 만난 것은 열일곱 살 때였다. 건축 천재 아니거가 이끄는 네팔 팀은 쿠빌라이가 맡긴 공사를 하나씩 완성하여 쿠빌라이의 신임을 얻고 마침내 이 거대한 백탑 공사를 맡게 되었다.

8년 공사 끝에 탑이 완공되자 쿠빌라이가 가장 크게 기뻐했다. 탑의 높이는 51m로 거대한 바리때(지름 18.4m)를 깨끗이 씻어 엎어 놓은 모습이다. 웅장한 백탑이 완공되자 베이징 도시 자체의 모습이 달라졌다는 평가를 받았다. 쿠빌라이가 죽은 뒤 이 절에 신어전(神御殿)을 지어 쿠빌라이의 화상을 안치하고 원나라가 베이징에서 철수하기 전까지 매달 제사를 지냈다.

이 백탑의 존재감은 대단해서 명나라와 청나라 황제들이 쿠빌라이의 탑이 있는 이 원나라 사원에 물심양면 지원을 아끼지 않았다. 1976년 당산(唐山) 지진 때 이 백탑이 많이 흔들렸다. 그 수리 과정에 건륭제가 백탑 꼭대기에 넣어둔 수많은 국보급 유물을 찾아냈다.

베이징 북해 공원 경화도(瓊華島) 산 위에도 백탑이 있다. 규모는 묘응사 백탑보다 작지만 17세기 청나라 불교예술의 정화로서 주변 풍경과 어우러진 모습이 아름답기 그지없다. 백탑은 이렇게 베이징에 이국적인 멋을 더해주며 오랫동안 베이징을 지켜왔다.

옹화궁(雍和宮)도 티베트불교(라마교) 사원이다. 원래는 청나라 옹정제의 잠저이자 건륭제의 출생지였으나 옹정제가 즉위하여 집의 절반을 티베트불교 황교(겔룩파) 사원으로 개수했고 아들 건륭제가 나머지 부분도 사원으로 만들었다. 지금도 베이징에서 규모가 가장 큰 라마사원인데 절 전체가 박물관이라고 할 만큼 볼 것이 많다. 길 하나를 사이에 두고 국자감이 있어 함께 돌아보면 좋다.

베이징 도심에서는 법원사(法源寺)가 가장 오래된 절이다. 전신은 당나라 태종이 고구려와의 전쟁에서 죽은 장수와 병사의 혼을 달래기 위해 발원한 절이다. 몇십 년 뒤에 절이 완공되어 성신제(聖神帝, 측천무후, 당 태종의 며느리)가 민충사(憫忠寺)라는 이름을 내려주었다. 현재 이 절에 옛 이름을 딴 민충각이 남아 있다. 9세기 무종(武宗) 때 일어난 불교 배척 운동으로 당나라 전역의 사원이 피해를 입었지만 이 절은 태종이 발원한 절이라 화를 피했다. 도심에 있던 절이라 사신을 맞이하기 편리하여 거란 때에는 이 절을 송나라 사신의 숙소로 썼다. 그 뒤 여진의 금나라 때에도 이 절을 같은 용도로 썼으니 개봉에서 끌려온 송나라 흠종이 이 절에 갇혔다.

거란 시절 민충사에 목판 인쇄소가 있었다. 거란은 농경문화에서 배운 인쇄술로 불경을 많이 간행했다. 이때 나온 거란대장경은 고려대장경의 저본이 되었다. 당시 인쇄물에 찍혀 있는 인쇄소가 거의 베이징에 집중되어 있는 것으로 보아 베이징이 거란 인쇄문화의 중심이었음을 알 수 있다. 민충사도 그중 한 곳이었다.

구처기의 백운관

종교를 가진 베이징 시민이 둘째로 많이 믿는 종교가 바로 도교다. 토요일 법회에 정기적으로 참석하는 신도는 그렇게 많지 않고, 시간이 될 때 사원을 찾아 향을 사르고 복을 기원하는 사람이 더 많다. 베이징에는 수많은 도교 사원이 남아 있다. 그중에서 백운관(白雲觀)이 가볼 만하다.

2세기 이후 중국의 도교는 천사도(天師道)였고 그 신도가 황건군(黃巾軍)으로 조직되어 봉기한 것을 보면 노자의 가르침을 우국으로 풀어낸 종교라고 할 수 있다. 내부에서 파가 갈라지긴 했지만 천년 세월을 천사도 중심으로 내려오던 도교에 12세기 들어 새로운 바람이 불었다. 단학 수련 위주로 유불선 교리를 아우른 전진도(全眞道)가 탄생한 것이다. 전진도 용문파(龍門派) 시조 장춘진인(長春眞人) 구처기(邱處機)가 바로 이 베이징 백운관에서 세상을 떠났다. 1227년, 80세였다. 당시 온

백운관(《베이징고대건축정수》 사진)

베이징 성내에 사흘 동안 향기가 진동했다고 한다. 실존 인물 구처기는 무협 소설에 무예고수로 등장한다. 『사조영웅전(射雕英雄傳)』 말미에 칭기스 카안을 만나 살생을 중지할 것을 역설한 것도 실제 있었던 일이다.

1219년 말, 칭기스 카안이 보낸 사람이 구처기의 처소에 도착하여 카안의 초청장을 전했다. 구처기는 흔쾌히 동의하고 동행할 제자 18명을 뽑았다. 그리고 2년에 걸친 여정 끝에 지금의 아프가니스탄 경내 힌두쿠시산 군영에서 호레즘 정복전쟁을 지휘하고 있던 칭기스 카안과 만났다. 카안은 구처기를 신선이라고 불렀다고 한다. 군영에서의 대화는 한 해 동안 이어졌다. 구처기와 칭기스 카안은 여러 주제로 대화했는데 그중 '전쟁과 평화'도 들어 있었다고 한다. 사실 몽골이 커지면서 잔인하기로 유명했던 몽골군의 90퍼센트는 농경민이 차지하고 있었다. 정복전쟁 초기 몽골 기병은 약 10만~12만 명밖에 되지 않았다. 요나라와 금나라 사정도 마찬가지였다. 거란이나 여진 사람들이 많으면 얼마나 많았겠는가. 여러 왕조가 병립하던 시절, 전쟁 희생자는 거의 다 농경민들이었다. 구처기는 칭기스 카안에게 그런 농경민의 아픔을 전달하고 싶었을 것이다.

칭기스 카안은 돌아가는 구처기 일행에게 호송부대를 딸려 보냈다. 1224년 구처기는 칭기스 카안의 정복 목표 중의 하나였던 금나라 도읍 중도에 들어갔다. 구처기가 『사조영웅전』의 두 주인공 이름을 정강 연간의 치욕을 잊지 말라는 뜻에서 곽정郭'靖'과 양강楊'康'으로 지어준 것은 순전히 소설 속의 이야기다. 구처기는 금나라 시민권자로 특히 금 세종의 지원을 많이 받았다. 특히 금나라 조정의 요청을 받아들여 천장관(天長觀), 즉 지금의 베이징 백운관에서 3년 동안 주재했다. 소설은 칭기스 카안과 구처기가 세상을 떠나는 1227년에 끝난다. 그 뒤로도 전쟁은 계속되었다. 대몽골국은 요, 금, 송과 차례로 대결해서 최후의 승리자가 되었다.

백운관이 구처기로 유명해졌지만, 그 자리에 도교사원이 세워진 건 그보다 훨씬 전인 당나라 때였다. 구처기가 세상을 떠난 뒤 제자들이 백운관을 증축했다. 현재 구처기가 묻힌 자리에 구조전(邱祖殿)이 있다. 도인은 건물 안 큰 영발(瘿鉢) 아래에 묻혀 있다고 한다. 베이징 사람들은 무량공덕의 신선 구처기의 탄신일인 연구절(燕九節, 정월 19일)을 지금까지 기념하고 있다.

백운관에 가서 구조전을 참배하려면 옥황상제가 모셔진 옥황전(玉皇殿)과 전진도 조사 왕중양(王重陽)의 7대 제자를 모신 노율당(老律堂)

을 지나야 한다. 구조전 참배 후 서편 여조전(呂祖殿)에서 여동빈(呂洞賓) 신선을 만나고 이어서 옥황전 서편 재신전(財神殿)에 들어가 복을 빌고 나오면 할 일을 다한 듯 뿌듯해지곤 한다. 시간이 넉넉하다면 백운관 근처에 있는 베이징 수도박물관 관람을 권한다. 백운관은 또 중국도교협회 본산으로 도사를 양성하는 도교대학을 운영하고 있는데 외국 학생은 받지 않는다.

유서 깊은 이슬람 마스지드

베이징뿐 아니라 중국 전역에서 이슬람 문화와 자주 접하게 된다. 가장 많은 것은 '청진(淸眞)' 두 글자가 찍힌 할랄 식품인데, 청진 식당은 이슬람을 믿지 않는 중국 사람들도 즐겨 찾는다. 청진은 고대 중국어에서 도교를 상징하는 용어였지만, 명나라 말기부터 청나라 초기 사이에 이슬람을 부르는 말로 정착됐다. 명나라 조정에서 무슬림을 쓰게 했지만 사람들은 받아들이지 않고 '청진'을 계속 썼다.

베이징은 다른 도시보다 이슬람 전래 역사가 오래된 편이다. 2010년 인구조사 결과 베이징 시민 중 이슬람 신자는 약 20만 명이었다. 개중에는 회족(回族)이 많고 위구르 사람, 카자흐 사람도 있다. 회족의 정체성은 명확하게 설명하기 어렵다. 2010년 인구조사에서 스스로를 회족이라고 한 사람이 중국 전역에 약 1천만 명. 중국 내 위구르 사람 전체 숫자와 맞먹는다. 이들은 대부분 이슬람 신자지만 개중에는 아닌 사람도 많다. 혈통도 문화도 여러 가지이다. 고대부터 먼 서쪽에서 온 사람들을 통틀어 '回'라고 불렀고, 그들이 가지고 들어온 여러 가지 신앙, 네스토리우스교, 조로아스터교, 마니교, 유대교도 통틀어 '回'라고 칭했다. 나중에 들어온 이슬람도 '回'의 일부였다가 중화민국 이후 이슬람을 단독 '회교'라고 부르기 시작했다.

서쪽에서 온 사람들은 각각의 신앙 외에도 다양한 문화를 지니고 있었다. 그 다양성이 오랜 기간 '회'라는 이름 아래 융합되어 '회족'이라는 공동체를 형성했다. 세상의 무슨 무슨 '족'이라고 일컫는 공동체 중 혈통이 섞이지 않은 예는 드물겠지만, 그중에서도 회족은 구심점이 되는 혈통 없이 포용 일변도로 구성원을 늘려갔다.

그러다가 명나라 때에 이르러 이슬람 신자를 떼어내어 '회회'라고 부르기 시작했다. 그러므로 원나라 때 고려로 건너왔을 〈쌍화점〉의 회회아비는 꼭 이슬람 신자가 아닐 수도 있다. 명나라는 회회 가운데 세력이 가장 컸던 마니교(명교)를 억압하기 위해 이슬람을 키웠다. 그러다가 이슬람이 커질 기미가 보이자 회회 사람끼리 혼인하는 것을 금하고 통혼령을 내려 농경민과 혼인하게 했다. 그렇게 하여 6백 년이 흐른 지금 회족 인구는 1천 만을 헤아리고 있다.

명나라는 여러 도시에 마스지드(모스크)를 세웠는데, 그 무렵 세운 건축물이 지금까지 남아 있기도 하다. 명나라 때 정권의 보호를 받아 성장한 덕에 중국의 마스지드는 기와집을 기본 형태로 한다. 그래서 오늘 새로 지어도 중국의 마스지드는 거의가 기와집이다.

베이징에서 가장 오래된 마스지드는 '우가(牛街) 예배사(禮拜寺)'이다. 요나라 통화(統和) 14년(996), 아라비아 출신 학자 나쑤루딘이 창건했고, 15세기 중엽 명나라 때에 여러 차례 개축했다. 1474년에는 황제

우가 예배사(《베이징고대건축정수》 사진)

가 '예배사'라는 이름을 내리고 다시 대대적으로 개축해 주었다. 이때 세운 기념비에 이슬람 신자를 '회회'로 적은 것이 이 둘을 연결한 가장 이른 표기이다.

이후 청나라에서도 황제의 관심이 끊어지지 않아 잘 관리되었고 지금까지 베이징의 명물로 자리하고 있다. 『열하일기』에 등장하는 '회자관'이 바로 우가 예배사이다. 중국 고건축학자 양사성(梁思成, 1901~1972)은 이 마스지드의 본관 건물에 있는 미흐라브(예배자에게 메카의 방향을 알려주는 마스지드 안에서 가장 존귀한 곳. 메카가 서쪽에 있기 때문에 미흐라브는 동향인 본관 안쪽에 배치되어 있다.)를 조사하고 그 구조와 단청 양식으로 볼 때 요나라 양식이 틀림없다는 결론을 내렸다. 천 년이 넘는 세월을 견디고 창건 때의 미흐라브가 남아 있는 것이다.

현재 베이징에는 약 50곳의 마스지드가 있다. 2010년 인구조사 통계로 베이징 시민 중 이슬람 신자가 약 25만 명(중국 이슬람 신자 2천만 명)인 것을 감안하면 한 사원마다 5천 명쯤의 신자가 예배를 드리고 경전 공부를 하는 셈이다. 그래서 입장료를 받는 우가 예배사 외에는 신자가 아닌 사람의 출입을 통제할 때가 많다. 마스지드는 신자들이 물밀듯 몰리는 이슬람력 10월 1일, 이둘 피뜨르(개재절開齋節) 때를 피해서 가야 한다. 참고로 우가 예배사는 법원사와 붙어 있다.

1985년 광동성 광주에서 묘비 하나가 발견되었다. 비문은 한자와 아랍 문자 두 가지로 되어 있는데 비석이 깨져 전문은 알 수 없다. 한자 부문에는 1349년에 죽은 무덤의 주인이 '베이징 출신 고려 사람 자마단(剌馬丹)'이라고 되어 있고, 아랍 문자 부문에는 이슬람 신자인 이 사람이 쿠르드를 방문한 적이 있다고 나온다. 자마단은 이슬람 이름이다. 13세기 중반, 몽골 치하의 베이징에 살던 고려 사람 이슬람 신자 자마단이 쿠르드(지금의 시리아 북부)에 다녀온 뒤 광서(廣西) 한 고을에 다루가치(현령)로 부임하던 중 광주에서 서른여덟 살로 세상을 떠났다는 이야기. 이 얼마나 국제적인 상황인가!

고려 사람이 이슬람 신자가 되어 이슬람식으로 개명하고 베이징에 가서 원나라 과거에 급제한 것만 해도 놀라운 일이다. 그런데 이 사람은 쿠르드를 포함한 먼 서쪽 지역을 유람했다. 돌아와서 서른여덟 살에 원나라 지방관이 되어 베이징 남쪽 몇천 킬로 떨어진 곳으로 부임하던 중 광주에서 사망하자 그곳에 있던 이슬람 신자들이 이슬람식으로 장례를 치르고 비석을 세워준 것이다. 이 비석은 지금까지 중국에서 발견된 한자-아랍 문자 병기 묘비 중 두 번째로 이른 것이다. 너무 놀라운 나머지 이 사람이 원래 고려 사람이 아닐 것이라고 추정하는 학자도 있다. 그러나 발견된 것은 현령으로 부임하던 자마단의 묘비다. 광주 현지에서 묘비를 세워준 사람들이 고려 사람이 아닌 것을 고려 사람이라고 적었을 리는 만무하다. 자마단은 신분이 공개되어 있던 원나라 관리였기 때문이다.

고려는 말할 것도 없고 조선 세종 때까지만 해도 '회회대조회송축지례(回回大朝會祝頌之禮, 이슬람식 대조회 송축 의례)'가 거행되었는데, 세종 9년(1427)부터 그만하게 했다. 숭유정책으로 문을 닫은 조선과 달리 명나라에서는 이슬람을 금지한 적이 없고 황제의 명으로 이슬람 신자들에게 많은 선물을 내려주거나 마스지드를 신축 또는 개축하는 일이 계속됐다. 위에 언급한 우가 예배사가 황제의 명에 의해 대규모로 개축된 것도 명나라 정통(正統) 연간 1474년의 일이다.

'상제'와 'Confucius'

베이징에 기독교가 처음 전해진 시기는 정확하지 않다. 베이징에 남아 있는 가장 오래된 기독교 교회는 요나라 때 세워진 네스토리우스파 교회 십자사이다. 이 교회는 현재 폐허로 변해 요나라와 원나라 때 세운 비석 두 개만 남아 있다. 이 절에서 출토된 연꽃 받침 위의 십자 조각물은 남경박물원에 소장되어 있어 있다. 네스토리우스파는 농경문화보다 유목문화에 더 잘 통하여 거란과 몽골 신자들이 많았다. 그러나 원나라 도읍이 북쪽으로 옮겨가면서 네스토리우스파 교도들도 함께 사라졌다. 북으로 간 황족과 귀족 중에 교도가 많았다.

베이징 입성 전, 카라코룸 몽골 시대에 바티칸에서 파견한 첫 사절 카르피니(Giovanni de Piano Carpini) 일행이 몽골의 귀위크 카안을 만난 적이 있었다. 서정(西征)을 포기해 달라고 설득하는 임무는 이루지 못하고 『몽골사』만 남겼다. 그 뒤 원나라 베이징에 들어온 가톨릭교도로는 마르코 폴로 일행이 가장 유명하다. 선교가 아닌 무역이 목적이었으나 바티칸과 몽골을 연결하는 사자로서 양쪽에 편지를 배달했다. 베이징에 가톨릭 선교사가 들어온 것은 1598년으로 명나라 만력 연간이었다. 주인공은 명나라 선비 복장으로 활동했다는 마떼오 리찌(Matteo Ricci). 당시 일본과 전쟁 중이던 조선에 원군을 파견하고 있었기 때문에 선교는 꿈도 꾸지 못할 처지라 한 달 머무른 뒤 남경으로 내려갔다. 남경에서 교회를 세우고 포교하던 중 그를 도와줄 판토하(Diego de Pantoja) 선교사가 들어옴에 따라 함께 베이징으로 가서 자명종, 지도, 풍금 등의 선물을 바치고 황제를 만났다. 황제는 마떼오 리찌를 바티칸 사절 자격으로 베이징에 머물게 했다. 그리고 죽을 때까지 급여를 제공하면서 중국 사람들에게 서양 문화를 가르치게 했다. 마떼오 리찌는 선교할 시간이 없을 정도로 명나라 조정을 위해 일했다. 이때 서광계(徐光啓)와 함께 유클리드의 『기하원본』을 중국어로 번역했다.

그러다가 명나라 여느 선비보다 유학을 더 잘 이해하게 되었다. 마떼오 리찌는 유럽 사람들에게 명나라 사람들이 공자를 성인으로 모시는 사정을 자세히 전하면서 공자를 위대한 철학가로 소개했다. 마떼오 리찌는 당시 명나라 사람들이 공자를 부르던 호칭 '공부자(孔夫子)'를 'Confucius(孔=con, 夫=fu,子=ci + -us)'로 옮긴 장본인이다. 당시 바티칸이나 예수회에서는 마떼오 리찌가 하라는 선교는 제대로 하지 않은 채 명나라 쪽 자랑만 잔뜩 늘어놓는 것이 못마땅했다. 예수회 쪽과 달리 유럽 지식인과 상인들은 마떼오 리찌의 소식을 귀 기울여 들었다.

마떼오 리찌는 유학 경전을 공부하는 과정에서 명나라 사람들이 '상제(上帝)'를 숭상하는 것을 알았다.(옥황상제의 상제다.) 마떼오 리찌는 기독교 교리를 번역하는 과정에서 라틴어 'Deus'에 해당하는 중국어를 찾을 수 없자 『시경』, 『상서』 등에 자주 나오는 '상제'를 채택했다. 상제라는 말에 익숙하던 당시 명나라 사람들을 고려한 번역이었다. 마떼오 리찌는 상대의 이해도에 따라 '상제'와 '천주(天主)' 두 가지 용어를 번갈아 사용했다. 이 작전은 주효하여 지금까지도 이 두 단어가 'Deus'의 번역어로 쓰이고 있다.(가톨릭에서는 뒤에 '천주'로 통일했다.) 마떼오 리찌의 업적이 많지만 'Confucius'를 유럽에 소개하고, 명나라 사람들에게 '상제'를 전한 것만 해도 불멸의 공을 남겼다고 할 수 있다.

청나라 때 더 많은 가톨릭 선교사가 들어오고 교회도 늘어났다. 그러나 청나라에 들어온 가톨릭 선교사들은 선교보다 서양 문화 전파에 더 많은 시간을 써야 했다. 청나라 황제들이 교리보다 과학 기술에 더 관심이 컸기 때문이다. 선교할 수 있게 해준다고 해놓고 청나라 벼슬을 주고 열일을 시키는 바람에 선교할 시간이 없었다. 그러나 황제와 친하게 지내야 후일을 도모할 수 있다는 생각에 선교사들은 선교를 포기하고 황궁에서 일했다. 아담 샬은 천문을 맡았고, 카스틸리오네

①천주교 서십고(西什庫) 성당 ②천주교 선무문(宣武門) 성당 ③천주교 왕부정(王府井) 성당
④⑤성공회 동린각로(佟麟閣路) 성당(耿朔 周正 사진)

(Giuseppe Castiglione)는 황실 화가 겸 건축 디자이너가 되었다. 세월이 흐르면서 가톨릭교회 숫자도 조금씩 늘어났다. 얼마 전, 복원 공사가 끝난 서십고(西什庫, 중남해와 서단 사이) 교회까지 해서 현재 다섯 군데

가톨릭교회가 개방되어 있다. 그중 외국인은 선무문 남당에서 미사를 보도록 지정되어 있다. 마떼오 리찌가 설립한 베이징 최초의 가톨릭교회로, 그 뒤 아담 샬이 소현세자와 교분을 나눈 그 교회다.

마떼오 리찌의 묘가 '중국 공산당 베이징시 연수원' 안에 있다. 마떼오 리찌 사후에 판토하가 황제의 허락을 얻어 묘지를 마련하고 작은 가톨릭교회까지 지어 미사를 올리던 곳이다. 원래 선교사 묘지는 마카오에 있었는데, 이때부터 베이징에도 선교사가 묻히게 되었다. 문화혁명 때 묘지가 파괴되었다가 이탈리아 정부의 요청으로 마떼오 리찌 묘가 복구되었다. 그러나 공산당 연수원 구역 안에 있어 진입이 어렵다. 정문에서 까다로운 절차를 거쳐야 하지만 그래도 마떼오 리찌 묘와 그 바로 옆에 있는 아담 샬의 묘까지 볼 수 있으니 수고를 해도 보람이 있다. 파괴를 면한 선교사 묘비는 베이징 석각박물관에 수습되어 있다.

아편전쟁 후 선교를 허락받은 영국 교회부터 들어오기 시작했으니 개신교는 천주교보다 늦게 전래되었다. 그러나 20세기 초가 되면 베이징은 개신교 선교사의 천국이 되었다. 수많은 교파가 다투어 교회를 세우고, 연경대학교를 비롯한 학교도 설립했다. 개신교 선교사들이 세운 교회 중 항와시(缸瓦市) 교회와 숭문문(崇文門) 교회가 150년 역사를 자랑하며 지금도 베이징 도심에 건재한다.

4부

흔들리는 천하

아편전쟁으로 잃은 원명원

아편전쟁은 두 번 일어났다. 1840년에 시작된 제1차 아편전쟁은 1842년 남경조약으로, 1856년에 시작된 제2차 아편전쟁은 1860년 베이징조약으로 끝났다. 제2차 아편전쟁에 패배한 청나라의 피해는 제1차 때에 비할 수 없이 컸다. 우선 영국, 프랑스, 미국, 러시아와 맺은 조약의 내용이 제1차 때보다 더 굴욕적이었다. 거기에 수도 베이징이 함락되고 축구장 600개 규모였다는 원명원(圓明園)이 파괴되었으며 함풍제(咸豐帝)는 베이징 북쪽 열하 피서산장으로 피난을 갔다. 황제는 베이징에 돌아오지 못한 채 1년 뒤 그곳에서 세상을 떠났다. 그 무렵 청나라 조정은 안팎으로 우환에 시달렸다. 안으로는 1851년에 일어난 태평천국과 싸우고, 밖으로는 영-프 연합군과 싸웠다. 태평천국 사람들은 청나라 정부의 체제와 이념에 반대하던 반정부 인사들이 '하나님'과 '예수님'을 배경으로 세력을 키운 것이었고, 영국과 프랑스 측은 청나라 정부가 자유로운 아편 거래 등 통상과 개항에 더 많은 혜택을 주지 않는 것과 기독교 선교에 자유가 없는 것이 불만이라면서 전쟁을 걸어온 것이었다.

특히 영국의 경우 1842년에 맺은 〈남경조약〉의 내용이 부실하여 개정을 요구했으나 청나라 측에서 들어주지 않아 불만이 많았다. 그러던 중 미국과 청나라가 1854년 마카오에서 맺은 〈망하조약〉에 12년 뒤에 조약을 개정한다는 규정을 근거로 영국에도 같은 대접을 해달라고 요구했다. 청나라 측에서 요구를 들어주지 않으면 전쟁밖에 길이 없었으나 선전포고의 명분이 없었다. 크리미아전쟁을 막 끝낸 1856년, 마침 전쟁의 빌미가 생겼다. 이번에도 전장은 제1차 아편전쟁이 시작됐던 광동성 광주였다.

애로우(Arrow)호. 이름은 영어로 붙었지만 청나라 사람이 소유하던 100톤급 아편 운반용 범선이었다. 그런데 선적은 홍콩의 영국 당국에 있었다. 1956년 10월, 이 배가 광주 황포에 정박 중이었을 때 청나라 당국이 배를 수색하여 해적으로 지명수배 중이던 사람을 포함한 12명의 청나라 사람을 체포했다. 그러자 영국 측에서 영국 선적의 배를 무단 수색한 것과 영국 국기를 내리게 한 것에 대해 항의하고 사과를 요구했다. 청나라 측에서는 영국 국기가 아예 걸려 있지 않아 내린 적이 없고, 체포한 사람은 청나라 사람들로서 개중에는 해적 용의자가 있으므로 자국민을 보호하기 위한 조처였다고 반박했다. 영국 측에서는 〈남경조약〉에 광주를 개항하기로 한 약속을 지키지 않은 청나라 당국을 비난하면서 계속해서 사과를 요구했다. 광주 개항은 큰일이었다. 광주 사람들이 영국 사람들과 섞여 사는 것을 전혀 원하지 않았기 때문이었다. 광주 가까이 홍콩을 내줬으니 거기서 살면 되지 않느냐는 것이었다. 알아보니 애로우호는 영업 허가 기한을 넘긴 배였다. 불리할 것이 없다고 본 청나라 당국에서는 체포했던 청나라 사람 12명만 풀어주고 다른 요구는 들어주지 않았다. 그러자 영국 측에서 광주성을 향해 대포를 쏘기 시작했다. 전쟁의 시작이었다.

당시 프랑스 지도자는 왕정복고에 성공한 나폴레옹 3세로서 크리미아전쟁 때와 마찬가지로 대체로 영국 입장에 동의하여 해외에서 영토 확장을 노리고 영국과 연합했다. 게다가 애로우호 일이 터지기 몇 달 전 광서성에서 프랑스 선교사 오귀스트 샵딜렌(Auguste

Chapdelaine)이 처결되어 보복할 기회를 노리던 중이었다. 1년 반 넘게 끌던 전쟁은 1858년에 봄에 이르러 별안간 베이징 쪽으로 확전되었다. 그러나 천진에서 '외교관 베이징 상주, 선교 자유, 관광 및 통상 자유' 등을 내용으로 한 영국, 프랑스와 조약을 맺으면서 소강상태에 들어갔다. 문제는 황제의 마음이었다. 뒤늦게 '외교관 베이징 상주, 선교 자유, 관광 및 통상 자유'를 인정할 수 없다면서 두 나라 대표들과 다시 협상에 나서게 한 것이다. 전쟁까지 해서 얻은 특권을 포기하라니, 불가능한 일이었다. 청나라 측에서 '아편 무역 합법화, 관세 및 영업세 감면, 청나라 세관에 영국인 채용' 등의 〈통상장정〉 카드를 내밀었지만, 두 나라는 〈통상장정〉만 받고 〈천진조약〉 개정은 동의하지 않았다. 아울러 조약은 맺었으나 황제의 비준을 얻지 못했으니 베이징에 입성하여 비준을 받겠다고 나섰다. 청나라 측에서는 영국과 프랑스 각각 20명 이내의 인원이 무기를 소지하지 않고 베이징에 입성한다면 허락하겠다고 대답했다. 받아들일 수 없는 제안이었다. 사이사이 전투를 벌이며 이렇게 2년 가까이 승강이를 벌이던 중 1860년 2월, 영-프 측이 베이징 점령을 목표로 전쟁을 재개하겠다고 발표했다.

황제의 서른 번째 생일을 맞이하여 원명원에서 축하연을 벌이고 있을 때, 해로를 따라 북상한 두 나라 연합군이 천진에 가까이 왔다는 소식이 날아들었다. 그러나 청나라 조정에서는 어떤 수습책도 내지 못했다. 8월 1일, 천진 외곽 북당만(北塘灣) 상륙 작전이 있은 지 20일 뒤에 천진성이 함락됐다. 베이징과 이웃한 천진의 함락 소식은 청나라 조정을 공포 속으로 몰아넣었다. 8월 24일, 천진에 파견된 황제의 칙사가 도착하자 영국과 프랑스 측에서는 전쟁 전에 제시했던 요구를 백

퍼센트 수용할 것과 덤으로 몇 가지 더 양보하라고 협박했다. 개중에서 황제가 가장 싫어한 것은 영-프 대표가 베이징에 입성하여 황제로부터 직접 비준서를 건네받겠다는 것이었다. 황제는 다른 모든 요구를 들어주는 한이 있더라도 자신이 직접 영-프 대표를 만나는 일만은 피하겠다는 뜻을 전달했다. 칙사가 영-프 측의 요구를 거절하자 연합군은 베이징으로 진격하기 시작했다.

천진에서 후퇴한 청나라 군대는 베이징의 동쪽 관문인 통주에 진지를 구축하고 베이징 방어에 나섰다. 적군이 통주에 이르렀을 때 조정에서 먼저 협상단을 파견했다. 그러나 베이징 성안에 영국과 프랑스 군대를 주둔할 수 있게 해달라는 요구를 도저히 들어줄 수 없었으므로 협상은 결렬되었다. 이때 영국 대표 해리 파크스(Sir Harry Smith Parkes, 1828~1885) 포함 두 나라 사람 39명이 군영으로 돌아가던 중 청나라 측에 체포되는 일이 발생했다.

해리 파크스는 주목할 만한 인물이다. 어려서 부모를 잃고 열세 살에 영국을 떠나 마카오에 있던 친척 누나 집에서 자라면서 중국어를 습득했다. 자형은 카를 귀츨라프(Karl Gützlaff)였다. 이 인물은 영국 동인도회사 일을 하던 무역선 로드 애머스트호의 통역 겸 의사로 1832년에 조선에 잠깐 왔던 적이 있다. 귀츨라프의 본업은 선교였지만 소속되어 있던 네덜란드선교회와 관계가 끊어지면서 생활비와 선교 자금을 벌어야 했다. 귀츨라프는 중국에 아편 수요가 많다는 보고서를 동인도회사에 제출하기도 했고, 〈남경조약〉 통역을 맡기도 했다. 귀츨라프가 탔던 로드 애머스트호는 동인도회사를 위해 청나라 연해 도시에 아편 등 여러 물건을 수출하는 틈을 타서 각 도시를 탐색하여 동인도회사에 정보를 제공했다. 〈남경조약〉 때 개항한 도시 중 광주를 제외한 네 곳은 로드 애머스트호가 제공한 정보를 바탕으로 영국 측에서 청나라 정부에 개항을 요구한 곳이었다.

파크스는 귀츨라프 일행을 따라다녔다. 그러느라 열네 살의 나이로 〈남경조약〉 체결 현장을 지켜보았는데, 그 경험은 뒤에 파크스가 외교관으로 성장하는 데 큰 영향을 끼쳤다. 그 뒤 통역 일을 계속하다가 1853년 광주 주재 영국 부영사가 되었고, 1856년 애로우호 사건이 터졌을 때 협상 대표로 나섰다. 제2차 아편전쟁 기간 중 통역과 협상 실력을 인정받아 승진을 거듭한 그는 1860년 베이징 입성을 앞두고 드디어 청나라 조정 대표와 담판을 하게 되었다. 파크스는 뒤에 일본과 조선에서 외교관으로 일했다. 일본에서는 조슈(長州)와 사쓰마(薩摩)의 개혁파를 지지하여 메이지유신에 영향을 끼쳤다. 파크스는 태극기와도 관련이 있는 인물이다. 1882년 11월, 박영효가 일본에서 태극기를 선보였을 때 당시 일본 외무성의 요시다 기요나리(吉田淸成)가 파크스에게 문서를 보내 그 태극기의 규격을 설명했는데, 그 문서가 지금까지 남아 당시 태극기의 모습을 알게 해준다. 파크스는 또 1883년 조선-영국 수호통상조약 체결의 당사자였다. 이듬해 초대 조선 주재 영국 공사로 부임했다가 이태 뒤에 병사했다.

다시 전쟁 이야기로 돌아오자. 파크스 일행이 체포되자 영-프 연합군은 공격을 늦출 이유가 없었다. 9월 18일, 베이징의 관문 통주를 공격하기 시작하자 원명원에 있던 황제는 아연실색하여 몽진하기로 마음을 굳혔다. 21일, 1446년에 준공된 유서 깊은 다리 팔리교(통주성 서문에서 동쪽으로 8리 지점에 있던 명나라 때 다리로 영통교가 정식 이름이다. 3부의 '물의 도시' 편에 나옴.)에서 격전을 벌였지만 청나라 군대의 전멸로 끝났다. 황제는 그 다음날로 베이징을 떠나 열하 피서산장으로 갔다. 문제는 영-프 연합군이 베이징에 입성한 10월 13일, 끌려갔던 사람 중에 심지어 사망자까지 나왔다는 것이 알려지면서 영-프 측에서 본때를 보여주겠다고 나섰다. 청나라 옥에 갇힌 채로 고역을 치르고 죽을 고비를 넘긴 파크스는 영-프 연합군이 베이징에 입성하고 원명원을 파괴한 뒤에야 풀려났다. 체포된 39명 중 18명만 살아남았고, 파크스도 처형당할 뻔했다. 10월 18일, 베이징성 전체를 점령한 연합군은 원명원부터 시작하여 50일 동안 파괴 작전을 감행했다. 원명원의 경우 파괴하고 약탈한 뒤 불을 질러 며칠에 걸쳐 전소시켰다. 이때 3백 명이 넘는 환관과 궁녀가 빠져나오지 못하고 화염 속에 목숨을 잃었다고 한다.

10월 24일과 25일, 영-프 연합군은 자금성에 불을 지르겠다고 위협해 왔다. 베이징에 남아 있던 황제의 동생 혁흔(奕訢)이 협상에 나서 그들의 요구대로 〈천진조약〉을 비준해 주고, 그 보완 작용을 하는 〈베이징조약〉까지 맺어 주었다. 혁흔에 대해서는 뒤에서 다시 이야기하기로 한다.

제2차 아편전쟁으로 청나라는 많은 것을 잃었다. 특히 원명원은 돌이킬 수 없이 파괴되어 지금까지도 복원이 되지 않고 있다. 원명원은 건륭제가 당시 청나라 국고를 털어가며 조성했던 드림랜드였다. 중국 전통 원림과 당시 유럽 최첨단 공법이 총동원된 서양 궁전이 어우러져 있던 원명원을 영국군과 프랑스군이 경쟁하며 파괴했다. 청나라 측을 굴복시킬 유일한 방법이라고 여겼기 때문이다.

18세기에 제작된 〈원명원 사십경도〉 중 '천지일가춘' 부분. 서태후가 함풍황제와 혼인한 뒤 이곳에 살면서 뒤에 동치황제가 되는 아들을 낳았다.

원명원 파괴 소식을 전해들은 황제는 피를 토했다고 한다. 그날로 절망 속에 몸을 돌보지 않고 아편과 음주에 빠져 살던 황제는 이듬해 세상을 떠났다. 살아서 베이징에 돌아가도 백성을 볼 낯이 없고 죽더라도 조상을 뵐 면목이 없어 서서히 자살의 길을 택했다는 평도 있다. 국제 상황에 어두웠던 황제는 밀려오는 자유 통상과 선교 압박을 돌파하지 못하고 여섯 살 아들에게 황위를 넘겼다.

원명원은 제2차 아편전쟁 때보다 1900년 의화단전쟁 때 더 크게 파괴되었다. 1차 때에 피해를 입지 않은 여러 건물이 2차 때에는 모조리 파괴되었다. 8개국 연합군은 그전 영-프 연합군이 못다 캐낸 노다지를 찾느라 혈안이 되었다. 그때 약탈한 문화재는 현재 8개국의 유명 박물관에 전시되어 있다. 박물관에 없는 것은 지금까지도 경매장에서 엄청난 가격에 거래된다.

원명원은 파괴된 뒤에도 출입이 금지되었다. 특히 관리들의 출입은 엄금되었다. 기록에 따르면 원명원을 복원하고 싶은 생각에 답사차 들어갔던 이홍장(李鴻章)도 1년 녹봉을 감봉당했다고 한다. 그러나 몰래 들어가는 서민들은 잡을 방법이 없었다. 그때에 이르러 원명원에 대한 환상이 깨진 청나라 사람들이 마지막 파괴를 담당했다. 그들은 연합군 측이 약탈할 대로 해버린 파괴의 현장을 뒤지다가 노다지를 얻지 못하면 남아 있던 목재나 석재라도 들고나왔다. 20세기 초기에 지어진 베이징의 건축물에는 원명원의 석재가 쓰인 곳이 많다. 특히 20세기 초, 그 부근에 연경대학교(현 베이징대학교)를 세울 때 원명원 안에 남아 있던 돌다리 전체를 뜯어서 가져다 쓰는 등 대량의 석재를 반출했다. 그 밖의 베이징 도심 주요 건축물에도 많이 사용되어 현재도 드문드문 그 모습을 찾아볼 수 있다.

주인 여럿 갈아치운 공왕부

지금은 관광객이 점령해 버린 십찰해(什刹海). 지하철만 3개 노선(2호선 적수담積水潭역, 6호선 북해북北海北역, 8호선 십찰해역)이 지나는 번화한 곳이다. 이 지역에 몰려 있는 관광 명소 중 가장 규모가 큰 곳이 공왕부이다. 함풍제의 두 살 아래 동생이자 서태후의 시동생 공친왕(恭親王) 혁흔(奕訢)이 살던 집이다. 혁흔은 베이징에 남아 피서산장으로 피

공왕부 본관 건물인 은안전(銀安殿)이다.(周正 사진)

난 갔던 형님 황제를 대신하여 제2차 아편전쟁을 최종 수습했다. 조약의 내용은 굴욕적이었지만 전화를 멈추게 한 공을 세움으로써 단번에 명망가로 떠올랐다. 이어서 황제가 어린 아들을 남기고 세상을 떠나자 서태후는 이 시동생과 연합 전선을 구축하여 뜻에 맞지 않은 대신들을 쫓아내고 시동생을 의정왕(議政王)으로 추대했다.

혁흔의 사무 공간 겸 살림집이었던 공왕부는 십찰해 변에 있었다. 십찰해는 세 개의 호수로 이루어져 있었다. 그중 가장 북쪽에 있는 적수담은 원나라 때에는 대운하의 종점으로 상업이 발달했다. 청나라 때에도 이 지역은 황궁과 가까운 데다 경치가 좋아 귀족의 저택이 많았다. 이 중에서 건륭제 때 최고의 권력을 누린 화신(和珅)의 집이 있었는데 뒤에 혁흔이 이 집을 받았다.

화신은 중국 역사에서 다섯 손가락 안에 꼽히는 탐관이다. 정조 때 베이징을 다녀온 사신들은 누구나 할 것 없이 황제 바로 옆에 있던 화신에 대해 한마디씩 했다. 아흔이 다 되도록 살았던 건륭제(500명쯤 있었다는 중국 역대 황제 중에 가장 오래 살았다.)는 말년으로 갈수록 이 천재형 인물을 신임했다. 화신은 황제보다 마흔 살이나 어렸지만, 까다롭기로 소문난 황제의 비위를 척척 맞추었다. 과거에 급제한 적 없이 서른 살에 호부상서가 된 뒤 승진 속도는 더 빨라졌다. 서른일곱 살에는 실질적인 재상 자리에 올랐다.(청나라는 명목상의 재상 제도가 없었다.) 황제는 갈수록 화신에게 더 많은 권력을 내주었다. 조선 사신들은 화신을 통해 황제의 말을 전달받기 일쑤였으므로 자연히 조선에도 그 이름이 알려졌다.

권력을 잡은 화신은 직접 대규모 전당포와 크고 작은 은호(銀號, 은행)를 경영했고, 영국 동인도회사와 거래를 했으며, 매관매직도 일삼았다. 세상에 다시없는 권력과 부를 누리던 화신은 건륭제가 죽자마자 가경제(嘉慶帝)에 의해 체포되었다. 가경제는 그 아버지 건륭제가 여든다섯 살 때 황위를 넘겨받았지만 아버지가 살아 있던 4년 동안 참고 기다리다 아버지가 세상을 떠난 직후 행동을 개시했다. 새 황제가 집계한 결과 화신의 유동 자산은 당시 청나라 한 해 재정과 맞먹었고 집은, 정확한 기록이 남아 있지 않지만, 적어도 6만㎡는 넘었다. 황제는 화신을 처형하는 한편으로 이루 다 헤아릴 수 없는 재산 중 현금 포함 환금 가능한 것은 국고로 환수하고, 집은 다른 사람에게 하사했다.

청나라 제도에 황족을 제후왕에 봉할 때 작위만 주고 영지를 주지 않았기 때문에 제후왕들이 모두 베이징 황궁 가까이에 살았다. 게다가 세월이 흐를수록 황족의 숫자가 늘어났다. 베이징이라는 공간은 유한 하니 이들이 베이징 시내에서 일정 규모의 저택을 소유하는 일조차 어려워졌다. 그런 가운데 화신의 집이 비게 되자 누가 그 집의 새 주인이 될 것인지가 초미의 관심사로 떠올랐다. 제후왕 중에서 이 집을 노리는 사람이 많았는데, 더러는 황위보다 이 집을 갖는 게 수지타산이 맞다고 여겼다.

사실 이 거대한 저택은 화신의 것만은 아니었다. 이야기는 이렇게 된다. 건륭제의 딸 열 명 중 막내 화효(和孝)공주가 화신의 며느리였다. 화효공주는 여섯 살 때 화신의 아들과 정혼했고(조선시대 『승정원일기』에는 이해에 열두 살 공주가 열한 살 부마와 정혼했다는 사신의 보고가 남아 있으나, 공주와 부마 둘 다 1775년 정월생이다.) 아버지 황제는 그 기념으로 땅 한 필지를 마련하여 예비 시아버지(당시 27세)에게 주었다. 마침 황제의 측근 중에 부정축재를 저지른 자가 있어 모든 재산을 몰수해 놓은 것이 있었다. 죄상을 조사해서 밝힌 사람은 바로 그 예비 시아버지였으니, 황제가 사돈을 맺고 몰수 재산 중 가장 좋은 땅을 고르게 해준 것이다. 예비 시아버지는 장차 공주님이 황궁을 떠나 살게 될 '궁'이라는 이유로 넓디넓은 땅을 골라 건축을 시작했다. 혼인 당사자들이 무럭무럭 자라는 동안 공사는 계속되어 황궁 부럽지 않은 번듯한 건물 여러 채가 들어섰고 엄청난 규모의 후원도 생겼다.

공주궁이 완공될 무렵 두 사람은 열다섯 살이 되어 혼례를 치르고 그 집에서 부모를 모시고 살았다. 혼례 한 달 뒤 황제가 그 집을 찾아 둘러보고 흡족해했다. 황제 예순다섯에 본 막내딸이었다. 쉰넷 이후에 자식을 보지 못하다가 얻은 이 딸을 얼마나 예뻐했는지, 임신 사실을 알게 된 순간부터 출산 때까지 계속 아들을 기다렸던 황제는 아기가 딸이라는 것을 알고 못내 섭섭했다. 그렇지만 이 딸은 자라면서 황제의 금지옥엽이 되어 아무리 화나는 일이 있어도 이 딸만 보면 황제의 화가 풀렸다고 한다. 열여덟에 후궁으로 들어와 서른 살이 되어서야 이 딸을 낳은 생모도 그때부터 무한한 총애를 받았다. 황제는 평소에 대놓고 '아들이었으면 황위를 물려줄 텐데'라고 말하여 총애를 감추지 않았다. 황제 자신이 오래 살고 싶다는 말의 다른 표현이기도 했지만 공주의 뭇 오빠들에게는 간 떨어지는 소리가 아닐 수 없었다. 그런 아들들의 심정 따위는 아랑곳없이 황제는 막내딸을 귀여워했고, 그 딸이 시집가는 걸 보겠다며 오래 살아남았다.

이 집의 정식 명칭은 화효공주궁이었지만 세상 사람들은 시아버지 화신의 집이라고 불렀다. 부정축재자로부터 몰수한 땅에 지은 이 집에서 화신은 그 원소유권자보다 더한 축재를 했다. 공주가 남편을 통해 자주 경고했지만 시아버지의 탐욕을 꺾지 못했다. 게다가 여든이 넘은 황제는 이미 판단력을 잃어버려 더는 그 옛날의 황제가 아니었다. 모든 사람이 다 아는 화신의 비리를 황제만 모르고 있었다. 아니 모른 체하고 있었을지도 모르겠다. 비리를 저질렀지만 공도 많이 세웠다고 생각하면서.

건륭제가 1799년 정월 초사흘에 세상을 떠나자 새 황제가 화신을 '장례위원장'에 임명했다. 그동안 받은 총애에 걸맞은 명분이었으나 실상은 빈청으로 쓰던 건청궁에 감금한 것이었다. 그리고 열흘 뒤, 정월 열사흗날에 스무 가지 죄목을 들어 화신을 체포했다. 화신이 옥에 갇혀 있는 동안 황제는 화신의 재산을 몰수하는 한편 처형 방법에 대해 논의하여 능지처참으로 결정했다. 아버지 황제가 세상을 떠나기만 기다리면서 화신을 꺾을 준비를 차곡차곡 해왔기 때문에 가능한 결과였다. 이때 화효공주가 나서 시아버지가 옥중에서 자결할 수 있도록 해달라고 주선하자 그것을 받아들여 집에서 자결하도록 관대한 처분을 내려 주었다. 스물 갓 넘어 건륭제의 눈에 든 뒤로 고속 승진을 거듭하여 20여 년 동안 천하를 흔들던 화신, 죽을 때 나이가 쉰 살이었다. 화신의 죄에 연루된 자들이 너무 많았기 때문에 황제는 화신 외 다른 사람의 죄는 묻지 않기로 했다. 그리고 화효공주와 부마를 그 집에서 쫓아냈다.

황제는 그 집의 소유권을 자신의 동복 남동생이자 아버지 황제의 막내아들에게로 옮겨주었다. 아버지 황제의 총애를 받던 열다섯 살 어린 이복 여동생이 살던 집을 빼앗아 여섯 살 어린 동복 남동생에게 준 것이다. 남동생의 왕호가 경왕(慶王)이어서 이 집은 경왕부가 되었다. 남동생은 죽을 때까지 이 집에 살았으나 후손 대에 세력을 잃어 집을 내줘야 했다.

1851년, 함풍제가 이 집을 회수하여 친동생 혁흔에게 하사했다. 혁흔은 함풍제보다 두 살 어린 동생이었다. 아버지 황제가 세상을 떠날 무렵 스무 살, 열여덟 살이었던 두 형제를 놓고 형보다 동생에게 황위를 물려주고 싶어 했다. 고민하던 아버지가 마지막으로 내린 결론은 형에게 황위를 물려주는 것이었지만, 그 형에게 동생과 함께 국사를 의논하라는 뜻을 전했다. 형이 황제가 된 뒤 아버지의 뜻을 받들어 높은 벼슬을 주고 저택도 마련해 주었다. 세 번째 주인 혁흔의 왕호가 공왕(恭王)이었으므로 이 집의 이름은 공왕부가 되었고 지금까지도 이 이름이 남아 있다. 혁흔에게 집을 내준 경왕의 후손은 그 근처에 있던

공왕부 후조루(周正 사진)

규모가 약간 작은 다른 집을 받았다. 아편전쟁 때 주화파였던 기선(琦善)으로부터 몰수한 집으로 지금은 베이징사범대학교가 쓰고 있다.

공왕부는 그 초기 면모가 많이 남아 있어 18세기 청나라 관변 건축의 교과서 노릇을 하고 있다. 애초에는 북쪽 호수에서 물을 끌어들여 공왕부 전체를 에두르는 해자로 쓰고 다시 그 물길을 후원으로 끌어들여 조경에 이용했다고 한다. 현재 그 물길은 없어졌고 건물군과 후원이 남아 있다. 남쪽의 건물군과 북쪽의 후원 사이에는 2층 건물 한 채가 있어 경계를 이루고 있다. 후조루(後罩樓), 모두 111칸에 길이 183미터가 넘는 거대한 건물이다.(조선시대 종묘 정전 길이가 101미터이다.) 이 길고 긴 건물은 세 부분으로 나누어 동쪽은 첨제루(瞻霽樓), 중간은 복경루(福鏡樓), 서쪽은 보약루(寶約樓)로 되어 있다. 사합원마다 대문에서 가장 멀리 떨어진 지점에 후조방(2층 건물이면 후조루)이 있기 마련인데

공왕부 후원(耿朔 사진)

보통은 5칸이거나 커도 9칸짜리 건물인 것을 생각할 때 공왕부의 후조루는 크기가 항공모함 같다. 이렇게 큰 건물을 지어 무슨 용도로 썼을까? 정확한 내막은 알 수 없으나 이루 헤아릴 수 없는 재물을 보관하던 창고로 추정되고 있다. 1930년대, 보인(輔仁)대학교에서 이 건물을 사들여 여학생 기숙사로 썼다. 서쪽 보약루 끝에는 수법루(水法樓)가 붙어 있다. 실내 전면은 2층으로 된 미로(labyrinth)이고, 그 뒤는 실내 정원이다. 정자와 연못, 가산이 실내에 갖추어져 있는 것이다. 미로는 황실 원림에나 배치하는 구조물인데 공왕부에는 특이하게 실내에 구비해 두었다. 사치의 극치다. 공왕부에는 또 한 가지 특이한 구조물이 있다. 용왕묘 북쪽에 성가퀴를 갖춘 작은 성벽이 있는데 '유관(楡關)'이라는 편액이 붙어 있다. 유관은 산해관의 다른 말이다. 만주 조상이 산해관을 넘어 베이징으로 입성했던 때의 초심을 잃지 말자는 뜻을 담고 있다.

공산당 정권 성립 이후 공왕부 안에 송풍기 공장, 학교, 연구소, 도서관 등 8개 사업장과 200여 가구를 배치하여 날이 갈수록 심각하게 훼손되었다. 1970년대 말에 이들을 모두 이전시키고 후원부터 복원했고 1988년에 후원만 개방했다. 후원으로 들어가는 입구에는 당시 최첨단 기술로 만든 서양문이 있다. 휴식의 공간으로 들어가는 문답게 정함태고(靜含太古, 태고처럼 고요한 곳) 네 글자를 새겼다. 후원에는 공왕부의 자랑인 소극장 대희루(大戲樓)가 있다. 무대에는 마이크가 없고 객석에는 스피커가 없어도 어느 자리 할 것 없이 음량과 음질이 동일했다고 한다. 이에 대해 무대 아래 물 단지 아홉 개를 배치한 것이 주효했다는 설이 있다. 이 대희루는 들보와 도리 외에 기둥까지 동일한 등나무 무늬 단청이 있어 숲속에 들어와 있는 듯한 느낌을 준다. 청나라 말기에 형성된 이 단청 스타일은 과감한 듯 단조로우면서도 화려한 것이 중국 전통을 벗어나 이국적이기까지 하다. 건물군의 복원은 기술과 자금도 달렸지만, 무엇보다 고증 자료를 구하기 어려워서 2005년에 가서야 복원이 시작됐다. 이때 수선된 건물 중 황궁 건축을 뛰어넘는 석진재(錫晉齋)가 있다. 화신은 이 건물을 자금성 영수궁(寧壽宮)을 본떠 지었다고 한다. 2층 선루(仙樓)까지 해서 이제는 구할 수도 없는 금사남목(金絲楠木)으로 온통 장식되어 있고 바닥에는 자금성에서도 보기 어렵다는 자모석(子母石)을 깔았다. 이 건물을 지을 때 마침 건륭제가 자신의 말년을 보내기 위해 자금성 안에 영수궁을 짓고 있었다. 사람들은 화신이 그 설계도와 재료 목록을 입수했을 것으로 추정하고 있다. 끝에 가서 화신이 죽을죄에 몰렸을 때 황궁보다 더 사치스럽게 지은 이 집도 그의 발목을 잡았다. 그러나 일 년 365일 관람객으로 붐비는 공왕부 안에서 이 석진재만큼은 놓치지 말아야 할 것이 한 번을 보더라도 안목이 높아지게 된다. 18세기 청나라 건축물이 보여줄 수 있는 최대치를 볼 수 있기 때문이다.

신유정변에 성공한 서태후

공왕부의 주인 혁흔은 어려서부터 두 살 위 이복형과 한 방에서 기거하며 우애를 키웠다. 그런데 아버지 황제 눈에 동생이 형보다 더 총명해 보인 것이 문제였다. 아버지가 자신에게 황위를 물려주고 싶어 하는 눈치를 챈 혁흔은 더 열심히 공부하고 무예를 닦았으나 막판에 형으로 결정되자 실망이 컸다. 형도 아버지가 동생에게 뜻을 두고 있던 것을 알고 있었기 때문에 황제가 된 뒤에 동생을 견제하기 시작하면서 형제 사이가 벌어졌다. 아버지의 유언에 따라 동생을 제후왕 중에서도 가장 높은 등급인 친왕에 봉하면서, 친왕의 칭호를 '恭'으로 내린 것만 봐도 형의 심사를 알 수 있다. '공민왕', '공양왕' 등에도 나오는, 시호에 붙은 '恭' 자는 복종을 상징하는 부호였다. 형이 베이징에서 가장 큰 저택을 회수하여 동생에게 '공친왕부'로 하사한 것은 다름이 아니라 그 집이나 받고 조용히 있으라는 뜻이었다.

그러나 1853년 3월에 남경을 점령하고 홍수전(洪秀全)을 천왕으로 세운 태평천국군이 여세를 몰아 북진했다. 4월에 영국의 홍콩 총독이 남경까지 찾아와서 청나라와 태평천국 사이에 중립을 지키겠다는 태도를 보인 것에 고무되었던지(연말에는 프랑스도 사절을 보냈다.) 영국 사절단이 떠나자 2만여 명의 부대가 곧바로 북진을 시작하여 6월에 황하를 건너고 10월에 천진 남쪽까지 올라갔다. 베이징의 턱밑이 위협받게 되자 혁흔은 수도경비사령부 기능을 하는 경사순방처(京師巡防處)를 만들어 만일의 사태에 대비했다. 1855년 3월과 6월에 태평천국 북벌군 대장 두 명이 포로가 되었다. 몇백 명이 남을 때까지 견뎠으나 지원과 보급이 끊어져 두 사람은 베이징에서 처형되었다. 황제는 태평천국군 격퇴에 공을 세운 동생을 재상에 해당하는 자리에 올렸다. 서먹서먹했던 형제 관계가 좋아지나 했더니 곧이어 불화를 겪게 되었다.

혁흔이 다시 정치 무대에 등장하게 된 것은 1860년의 일이었다. 혁흔은 영-프 연합군의 베이징 입성으로 형이 피난을 가면서 맡긴 뒷수습을 하면서 베이징에 남아 있었다. 그런데 갑자기 형이 세상을 떠났다는 소식이 날아들었다. 앞서 말한 대로 베이징에서의 뒤처리를 자신에게 맡기고 피서산장에 피난 가 있던 형이었다. 피난 간 지 1년이 지날 동안 형의 건강이 좋지 않다는 소식은 계속 듣고 있었지만, 그래도 그렇게 갑자기 떠날 줄은 몰라 아무 대비도 하지 못하고 있었다. 황위는 여섯 살짜리 조카가 잇는다는 소식도 전해졌다. 권력의 공백기가 생긴 것을 알게 된 혁흔이 곧바로 피서산장을 향해 조문을 떠나려고 할 때 다시 첩보가 날아들었다. 혁흔은 피서산장으로 오지 말고 베이징을 지키고 있으라는 내용이었다. 그것은 죽은 형의 뜻이 아니라 형의 유언에 따라 어린 황제를 보좌하게 된 여덟 명 대신의 뜻이었다. 혁흔이 대책을 생각하고 있을 때 곧바로 다른 소식이 전해졌다. 두 태후, 즉 두 형수가 여덟 명 대신들의 눈을 피해 보낸 사람이었다.

두 태후는 여덟 대신과 의견이 맞지 않았다. 특히 서태후는 여덟 명의 대신으로 하여금 어린 황제를 보좌하게 한 황제의 유언이 몹시 마음에 걸렸다. 그들은 영-프 연합군이 베이징을 치기 직전 황제를 종용하여 베이징 200km 북방 피서산장으로 피난하게 했던 장본인이었다. 당시 황제가 베이징에 남아야 한다는 의견도 많았다. 그들은 베이징 사수파와 협상파로 갈라져 서로 다른 소리를 냈기 때문에 황제는 종잡을 수 없었다. 그 순간에 멀리서 대포 소리가 들려왔다. 피난파들은 그들에게 황제를 보호할 자신이 있느냐고 되물으면서 차비하여 황제를 모시고 원명원을 출발했다. 며칠 걸려 피서산장에 도착했지만, 40년 동안 비워둔 곳이라 불편하기 짝이 없었다. 먹을 것을 구하기도 어려웠다. 사정은 이랬다. 1820년, 할아버지 황제(가경제)가 피서산장에 있다가 세상을 떠났을 때 아버지 황제(도광제)는 임종을 지키지 못했다. 태자로서 베이징에 있으면서 천리교도들의 자금성 진입을 막는 큰일을 해냈지만, 임종을 지키지 못했다는 괴로움에 피서산장 정기 행차를 취소해 버렸다. 그리하여 청나라 황제가 몽골 사람들을 견제하고 티베트, 위구르 사람들을 만나는 장이었던 피서산장은 그로부터 40년 동안 문을 닫아야 했다. 함풍제가 도착한 때는 초가을이라 공교롭게도 예전 황제들의 정기 행차 시기와 같았다. 그러나 번성했던 옛 모습과는 거리가 멀었다.

전쟁도 끝났고, 황제도 세상을 떠난 마당에 베이징으로 돌아가서 장례를 치러야 했지만 두 태후와 여덟 대신의 의견이 하나부터 열까지 전혀 맞지 않았다. 그들은 두 태후를 존중할 생각이 거의 없었던지, 논쟁을 하다가 안 되면 건물이 쩌렁쩌렁 울리도록 포효를 해서 놀란 어린 황제가 오줌을 지리기도 했다. 두 태후 중 서태후가 특히 그들과 사이가 좋지 않았다. 황제가 살아 있을 때부터 서태후의 야심을 알아보고 황제에게 후환을 없애려면 서태후를 제거해야 한다고 건의까지 했던 사람들이었다. 황제가 그 말을 듣지 않아 수포로 돌아갔지만, 그 이야기를 전해들은 서태후는 이를 갈며 복수할 날을 기다렸을 것이다. 권력의 중심으로 떠오른 여덟 대신을 치고 베이징으로 돌아가 수렴청정을 하고 싶었던 것은 동태후도 마찬가지였다. 그러나 두 사람의 힘으로는 불가능한 일이었으므로 베이징에 사람을 보내 시동생 혁흔에게 도움을 요청했다.

권력에서 멀어져 있던 시동생은 두 형수를 도와 권력을 잡기로 결심했다. 일단 무슨 수를 써서라도 피서산장으로 가서 두 형수를 만나야 했다. 여덟 대신은 혁흔이 보낸 간곡한 편지를 읽고 피서산장에 와서 황제의 빈소에 예를 올리는 데 동의했다. 그러나 두 태후를 만나는 것은 동의하지 않았다. 젊은 시동생이 그보다 어린 두 태후를 만나는 것은 법도에 맞지 않다는 것이 이유였다. 시동생은 하는 수 없이 만주 샤먼의 차림을 하고 대신들의 눈을 피해 두 형수를 만났다. 당시 황제의 상례를 치르느라 피서산장에 만주 샤먼이 여럿 들어와 있었다. 어렵사리 시동생을 만난 두 형수는 자신들의 계획을 설명했고 세 사람은 의기투합했다. 혁흔은 베이징에 돌아가자마자 동생 혁현(奕譞)과 함께 정변을 준비했다. 혁흔은 감시를 받던 상황이라 정변의 준비와 실행은 혁현이 맡았다. 혁현은 황제의 영구차를 이끌고 베이징으로 돌아오던 여덟 대신을 길에서 모두 체포했다. 그중 두 사람은 자진하게 했고 한 사람은 참수했다. 거사가 성공한 것이다. 이 사건을 일러 '신유(辛酉)정변'이라고 한다.

두 시동생의 도움을 받아 정변에 성공한 두 태후는 이미 정해져 있던 아들 황제의 연호부터 기상(祺祥)에서 동치(同治)로 바꿨다. 이 뜻에 관해서는 여러 가지 설이 있는데, 대체로 '두 명의 태후가 함께 다스리는 시대'로 여겨지고 있다. 두 태후는 곧바로 자금성 양심전(養心殿)의 동난각에서 수렴청정에 나섰다. 황제가 서쪽을 향해 앉고 그 바로 뒤에 발을 치고 두 태후가 함께 앉아서 신하들과 마주한 채 국사를 논의하고 결정했다. 그런데 두 태후와 어린 황제로 이루어진 이 팀은 국사를 주재하기에 지식이 너무 부족했다. 그래서 스승을 찾아 우선 공부부터 하기로 했다. 세 명 중 서태후의 진도가 가장 빨랐다는 후문이 있다. 스승이 남긴 수업일지를 보면 어린 황제는 공부에 흥미가 없었다. 공부방에서 졸리면 자고 정신이 들면 놀이에 열중하다가 생모 서태후로부터 야단맞기 일쑤였다. 열여덟 살이 되어 친정을 했는데 밀려드는 보고서를 읽지 못했고 비답을 내릴 작문 실력도 없어 서태후의 속을 태우다가 이듬해 갑자기 세상을 떠났다. 동치황제의 죽음까지 쓴 마당에 교과서에서 배웠던 '동치중흥(同治中興)' 이야기를 하지 않을 수 없다.

'중흥'의 비극적 주인공

'국민교육헌장'을 일곱 살 때 주입받아 암송하면서 그 첫머리에 나오는 '민족 중흥의 역사적 사명'을 어린 마음에 제법 엄중하게 인식했던 기억이 난다. 그러나 알고 보니 실패한 중흥도 많았다. 특히 청나라 말기의 '동치중흥'은 그 실패가 곧장 청나라의 멸망으로 이어지고 말았다. 두 번의 아편전쟁에서 패하여 상대가 원하는 대로 다 들어주고 나서 시작된 중흥 운동이었다. 청나라가 망해가고 있다는 뼈 아픈 반성 하에 부국강병을 목표로 자못 엄숙하게 양무(洋務) 운동을 벌였으나 실패로 끝나고 말았다. 도대체 어떠한 '중흥'이었는지 경과를 알아보자.

아편전쟁에서 패배한 뒤 서양으로 치면 부르주아 이상의 청나라 상류층에서 부국강병을 실현해야 한다고 주장하는 사람들이 늘어났다. 그들은 기존의 유학은 계속 지키며 공부하되 서학(西學, 주로 서양의 기술)을 받아들이자는 '중체서용(中體西用)'을 구호로 내세웠다. 조선에서 나온 '동도서기(東道西器)'와 같은 뜻이다. 이런 생각은 일본에서 먼저 나와 '화혼양재(和魂洋才)'라고 했다. 이들이 청나라에 승리한 영국에 대해 가졌던 관심은 당시 영국을 지배하던 사상이나 철학 같은 형이상학이 아니라 영국이 보유하던 군함과 대포에만 집중됐다. 서이(西夷)의 뛰어난 기술을 배워 그 서이를 제압하겠다는 생각이었다. 이런 청나라 중체서용파들을 양무파라고도 한다. '양무'는 원래 '서양 관련 외교 사무'를 이르는 말이었다가 접촉이 잦아지면서 '서양 방식을 모방하는 일'을 가리키게 되었다. 양무가 운동이 되자 반대하는 사람도 많았다. 청나라판 위정척사파들이었다. 그러나 청나라에서는 결정적으로 서태후가 양무파였다. 부국강병을 바라던 서태후는 '중체서용'의 양무파들을 적극적으로 밀어주었다. 그러나 결과는 실패였다.

결과는 실패였으나 그래도 이 시기를 '동치중흥'이라고 부른다. 서태후의 속을 태우던 아들, 동치황제가 세상을 떠났을 때 작성된 제문에 '재위 13년 동안 청나라의 중흥을 이뤄냈다'고 나온다. 여섯 살에 황제가 되어 열아홉에 세상을 떠날 때까지 생모 서태후의 그늘에 있었던 동치제였지만, 이렇게 '동치중흥'이라는 공적으로 사서에 남았다. 어떻게 해도 구하기에 너무 늦어 버린 상태였지만 그 중흥이 실제 중흥이었다면 청나라가 그렇게 빨리 망했을 리가 없다.

미국 학자 메리 라이트(Mary C. Wright)는 이 시대를 '청나라 보수주의자들의 마지막 분발(The Last Stand of Chinese Conservatism)'이라고 부른다. '마지막'이라는 수식어에서 비장함마저 느낄 수 있다. 메리 라이트가 청나라 말기의 양무파를 보수주의라고 부른 것은 에드먼드 버크(Burke Edmund)식 '보수주의'를 염두에 둔 것은 아니었다. 잘 알다시피 계몽 운동 또는 프랑스혁명이 일어나기 전, 기독교와 귀족 중심으로 돌아가던 봉건제 유럽 사회가 있었다. 혁명 전 시대로 돌아가기 위해 움직이던 일파를 불러 '보수주의'라고 하는 것은 어폐가 있다. '복고주의'라면 모를까. 버크식 보수주의(Conservatism)는 현존 질서가 썩지 않게 미리 막는 방부제(preservative) 처방이 아니라 상한(또는 상하기 시작한) 앙시앙 레짐을 통조림 깡통 속에라도 넣어 아끼고 보존하겠다(conserve)는 뜻이 아닐 수 없다. 혁명 전 유럽에 기독교와 귀족 중심으로 돌아가던 봉건제 사회가 있었다면 청나라에는 유학과 관료-향신 중심 기반의 중앙집권제 사회가 있었다. 유럽 귀족들과 청나라 지배층들은 둘 다 혁명을 반대했다. 엄밀히 말하면 유럽 귀족은 이미 벌어진 혁명을 부인하고 복고 운동을 벌인 것이고, 청나라 지배층들은 혁명으로 망하기 전에 위로부터의 개혁을 추진한 것이긴 하다. 청나라 말기 서태후가 지지한 양무파들은 신해혁명이 터지기 전에 청나라 앙시앙 레짐을 수호하려고 나섰다. 집권층에서 태평천국과 아편전쟁을 통해 뭔가 교훈을 얻고 서양 기술을 빌려 자강 운동을 직접 하겠다는 것이다.

서태후와 양무파의 태스크 포스 팀장은 공친왕 혁흔이었다. 신유정변 후 재상의 역할을 맡게 된 혁흔은 청나라 군대를 서양식으로 개혁하겠다고 나섰다. 이때 중용된 증국번(曾國藩), 좌종당(左宗棠), 이홍장(李鴻章), 장지동(張之洞)이 동치중흥의 4대 인물로 평가받는 데 비해 팀장 혁흔의 유명세는 밀리는 감이 없지 않다. 사료를 찾다 보면 이때의 개혁은 팀장 혁흔이 설계하여 서태후의 재가를 얻은 뒤 4대 인물로 하여금 시행하게 했음을 알 수 있다.

혁흔은 서양 사람에게 사진을 찍힌 최초의 청나라 황족이다. 혁흔의 초췌하게 보이는 모습이 담긴 사진이 있는데 영-프 연합군과 〈베이징조약〉 담판을 하던 무렵에 찍힌 것이다. 문무를 겸비한 청년으로 한때는 황제가 될 뻔했던 인물이었으나 이 사진에서는 위엄이나 권위를 찾아볼 수 없다. 형을 대신하여 상대방을 설득하느라 진을 뺀 모습이 있을 뿐이다.

펠리스 비토(Felice Beato)가 찍은 혁흔의 사진. 비토는 신미양요 때도 종군하여 〈어재연장수기(魚在淵將帥旗)〉 같은 귀중한 사진들을 남겼다.

혁흔은 형 함풍, 조카 동치, 조카 광서 세 황제 시대를 거치는 동안 부침을 거듭했다. 함풍 3년, 태평천국군이 베이징 턱밑까지 왔을 때 수도경비사령관이 되어 진두지휘했으나 이듬해 함풍제가 혁흔의 모든 관직을 걷어 버리고 자금성 내 학교에서 공부에 열중하라는 조처를 내렸다. 세상을 떠난 혁흔의 생모이자 함풍의 양모를 '황태후'로 추존할 것인가를 놓고 형제가 반목한 것이다. 황태후는 생전에 황후였거나 그 아들이 황제에 즉위했을 경우 얻는 칭호다. 함풍은 자신의 양모에게 황태후 추존을 하지 않았다. 나아가서 혁흔이 제도를 어기면서까지 황태후 추존을 주장했다는 이유로 파면해 버렸다. 혁흔 입장에서 보면 자신의 생모가 어린 형을 받아 친아들처럼 키웠으니 황태후 칭호를 받는 것이 마땅했을 것이다. 황제가 되기 전까지 어머니를 그렇게 잘 따르던 형이었는데, 알 수 없는 노릇이었다. 그러다가 몇 년 뒤 영-프 연합군이 베이징을 침공하자 형은 다시 혁흔을 불러내 담판과 수습을 맡기고 피서산장으로 떠나 버렸다. 수습을 끝내고 피난처에 있던 형에게 보고하자 보기 싫다는 대답이 돌아왔다. 원명원이 불탄 마당에 칭찬받을 생각은 없었지만 얼굴도 마주하기 싫어하다니. 얼마 뒤 형이 세상을 떠나고 여섯 살 조카가 황위에 올랐을 때, 형이 정한 여덟 명의 보좌대신 명단에 혁흔의 이름은 없었다. 이어서 두 형수와 신유정변을 성공으로 이끈 뒤 의정왕 작위와 재상 벼슬을 받았다. 그러나 몇 해 지나지 않아 서태후가 혁흔의 의정왕 작위를 취소하면서 혁흔은 운동의 대열에서 밀려났다. 이때 서태후가 직접 쓴, 오탈자 많은 교서가 남아 있다. 방자하고 탐욕을 부렸기 때문에 작위를 취소한다고 했지만, 실제 이유는 혁흔이 자강운동의 요직에 만주족을 중용하지 않았기 때문이었다. 서태후 일파는 만주족의 천하가 흔들리는 것이 두려웠던 것이다. 혁흔의 실각에 이어 몇 해 뒤 증국번마저 세상을 떠나면서 메리 라이트가 말한 '청나라 보수주의자들의 마지막 분발'은 흐지부지될 수밖에 없었다.

어떻게 된 일인지 혁흔은 서태후 앞에서 영 맥을 못 추었다. 서태후가 주도하던 정국에서 황위 계승권 순위에 들어 있던 혁흔의 아들과 손자도 황위 계승에 실패했다. 두 형수와 함께 정변을 일으켰을 때 혁흔은 서태후의 야심을 알아차리지 못하고, 자신의 세상이 오리라 착각했던 것 같다. 1884년, 혁흔이 남은 모든 관직에서 쫓겨날 때 양무파들도 세력을 잃었다. 혁흔은 1898년, 공왕부에서 세상을 떠났다.

혁흔의 이름이 우리나라에 잘 알려지지 않은 데는 사정이 있었다. 청나라의 양무 자강 운동은 '동치중흥'과 '무술개혁'의 두 갈래가 있었는데, 조선에는 주로 무술개혁파에 속하는 양계초(梁啓超)를 통해 그 면모가 소개되는 바람에 무술개혁파를 멀리했던 혁흔의 소식을 접하기 어려웠다. 동치중흥파의 이홍장 이름이 조선에 널리 알려진 것은 그 부하 원세개를 조종하며 조선에 직접 영향을 미쳤기 때문이다.

1861년 신유정변의 주인공 네 명은 모두 한창 젊은 나이였다. 서태후가 스물일곱, 동태후가 스물다섯, 공친왕 혁흔은 서른 살이었고, 직접 군사행동에 나섰던 혁현은 스물한 살이었다. 이 중에서 서태후는 세 명의 황제(친아들, 시동생 혁현과 친여동생의 아들, 그 시동생의 손자) 뒤에서 수렴청정하며 청나라 말기의 정국을 주재했다.

순친왕부, 두 황제의 잠저

공왕부의 북쪽은 십찰해 호수다. 그 건너편에 공왕부 못지않은 청나라 저택이 남아 있다. 현재 이름은 송경령(宋慶齡) 고택이다.

이 집의 원주인은 청나라 초기의 대신 명주(明珠)였다. 뒤에 건륭제의 열한 번째 아들 영성(永瑆)의 성왕부(成王府)가 되었다. 서예가로 이름을 날린 영성의 생모는 조선인 후예였다. 알려져 있기로는 의주에 살던 그 조상이 후금 군대에 귀순한 뒤 청나라 군대에 편입되었고, 생모가 건륭제의 총애를 받으면서 집안이 일어나게 되었다고 한다. 외삼촌은 김간(金簡)으로 『사고전서』 간행을 책임졌고 이부상서에까지 올랐다. 김간은 베이징에서 조선 사신을 접대하기도 했다. 1777년 인평(麟平)대군의 후손 하은군(河恩君) 이광(李垙)을 만났을 때, "우리 선조 묘가 조선에 있습니다. 어찌 근본을 잊을 수 있겠습니까! 일이 잘되도록 힘을 쓰겠습니다."라고 하여 정조 편을 들었다고 한다, 하은군은 정조의 즉위를 반대했던 홍인한 등을 단죄한 사정을 보고하러 간 길이었다. 김간이 죽기 몇 해 전, 건륭제가 의주에 있던 김간의 조상 김덕운(金德雲)의 묘를 돌봐달라고 부탁하기도 했다.

건륭제의 총애를 받았던 영성의 생모는 숙가황귀비(淑嘉皇貴妃) 김씨였다. 큰아버지가 건륭제 잠저에서 일한 인연으로 후궁이 되어 아들 넷을 낳았고 마흔 갓 넘어 세상을 떠났다. 아들 넷 중 셋째 아들은 돌이 되기 전에 잃었으나 다른 세 아들은 잘 자라서 모두 청나라 제후왕 중 가장 높은 친왕(親王)에 봉해졌다. 그중 둘째는 여든아홉까지 살았고, 넷째도 일흔 넘게 살았는데 두 사람 다 예술 소양이 높았다. 특히 넷째가 붓글씨를 잘 써서 청나라 통틀어 다섯 손가락 안에 꼽힐 만큼 유명했다. 이 넷째 성왕 영성이 살던 저택은 1888년, 광서황제가 자신의 생부 순친왕 혁현에게 주었다. 세력을 잃은 채 그 집에 살고 있던 성왕의 후손은 서쪽에 있던 더 작은 집으로 옮겨가야 했다.

순친왕 혁현은 이 집으로 이사 오기 전, 베이징성 서남 모서리(지금의 중앙음악대학교)에 살았다. 광서황제는 그 집에서 혁현의 둘째 아들로 태어나 네 살까지 자라다가 사촌형 동치황제의 뒤를 잇기 위해 자금성으로 들어갔다. 형이 있었으나 갓난아이 때 죽었다. 황제의 잠저는 궁으로 높이는 관례에 따라 광서황제의 생부와 생모는 그 집을 비운 채 영성의 후손이 살고 있던 곳으로 이사를 한 것이다. 새집은 광서제가 태어난 집의 북쪽에 있었으므로 북순친왕부라고 하고, 원래 집은 남순친왕부라고 한다. 혁현이 죽은 뒤 다섯째 아들이 북순친왕부를 물려받았다.

혁현의 다섯째 아들 재풍(載灃)은 북순친왕부에서 4남 7녀를 두었는데 맏아들이 바로 청나라 마지막 황제가 되었다. 이 맏아들은 바로 세 살에 자손 없이 죽은 큰아버지 광서제의 뒤를 이은 선통제(宣統帝)이다. 순친왕 혁현은 황제가 되지 못했으나 아들과 손자가 2대에 걸쳐 황제가 되었다. 순친왕 혁현의 생모 오아씨(烏雅氏)는 도광황제의 후궁이었다. 열여섯 살에 쉰여섯 살 황제의 후궁이 되어 열아홉에 혁현을 낳은 뒤로 아들 둘에 딸 하나를 더 낳았다. 막내아들을 낳았을 때 예순넷인 도광황제의 사랑을 독차지했으나 남편 황제가 세상을 떠났을 때 오아씨 나이 스물아홉, 아들 셋도 너무 어려 권력 투쟁에서 밀려났다. 그러나 장손자와 장증손자가 황제가 되었다. 1866년에 세상을 떠나서 친손자가 광서제가 되고(1875년), 증손자가 선통제가 되는(1908년) 것은 볼 수 없었다.

십찰해 북안에 있는 북순친왕부는 뒤에 송경령의 관저가 되었다. 송경령은 손문의 비서이자 혁명동지였다. 뒤에 손문과 혼인했고 손문이 중화민국 임시대총통에 취임하자 퍼스트레이디가 되었다. 동생 송미령(宋美齡)은 뒤에 중화민국 총통이 되는 장개석(蔣介石)과 혼인하여 퍼스트레이디가 되었다. 자매는 정치적으로 의견이 맞지 않아 국민당-공산당 내전 뒤에 갈라섰다. 언니는 대륙에 남고 동생은 대만으로 간 것이다. 두 사람은 다시는 만나지 못했다.

내전 말기 모택동 등 공산당 간부들은 중화인민공화국 정부 구성을 준비하면서 상해(上海)에 있던 송경령이 합세해 주기를 바랐다. 공산당 측에서는 손문을 베이징에서 잃은 뒤 베이징행을 꺼리던 송경령에게 여러 경로로 접촉하여 답을 받아냈다. 주은래(周恩來)의 부인 등영초(鄧穎超)가 상해로 가서 송경령을 수행했다. 모택동은 송경령이 탄 열차가 베이징역에 도착하기 전부터 플랫폼에서 대기하고 있었다. 열차가 멈추자 모택동이 차에 올라 영접했다. 밖에는 주덕과 주은래를 비롯한 공산당 간부 50여 명이 기다리고 있었다. 중화민국 전 퍼스트레이디를 맞이하는 예절이 융숭했다. 이어서 송경령은 중화인민공화국 중앙정부 부주석에 취임했다. 동생이 대만에서 중화민국 퍼스트레이디로 활동하는 동안 언니는 대륙에서 중화인민공화국 중앙 지도자로 활동했다.

상해와 베이징을 오가며 사무를 보던 송경령은 1963년에 베이징으로 이주했다. 부주석 공관으로 북순친왕부가 결정되었을 때 송경령은 그 큰 규모를 보고 사양했다. 그러나 외국 손님을 맞이하는 일이 많던 부주석 송경령에게 필요한 공관이었다. 송경령은 1981년까지 이 집에서 살며 공무를 보다가 세상을 떠났다. 송경령은 베이징의 이름난 고적인 순친왕부의 원래 모습을 보존하고 가꾸어 찬탄을 받았다. 송경령이 떠나고 그의 기념관이 된 이 집에 순친왕의 후손들도 관람객으로 드나든다고 한다. 청나라 다른 왕부에 비해 원형을 잘 보존하고 있는 옛집이니 자주 가보고 싶지 않을까.

서태후와 이화원

1861년 11월, 함풍제의 영구차를 따라 동태후, 서태후, 동치제(同治帝)가 자금성으로 들어갔다. 자금성은 원명원에 비해 무미건조하기 짝이 없었다. 두 태후는 피난을 가기 전까지 원명원에서 주로 생활했기 때문에 자금성이 생리에 맞지 않았다. 서태후는 특히 함풍황제의 외동아들 동치제를 낳았던 원명원 천지일가춘(天地一家春) 구역을 그리워했다. 그러나 국고 사정이 말이 아니라서 원명원 복구 말은 꺼내지 못하고 10년 세월을 보냈다. 1873년, 동치황제가 즉위한 지 12년이 넘어 수렴청정을 거두어야 했다. 동치황제는 이미 열여덟 살이라 친정에 늦은 감이 없지 않았다. 황제는 친정을 시작하며 3년 뒤 서태후의 마흔 살 생일을 축하하기 위해 원명원을 복구하겠다는 계획을 발표했다. 당시 원명원의 훼손 상태를 조사한 결과 북쪽 구역 외에는 거의 다 파괴되어 있었다. 황제는 경비가 부족하니 우선 사당과 두 명의 태후가 지낼 공간, 황제의 사무 공간부터 복구하겠다고 나섰다. 신하들이 반대했지만 한 달 뒤 복구공사가 시작되었다. 설계도와 탕양(燙樣, 모형)이 나오자 열여섯 살 입궁 때부터 원명원에서 주로 생활했던 서태후가 나서서 보완할 곳을 일러주었다. 공사 시작 후 1년이 지났을 때 황제가 갑자기 세상을 떠났다. 이에 따라 원명원 복구공사도 중단되었다.

열아홉에 세상을 떠난 황제는 후손이 없었다. 두 태후는 시동생의 자식 중에 후사를 고르기로 하고, 황궁에 데려와 법도를 가르치기에는 어릴수록 낫다는 결론을 내렸다. 이어서 시동생 혁현의 네 살짜리 아들로 황위를 잇겠다고 발표했다. 피서산장에서 함께 정변을 모의했던 시동생 공친왕 혁흔에게 장성한 아들이 있었지만 배제되었다. 지목받은 아이의 생부는 두 형수의 결정을 듣고 그 자리에 주저앉고 말았다. 그야말로 날벼락이었다. 친아들하고도 사이가 좋지 않았는데 양자에게 어떻게 대할지는 안 봐도 뻔한 노릇이었다. 시동생은 사람의 부축을 받고도 일어나지 못했다. 성은이 망극하다며 받을 수도 없고 절대 안 된다고 거절할 수도 없어 조카 황제의 관을 앞에 두고 방성대곡하다가 그만 혼절해 버렸다.

두 태후가 내린 결정은 이러했다. "함풍제의 아들 동치제가 죽었으나 자식이 없어 함풍제의 친조카 중에 네 살배기를 함풍제의 아들로 삼아 다음 황제로 올린다." 정확하게 말하면 서태후가 제안하고 동태후가 동의한 것이다.

그 길로 황궁의 모든 문이 활짝 열리고 의장대가 아이를 데리러 떠났다. 실려 나간 생부가 집에 도착하여 자리에 누울 즈음 의장대가 도착해서 아이를 찾았다. 혼절한 생부 대신 생모가 나와서 눈물을 쏟

광서제 애신각라 재첨(愛新覺羅 載湉)은 1871년 8월생으로 1875년 정월에 청나라 열한 번째 황제가 되었다. 묘호는 덕종(德宗)이다.

는 가운데 영문도 모르는 아이가 유모에게 안겨 칭얼거리면서 길을 떠났다.

자금성으로 들어간 아이는 먼저 양심전에서 두 양어머니를 만나 예를 올리고, 빈소 건청궁으로 가서 사촌형 황제의 관 앞에 절을 해야 했다. 절을 할 줄 모르는 아이가 관 앞에서 울면서 계속 뒹군 것은 낯선 환경이 두려워서였겠지만, 두 태후를 비롯한 황궁 사람들은 막 친형제 관계에 들어간 형님의 죽음을 슬퍼하고 있다고 해석했다. 두 태후는 죽은 황제와 새 황제가 도광황제의 친손자라는 점을 강조하면서 새 황제의 연호를 광서(光緖)로 정했다.

황제의 생부는 서태후에게 수족을 잘린 형 혁흔처럼 되고 싶은 생각이 없었다. 권력을 추구하지 않는 것만이 살길이라고 생각하고 모든 직위에서 물러나기를 서태후에게 청했다. 그 청은 곧바로 받아들여졌다. 서태후는 조카와 함께 입궁한 유모를 곧바로 내쫓았다. 부모와 떨어져 낯선 환경에서 살게 된 아이는 갑자기 의지처를 잃고 고아 신세가 되어 버렸다. 친아들의 교육에 실패한 서태후는 조카의 교육에 유달리 열을 올렸다. 본인 생일과 두 태후 생일, 단오, 중추를 제외하고는 날마다 수업을 받아야 했고, 수업받는 시간 외에는 수렴청정에 참석했다.

위에서 말한 대로 새로운 황제의 생부는 서태후의 시동생이었지만, 생모는 서태후의 친동생이었다. 서태후는 이런 날이 올 것을 미리 알고 있었던 것일까. 일찌감치 여동생과 시동생의 혼인을 주선하여 성사시켰다. 아무 걱정 없이 자라던 아들이 하루아침에 고생길을 가게 되었으니 생모는 큰 시름에 빠졌다. 벼슬을 살던 생부는 황궁에 들어가 꿇어앉아서라도 아들을 볼 기회가 있었지만, 생모는 이후 아들을 만날 기약도 할 수 없게 되었다. 생모는 그 뒤 황제가 된 아들을 만나지 못하고 22년 동안 그리워하다가 세상을 떠났다. 모두 1녀 4남을 두었으나 황제가 된 아들 외에는 모두 어릴 때 잃었던 탓에 더 많이 힘들었을 테다. 서태후는 동생이 죽을 때가 되어서야 모자 상봉을 허락했다고 한다. 이 사실로 미루어 봐도 광서황제와 서태후는 사이가 좋을 턱이 없었다. 이 두 사람의 사이가 좋아지기를 바랐던 황제의 생부가 이화원 조성을 제안했다.

흔히 서태후가 북양함대 경비로 이화원을 조성했다고 한다. 북양함대라면 청일전쟁에서 일본에 패한 그 함대이다. 북양함대를 관리했던 관청의 공문서가 모두 유실된 현재 이화원과 북양함대 경비를 연관시킬 1차 사료는 없다. 엄청난 비용을 들여 이화원을 조성했다는 설은 서태후의 반대편이었던 강유위(康有爲), 양계초 등에게서 나왔다. 이들은 무술변법을 수포로 돌아가게 한 서태후에게 이를 갈고 있던 터였다. 그런데 이들은 이화원 조성에 들어간 정확한 경비를 알 만한 위치에 있지 않았다. 학자들은 이화원이 신축된 것이 아니라 건륭제 때의 청의원(淸漪園)을 개축한 것이므로 청의원 건축 경비와 비슷한 5~6백만 냥이 들었을 것으로 추정하고 있다.

건륭제는 자신의 할아버지와 아버지 때 조성한 원명원을 대규모로 확장했다. 공사에 경비를 너무 많이 써서 눈치가 보였는지 다시는 원림을 조성하지 않겠다는 맹세까지 했다. 그러나 몇 해 지나지 않아 그 맹세를 어기고 원명원 서쪽에 청의원을 조성했다. 황제는 주도면밀하게 계획을 세워 청의원을 조성했다. 원나라 때부터 교외의 웬만한 물줄기는 모두 시내로 끌어들여 운하 수위 조절과 생활용수로 쓰고 있었다. 그러나 18세기에 들어서면서 베이징의 인구가 폭증하여 도심 용수가 많이 부족하자 베이징 서쪽과 북쪽 산지에서 새로운 물줄기를 찾아야 했다. 쓸 수 있는 물줄기는 개울까지 다 끌어 쓰고 있던 형편이라 조사단은 산속으로 계곡물을 찾아 나섰다. 그들은 산속의 있는 물 없는 물 다 긁어서 서호(西湖, 옹산박)에 모았다가 세 개의 수문, 즉 홍수 조절용, 원명원 등 황실 원림용, 베이징 시내 용수 공급용 수문을 통해 흘려 보냈다.

저수지 공사가 끝나고 현장 사무소를 닫을 무렵 건륭제가 말했다. "산 아래 생긴 저수지 풍경이 보기 좋구나. 정자나 몇 채 세우면 그림 같겠다." 현장 책임자가 득달같이 정자를 세울 계획을 짜기 시작하자 황제가 기다렸다는 듯이 적극적으로 개입했다. 설계도를 직접 그리고 공사 감독에 나서기도 했으며 경비 일체를 직접 집행했다. 청의원 공사비 집행 장부에는 공사 책임자와 일꾼들에게 품삯을 준 내역이 남아 있다. 장부에 일꾼의 이름을 남긴 것은 물론 편액에 새겨 건물 벽에 걸

어두기까지 했다. 건축 기술자들을 우대한 증거다.

설계도를 보니 어김없는 '강남 스타일'이었다. 거기에 10년 넘어 공사가 진행될수록 항주 서호 풍경과 닮아갔다. 공사 기간 동안 황제는 여러 차례 강남 지역을 순방했다. 여러 가지 목적이 있었겠지만, 강남 원림을 직접 확인하여 조성 중이던 원림 공사에 반영하기 위한 목적도 있었을 것이다. 1차 공사를 마치고 청의원 안의 해발 58m 옹산을 만수산(萬壽山)으로 개명하고 산 아래 대보은연수사(大報恩延壽寺)를 세운 황제는 이 원림을 생모의 환갑 선물로 바쳤다. 당시의 청의원은 주거 공간이 아니라 휴식공간이었다. 황제의 생모는 청의원 동쪽의 창춘원(暢春園)의 장춘선관(長春仙館)에서 주로 살면서 가끔 청의원에 나들이를 갔다. 건륭제는 그 나들이 공간을 계속해서 확장해 나갔다. 생모에게 베이징에서 더 많은 강남 풍경을 즐기게 해주고 싶었기 때문이다. 이렇게 효성을 다한 결과, 건륭제의 생모는 86세까지 장수했다. 생모의 장수 핏줄을 타고난 건륭제는 89세까지 살았다.

생모를 기쁘게 한 것은 보람찬 일이었지만 다시는 원림을 조성하지 않겠다는 맹세를 깬 것이 황제는 마음에 걸렸다. 그리하여 청의원에서는 유숙하지 않겠다는 자책의 벌을 내렸다. 벌은 청의원을 방문해도 일몰 전에 돌아감으로써 곤명호 너머 서산으로 지는 석양의 감상을 포기한 것이었는데, 멋에 죽고 멋에 살던 건륭제로서는 큰 벌이었다.

광서제도 원림을 조성하여 다가올 양어머니 서태후의 환갑에 대비했다. 그보다 먼저 서태후의 친아들 동치제가 어머니의 40세 생신을 축하하기 위해 원명원을 수리하여 그곳에 살게 하려고 했다. 무엇보다 서태후가 원명원 파괴 전에 살던 '천지일가춘'을 복구하려고 한 것이

이화원 곤명호의 동제(東堤)와 남호도(南湖島)를 연결하는 십칠공교(十七孔橋). 곤명호는 바로 쿠빌라이 카안 때 곽수경이 개수했던 옹산박 즉 서호(西湖)를 키워 만든 호수이다.(耿朔 사진)

다. 그러나 격렬한 반대에 부딪혀 실현하지 못했다.

동치제가 죽고 10년쯤 세월이 흘러 반대 의견이 잠잠해졌을 때, 서태후의 환심을 사기 위해 광서제의 생부가 나섰다. 원명원도 없어지고 피서산장 나들이도 불편해진 마당에 아무래도 이궁(離宮)이 있어야 황실의 존엄을 살릴 수 있다고 주장한 것이다. 서태후의 재가를 얻어 베이징의 황실 원림을 조사한 결과 제2차 아편전쟁과 의화단 전쟁 때 피해가 덜했던 청의원을 개축하는 것으로 의견이 모아졌다. 예산을 아낀다는 점에서 서태후도 동의했다. 경비 집행에 북양함대 예산을 끌어다 쓴 증거는 발견되지 않고 있지만, 호수에서 해군 훈련을 할 수 있다는 점에 서태후가 만족한 것은 사실이었다. 청의원을 조성한 건륭제 때

남방의 수군 부대를 불러 열병한 적이 있었기 때문에 가능하다고 생각했지만, 개축 후 훈련한 적은 없다. 1888년, 수리를 끝내고 나니 예전의 청의원과 얼추 비슷하게 보였다. 가장 크게 달라진 점은 안전을 위해 사방에 울타리를 친 것이다. 건륭제 때는 이곳에서 황제와 황태후가 숙식하지 않아 사방을 열어 놓았었다.

광서제는 청의원의 이름을 서태후의 만수무강을 비는 뜻을 담은 이화원(頤和園)으로 바꾸어 서태후에게 헌정했다.(건륭제가 지은 자금성 영수궁寧壽宮에 이화헌頤和軒이 있다.) 서태후는 이화원이 마음에 들어 한 해 중 대부분의 시간을 이곳에서 보냈다. 개축된 이화원에는 원명원의 그림자가 드리워져 있다. 서태후는 자신이 청춘을 보냈던 원명원 구주청안(九洲清晏) 구역의 천지일가춘 정경을 잊을 수 없었다. 원명원의 가장 중심에 남편의 사무실이 있었고 그 바로 동편에 자신이 살던 안채 천지일가춘이 있었다. 건물 앞뒤로 큰 호수가 있고 그 북쪽에 산이 둘러 있어 아름다운 풍경을 이루고 있었다. 무엇보다 남편의 사무실과 가까워서 좋았다. 경비 때문에 원명원을 복구할 수 없었던 서태후는 개축 설계에 개입하여 원명원의 정경을 살릴 수 있게 했다. 그래서 그런지 이화원의 정무처리 공간 인수전(仁壽殿)과 살림 공간인 낙수당(樂壽堂)이 인접해 있다. 게다가 인수전과 낙수당, 그리고 이화원에서 가장 중심에 위치한 배운전(排雲殿) 앞에 있는 주조물에는 '天地一家春' '光緒年製'라는 글자가 찍혀 있다. 광서 연간에 원명원 천지일가춘을 모방해서 개축했다는 뜻이 담겨 있는 것이다. 서태후는 이 밖에도 자금성 등 여러 곳, 여러 물건에 천지일가춘을 그리워하는 흔적을 남겼다.

무술년의 명암(feat. 이토 히로부미)

사촌형의 뒤를 이어 황제가 되었던 네 살짜리 꼬마 황제가 서러운 황궁 생활 속에서도 스스로 결재가 가능한 나이로 성장했다. 원래 청나라 황제는 열여섯 살에 자립하는 것이 관례였지만 서태후가 2년을 늦췄다. 1889년, 광서제의 친정이 시작되었다. 그러나 원래 썩 건강하지 못한 데다 양할머니들의 엄한 교육 탓에 늘 주눅 들어 지냈다. 그러나 스물세 살에 청일전쟁과 〈마관조약〉을 겪으면서 눈을 떴고 이어서 일어난 삼국간섭으로 러시아와 독일이 청나라 땅을 강점하자 황제는 마음이 급해졌다. 그보다 앞서 부국강병책을 시행하기 전에 사방으로 인재를 모은 것이 할머니 서태후의 눈에 나면서 사람을 거의 잃어버렸기 때문이었다. 1898년, 스승 옹동화(翁同龢)가 강유위(康有爲)를 천거했다. 강유위는 광동 출신으로 애초에는 과거 시험을 준비하던 평범한 선비였으나 홍콩의 서양인 사회를 관찰하고 서양 책을 연구하면서 청나라에 '뉴딜' 즉 새로운 정책이 필요하다고 생각하게 되었다. 그중 가장 역점을 두어 주장한 것이 입헌군주제와 상공업 우대, 요즘 말로 하자면 정치 '민주화', 경제 '자본주의화'다. 강유위는 베이징 과거 시험장을 중심으로 활동하면서 연일 웅변을 토했다. 지난 시기 양무파가 서양의 기술을 받아들이고자 했다면 강유위는 그것에 더해 정치체제까지 서양식으로 바꾸자고 주장했다. 황제는 그 주장에 전적으로 동의하고 개혁에 착수했다.

그러나 광서제와 강유위는 뉴딜을 관철할 힘이 없었다. 개혁은 서태후로 대표되는 수구 세력에 의해 가볍게 뒤집혀 103일 만에 실패했다. 그리하여 무술변법의 다른 이름은 백일유신이 되었다. 비록 위로부터의 개혁은 실패했지만 운동가들은 사회 속으로 들어가 계몽 운동을 일으켰다. 그러자 사회 전반의 분위기가 변하면서 여러 가지 '혁명'이 일어났다. 무술변법은 신해혁명과 오사(五四) 운동의 전주곡이 되었다.

변법파들은 영국인 선교사 티모시 리처드(Timothy Richard)의 영향을 받아 1868년 창간된 기독교 선교지 『만국공보(萬國公報)』를 애독하면서 서양식 개혁을 연구했다. 강유위와 양계초 등의 변법파를 유신파라고도 한다. 청나라에 들어와 있던 일본 사람들과 적극적으로 교류하면서 메이지유신(明治維新)도 공부하고 유신을 주장했기 때문이다. 이들은 빠른 시간에 발전하고 있던 일본의 비결이 메이지유신에 있다고 여겼다. 메이지유신은 15대 264년 동안 지속된 도쿠가와 바쿠후(德川幕府)의 쇼군(將軍) 시대를 끝내고 천황에게 실권을 회복시켜 준 왕정복고형 '혁명'이었다. 천황 중심의 중앙집권을 지향하는 것이 영국식 군주제와 완전히 달라 청나라 유신파가 받아들이기 좋았다. 강유위는 황제 제도가 유지되어야 한다고 생각하는 대표적인 보황파(保皇派)였다.

변법을 발표했을 때 광서제는 스물일곱, 강유위는 마흔, 양계초는 스물다섯 살이었다. 서태후가 보기에 이들은 철부지였으나, 독일이 산동반도를 침공했다는 소식을 듣고 황제가 울면서 호소했기 때문에 할 테면 해보라고 기회를 주었다. 리스크 관리를 생각할 때 걱정되는 면이 없지 않았으나 크게 사고만 치지 않으면 실패하더라도 자신이 만회할 생각이었다. 서태후는 특히 청나라 백성들이 미개하여 새로운 체제를 받아들일 준비가 되지 않았다고 생각했다. 서태후는 황제에게 기회를 주면서 감시를 더욱 강화했다. 갑작스레 황제의 지지를 받게 된 강유위는 직급이 낮아서 황제와 독대하지도 못한 채 계속해서 편지로 개혁 정책을 쏟아냈다. 황제는 강유위 편지에 적힌 대로 180가지가 넘는 개혁 조치를 발표했다. 그 여러 가지 조치 중에 과거제도 개혁과 감군이 서태후에게 걸렸다.

서태후는 황제와 강유위를 연결하던 옹동화를 파면하고, 황제의 고위 관료 임명권을 거둬들였다. 서태후가 개혁에 제동을 걸기 시작하자 강유위는 서태후를 제거할 생각을 했다. 조선 말 대원군이 청나라에 3년 동안 납치된 사건은 양반이었다. 문제가 커진 것은 며칠 뒤였다. 서태후가 천진에서 열릴 신식 군대 열병식에 황제와 함께 참석하겠다고 발표하자 강유위는 황제가 살해될 수도 있다고 생각했다. 강유위는 서태후를 죽이겠다고 결심했다. 강유위가 생각한 방법은 두 가지였다. 첫째는 외국의 힘을 빌리는 것, 둘째는 원세개를 이용하는 것이었다. 강유위의 거사 계획을 들은 변법파들은 반대했다. 서태후를 제거하는 일은 불가능할뿐더러 개혁 실패로 이어질 수 있다는 점에서 반대했다. 그러나 강유위가 밀어붙였다.

강유위는 일본 공사관으로 가서 협조를 요청했으나 실패했다. 이에 담사동(譚嗣同)이 베이징 천단 부근에 주둔 중이던 원세개를 찾아가 자객이 서태후를 해치울 동안 이화원을 포위해달라고 요청했다. 원세개는 놀라 자빠질 지경이었다. 원세개가 남긴 그날의 일기에 따르면 담사동은 권총을 차고 갔다. 원세개는 목숨이 위협받는 상황에서 단칼에 거절하지 못하고 병력이 천진에 있는 데다 무기만 있지 실탄이 없어서 어렵다고 했다. 자신이 천진 열병식에 참가할 건데, 황제가 위협받지 않도록 최선을 다해 호위하겠다고 하고 돌려보냈다. 원세개의 거절로 거사계획만 누설된 셈이 됐다. 이로부터 사흘 뒤 한밤중에 서태후가 직접 자금성에 출동했다.

원세개의 밀고 때문이었다는 설이 있지만 정확한 내막은 알려지지 않고 있다. 권력투쟁에 이골이 나 있던 서태후는 단숨에 변법파를 제압해 버렸다. 황제까지 포함해서. 베이징 도성 각 성문을 폐쇄하고 3천명 군사를 풀어 변법파를 체포하게 한 것이다. 누군가 밀고한 것이 틀림없었다.

여기서 이토 히로부미(伊藤博文, 1841~1909)가 등장한다. 이토 히로부미는 메이지유신 때에 손대지 못한 일본 앙시앙 레짐의 대명사 '다이조칸(太政官, 당나라식 율령제 하의 최고 행정기구)' 폐지에 성공하고 그 대신에 들어선 영국식 내각의 초대 총리대신이 되었기 때문에 청나라 변법파(유신파)의 우상이었다. 강유위는 이런 이토 히로부미에게 청을 넣어 광서제를 방문해 달라고 했고, 그 부탁을 받아들여 이토 히로부미가 마침 그때 베이징에 와 있었다. 서태후가 자금성에 출동하여 황제를 연금한 다음날 바로 이토 히로부미의 접견이 잡혀 있었다. 이토 히로부미는 모든 사정을 파악하고 있었으므로 강유위가 일본 공사관으로 찾아가 협조를 요청했을 때 거절했다. 강유위는 실망이 컸다.

강유위가 중용될 무렵 일본 공사(公使) 야노 후미오(矢野文雄)가 강유위에게 청나라와 일본의 합방(合邦)을 제안했다. '청일합방'은 이토 히로부미의 아이디어였다.(야노 후미오의 천거인이 이토 히로부미) 이토 히로부미는 조선에서 합방 작전을 펼치기 전, 청나라에서 먼저 실험해 보려고 한 것이었다. 강유위는 야노 후미오의 제안에 즉각 동의하고 합방대회의(合邦大會議)를 열어 홍보전을 펼칠 계획까지 짰다.

강유위는 황제에게 바로 합방을 건의했다. 그러면서 1814년부터 1905년까지 존재했던 노르웨이-스웨덴 연합왕국 수준의 '동맹'을 예로 들었다. 강유위는 중·미·영·일 4개국 합방까지 생각했을 정도로 강대국과의 합방에 관심이 많았다. 합방까지 걸려 있었으니 이토 히로부미가 무술변법을 주목하지 않을 수 없었다. 직접 베이징에 출동한 이유였다. 그러나 조선을 거쳐 베이징에 도착했을 때 변법은 끝나가고 있었다. 광서제를 만났지만 이미 연금이 시작된 황제와 합방 이야기는 나눌 수가 없어 간단한 인사만 주고받으며 우의를 다짐한 뒤에 헤어졌다.

지명수배가 내려져 있던 강유위와 양계초는 일본 공사관으로 도망가서 이토 히로부미에게 도움을 요청했다. 이토 히로부미는 뒷날을 도모하기 위해 두 사람의 해외 도피를 도왔다. 일본행이 결정된 양계초가 담사동에게 함께 갈 것을 권했지만 서른세 살의 '협객' 담사동은 피를 흘리지 않고 혁명이 성공할 수 없다며 거절했다. 그리고는 연금된 황제를 구출하기 위해 이리 뛰고 저리 뛰다 체포되어 재판 없이 처형되었다. 함께 처형된 다섯 사람 중에는 변법파의 골간이 아닌 사람도 있었지만 상관없었다. 서태후가 승리했다는 것을 온 베이징 사람들이 알면 그만이었다.

청나라 무술변법에 이토 히로부미가 관련되어 있는 것을 보면 그 몇 해 전에 조선에서 일어났던 갑신정변이 떠오른다. 일본 공사관의 도움을 받은 개화파들이 메이지유신 식의 정치개혁을 시도했다가 3일 천하로 끝난 것이 비슷하다. 청나라 군대가 개입하면서 개화파를 지원하던 일본군이 물러났고, 김옥균 등은 일본 측의 도움을 받아 인천을 거쳐 일본으로 피신했다. 양계초가 천진을 거쳐 일본으로 망명한 것과 겹쳐지는 장면이다. 또 당시 개화파들은 청나라 변법파와 마찬가지로 조선에서 입헌군주제를 실현하고자 그때까지 있던 '의정부'에 서양식 '의회'의 법령 제정 기능을 추가했다. 3일 천하로 실패했지만 이후 서재필 등이 설립한 독립협회(1896년, '청나라를 비롯한 모든 나라로부터의 독립' 의미)가 입헌군주제 주장을 이어갔다. 독립협회는 무술변법 그해에 해산되었다.

또 한 가지, 갑신정변에도 무술정변처럼 이토 히로부미가 슬쩍 등장한다. 갑신정변으로 체결된 천진조약(1885년)의 청나라 측 대표가 이홍장, 일본 측은 이토 히로부미였다. 두 대표는 청일전쟁의 〈마관조약〉의 담판 주역이기도 하다. 청나라 군대의 개입으로 갑신정변이 실패한 후 서울의 일본 공사관이 불타고 일본 사람들이 죽임을 당하는 일이 일어났기 때문에 조선에서는 한성조약에 따라 배상금을 물었다. 조선 조정의 사과를 받긴 했지만 실패한 개화파를 지원했던 일본은 조선 문제에 관해 발언권이 약해지게 되었다. 일본 여론의 흐름이 나빠지자 이토 히로부미가 수많은 수행원을 거느리고 천진으로 갔다. 청나라 군대 때문에 조선의 일본 공사관이 피해를 입었으므로 배상할 것을 요구하면서 협상을 시작한 이토 히로부미는 외교 수완을 발휘하여 여섯 차례에 걸친 담판을 유리하게 끌고 갔다. 이홍장은 조선에서 일어난 일에 대해 자세히 알지 못했으므로 이토 히로부미에게 제대로 논박하지 못했다. 그리하여 청, 일 양국이 동시에 조선에서 철수하고, 장래 조선에서 변란 등 중대한 사건이 터져 어느 한 나라가 파병하게 될 경우 상대에게 문서로 알려주어야 한다는 내용으로 조약이 체결되었다. 일본은 제물포조약으로 제한적 파병권을 획득하고 있었으나 이 조약으로 인해 청나라 수준의 파병권을 획득했다. 이에 앞서 무술변법이 일어나기 한 해 전인 1897년, 조선은 대한제국을 선포하고 청나라와의 사대 관계를 정리한 바 있었다. 이 조약으로 인해 일본은 조선에서 청나라와 대등한 입장에 서게 되었고, 10년 후 갑오농민전쟁 때 청나라 군대 상륙과 하루 차이로 대규모 군대를 조선에 보냈다. 이렇게 일본에 유리한 조약을 체결한 이해 12월, 이토 히로부미가 일본 초대 내각총리대신이 되었다.

무술변법으로 돌아가자. 서태후는 황제가 격무에 지쳐 수렴청정을 재개한다고 발표하고, 국립종합대학교 격인 경사대학당(현 베이징대학교의 전신)을 제외한 모든 무술변법 개혁 조치를 원점으로 되돌렸다. 황제 자리에 올려주고 20년을 길러줬더니 소인배들과 어울려 자신을 죽이려고 하다니…. 서태후는 황제의 방을 뒤져 강유위와 주고받은 편지를 압수하고 이화원 포위 작전에 황제의 관련 여부를 조사했으나 증거를 찾지 못했다. 서태후는 자금성 서편 호수 남해 상의 영대(瀛臺) 함원전(涵元殿)에 황제를 연금했다. 이화원에 있을 때는 옥란당(玉瀾堂)이 연금 장소였다. 영대는 지름 180미터의 작은 섬으로 명나라 때 조성된 이후 황제의 피서지로 이용되었다. 지금은 북쪽에 다리가 나 있지만 당시에는 부교를 철거하면 섬 밖으로 나올 방법이 없었다. 경치가 좋고 경호에도 편리하여 모택동, 주덕, 등소평 등이 이곳에서 요양한 적이 있다. 지금도 일반인은 들어갈 수 없는 곳이다. 이곳에 갇힌 황제는 권력을 잃고 아랫사람들의 멸시를 받았다. 예컨대 평소 밥상이 허술하니 생일상을 받지 못하는 것은 말할 것도 없고 옷이 해져도 아무도 꿰매 주지 않았다. 서태후는 이것으로 그치지 않았다. 당시 이십 대였던 황제에게 아들이 없다는 이유로 황족 완고파의 아들을 후사로 데려와 태자로 삼았다. 그런데 이 조치는 옹정제 이후 황제 생전에 태자를 세우지 않았던 청나라 황실의 관습을 깨는 것이었다. 게다가 이 태자는 현임 황제인 광서제가 아닌 전임 황제 동치제의 후사로 정해졌다. 족보 정리를 통해 현임 황제는 태자의 황숙(皇叔)이 되었고, 연금된 황제 대신 태자가 황실 제사를 지내게 했다. 황제와 서태후의 관계는 돌아올 수 없는 다리를 건넜다. 그런데도 서태후가 황제를 쫓아내지 못한 것은 국제 사회의 여론을 의식해서였다. 청나라를 구매력 갖춘 시장이자 원자재 공급처로 생각하던 당시 자본주의 국가들로서는, 청나라가 강해져도 안 되고 망해도 안 되었다.

무술변법이 실패한 직후 산동성 쪽에서 부청멸양(扶淸滅洋)을 내세운 의화단(義和團)이 봉기했다. 의화단은 무예 단련 동아리 의화권(義和拳)에서 출발한 무장 세력이다. 이름에 '拳'이 들어간 것을 보면 권법 위주로 각종 무술을 단련하던 동아리라는 것을 알 수 있다. 이들은 칼을 맞아도 몸에 칼이 들어가지 않을 정도로 단련하는 것을 목표로 삼고 있었다. 게다가 민간에서 우러르던 모든 신을 숭배했다. 이들은 남녀노소를 불문하고 석양에 향을 피우고 무술을 단련했다. 중국 역사상 신앙을 중심으로 무장한 세력은 주로 반정부 기치를 내걸었으나 이들은 달랐다. 청나라 조정을 지원하여 기독교로 대표되는 서양 세력을 말살하겠다(부청멸양)고 일어난 것이었다. 이들은 동네의 기독교도를 죽이거나 교회를 불태우고 서양인 선교사를 마을에서 내쫓았다. 그뿐 아니라 서양 것을 배척해야 청나라가 살 수 있다면서 서양 기술로 만든 철도와 전신 시설을 파괴했다. 이 소식을 들은 청나라 조정의 보수파 대신들이 이들을 지원해야겠다고 즉각 반응했다. 서태후는 농민 봉기를 무척 꺼렸지만 사정이 위급하니 어쩔 수 없었다. 의화단을 인정하기 위해 반정부 기치만 내걸지 않는다면 집회 결사해도 좋다는 영을 내렸다. 그리고 조정에서 경비를 들여 의화단을 정부군 수준으로 편제하고 제대로 '부청' 즉 청나라 조정을 지원하게 하라고 지시했다. 조정의 지원을 받아 관제 조직으로 변한 의화단은 내분이 일어났다.

조선에서는 외세를 저지하자는 동학이 의화단보다 앞서 봉기했다. 의화단은 동학 운동에 영향을 받은 것으로 보인다. 동학 운동을 진압하려다가 청일전쟁이 일어났고 청나라가 일본에 패했기 때문에 청나라 사람들은 충격을 받았다. 청나라 조정에서 양무 운동을 통해 대대적으로 양성한 청나라 정부군이 일본군에 무참히 깨져 버렸다. 청나라 서민들이 자신들이 나서야 한다는 것을 단숨에 알아차렸다.

두 운동은 일견 비슷한 점도 있지만 본질적으로 다른 것이 동학은 조선 정권에 대해 보국안민(輔國安民)의 기치를 내세웠다. 여기서 '보국'은 '무능한 정권을 대신하여 다스리다'는 뜻이다. 의화단은 애초부터 청나라 조정을 지원하겠다고 나섰고 단원들은 정부군 편제로 변신하는 데 망설이지 않았다. 의화단 사람들은 베이징으로 들어가 교회와 서양 사람들을 공격하기 시작했고 곧이어 베이징은 의화단의 세상이 되었다. 이 소식에 러시아, 영국, 미국, 일본, 독일, 프랑스, 이탈리아, 오스트리아 2천 명 연합군이 모였다. 전쟁만은 피해야 하는 상황이었지만 조정에는 주전파가 득세하고 있었다. 그 와중에 '서태후가 권력을 내려놓고 황제를 복위시켜야 한다'는 연합국 명의의 서한이 도착했다. 서태후는 의화단의 무술을 믿고 선전포고 조서를 내렸다. 단 상대는 불특정 다수국이었다. 의화단은 먼저 각국 공사관부터 공격했다. 그때 연합국 명의의 서한이 위조된 것이고 의화단의 무예 실력이 형편없다는 것이 동시에 드러났다. 서태후는 급히 작전을 바꿨다. 각국 공사관을 의화단의 공격으로부터 보호해 주고, 양식과 소고기, 수박을 보내주게 했다. 물론 의화단 모르게 진행하였다.

연합군이 천진을 함락하고 베이징 동쪽 관문 통주에 입성했다는 소식을 듣고 서태후는 강화 협상에 나서게 했다. 의화단은 서태후 손에 처절하게 깨졌다. 8개국 연합군이 베이징에 들어오기 전 자금성을 떠나 피난길에 나선 서태후가 교지를 내렸다. '모든 책임은 의화단에 있으니 모두 잡아 교살하라!' 협상에 응한 연합군 측은 청나라 주전파 150명의 명단을 주면서 주동자들의 처형을 요구했다. 서태후는 직전까지 한편이었던 이들을 엄하게 처벌했다. 개중에는 완고파의 거두이자 태자의 생부도 포함되어 있었다. 서태후는 피난지 서안(西安)에서 일련의 개혁 정책을 발표했다. 정부 기구 혁신, 과거제도 폐지, 전족 폐지, 만주 사람과 한족의 통혼 허용 등 서태후식 변법이었다. 그리고 서안에서 끌어모은 재물을 싣고 베이징으로 귀환하기 시작했다. 중간에 개봉에서 자신의 생일을 쇠느라 한 달 머무는 동안, 동치제의 후사로 뽑은 태자를 폐했다. 베이징을 1백여 킬로 남겨 놓은 보정(保定, 흥선대원군이 연금되었던 도시)에서 서태후는 열차로 갈아탔다. 개혁 지도자의 모습을 시연해야 했기 때문이었다.

서태후는 자금성을 떠나 피난길에 오른 지 1년 5개월 만에 연합군이 철수한 베이징으로 귀환했다. 서태후는 피난 내내 황제를 끌고 다녔다. 만일 연합군 측에 황제를 빼앗기게 되면 그날로 자신의 권력이 날아갈 것이라 여겼기 때문이다. 피난길에서 황제는 외톨이였다. 황후는 서태후의 생질녀로 서태후 편에 붙어 황제를 무시하기 일쑤였다. 자신의 마음을 알아주던 후궁 진비(珍妃)는 곁에 없었다. 챙겨주는 사람이 없어 황제는 굶기 일쑤였고 옷도 몇 달 갈아입지 못했다. 드디어 베이징으로 돌아가는 기차 안에서 서태후가 황제에게 말했다. 연합군이 자금성에 들어갔을 때 진비가 스스로를 지키려고 자결했다는 것이다. 그러나 사실인즉, 진비는 피난길에 오르기 전 이미 서태후에게 죽임을 당한 것이었다.

이후에도 서태후의 수렴청정은 계속되었다. 달라진 것은 더디게나마 개혁을 진행한 것이다. 1906년, 각 나라의 헌법을 연구하여 입헌개혁을 준비하라는 서태후의 명이 떨어졌고, 1908년 8월, 문맹 개화 기간으로 설정된 9년 안에 흠정헌법을 만들겠다는 서태후의 의지가 발표되면서 흠정헌법 요지가 반포됐다. 장차 제정될 청나라 헌법의 틀은 메이지(明治) 〈일본제국헌법〉(1889년)에서 따온 것이었다. 다른 점이 있다면 군주권 제한 조항이 삭제되어 있었다. 개혁 사상을 지닌 사람들은 헌법의 요지 23조 중 14조가 황제의 권력을 규정하고 있는 것에 격분했다. 그러던 차에 11월, 광서제와 서태후가 하루 차이로 세상을 떠나 국면이 소강상태로 접어들었다.

1909년 초에 혁명 여론이 다시 일어나자 청나라 조정에서 먼저 의회를 구성하겠고 나섰다. 1년 반의 준비 기간을 거쳐 1910년 10월에 청나라 의회 설립을 위한 기구 자정원(資政院)이 열렸다. 청나라 조정에서는 자정원의 요구에 따라 1908년부터 9년 뒤에 제정하기로 했던 헌법을 5년 뒤에 제정하기로 했다. 이는 1913년에 청나라 의회가 구성된다는 것을 의미했다. 의회 구성에 앞서 1911년 5월, 청나라 조정이 혁파되고 영국식 내각이 들어섰는데, 13명의 각료 중 황족이 5명이었다. 혁명파들은 다시 한번 격분했다. 자세한 이야기가 궁금하면 다음 회를 기대하시라.

신해혁명, 중국 군주제의 끝

애신각라 부의(愛新覺羅 溥儀). 기원전 221년, 전제군주식 황제 제도를 도입한 진시황 이래 2천 년 넘게 이어져 내려온 황제 자리에 마지막으로 올랐던 인물이다. 그래서 이름보다 별호 '마지막 황제'로 더 많이 불린다. 1911년(신해년, 양력 1912년), 마지막 황제가 퇴위하면서 중국식 천하 체계가 무너지고 서양식 국제법 체계의 세계에 편입되었으므로 중국 역사 아니 세계사에 한 획을 그은 신해혁명의 또 다른 주인공이었다.

신해혁명은 군주의 목을 날렸던 프랑스혁명보다 영국의 명예혁명에 가깝다. 청나라 황제가 목숨을 보전한 채 퇴위했기 때문이다. 그러나 그와도 다른 것이 영국에는 명예혁명으로 국왕이 권력을 잃기 전에 이미 얼마간이라도 민의를 대변하는 하원을 포함한 의회가 있어 의회가 국왕을 쫓아내고 헌법에 해당하던 〈마그나 카르타(Magna Carta)〉를 보완하는 권리장전(Bill of Rights)을 제정하여 의회의 권한을 보강했다.

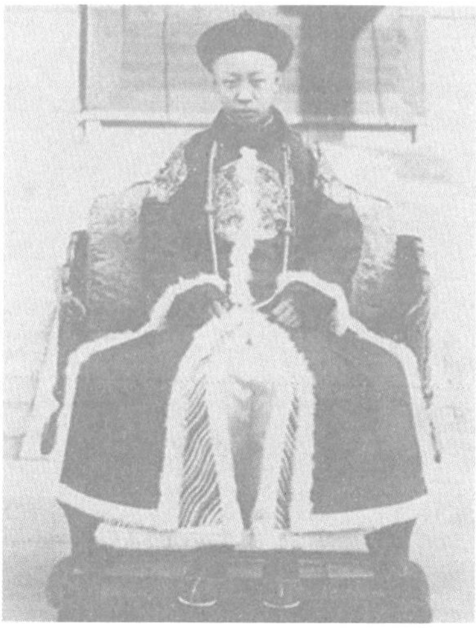

청나라 마지막 황제는 세 살에 황위에 올랐다가 여섯 살에 퇴위당했다. 이후 자금성의 점유권을 인정받아 계속 살다가 열두 살 때 장훈(張勳)의 거사로 복위했다. 그러나 한 달 뒤에 다시 퇴위당했다.

청나라에는 신해혁명 때까지 영국식 의회가 없었던 것은 위에서 말한 바와 같다. 영국식 의회가 없었으니 영국식 헌법도 없었다.

1911년 10월 10일(음력 신해년 8월 19일) 장강 중류 호북성(湖北省) 무창(武昌)에서 무장 세력이 봉기했다. 그 몇 달 전에 구성된 황족 중심의 내각이 봉기의 도화선이었다. 이틀 사이에 무창과 강을 사이에 두고 있던 한양(漢陽), 한구(漢口)까지 장악한 혁명군은 공화정을 표방한 군사정부를 세우고 중화민국이라는 국호를 채택했다.(뒤에 무창, 한양, 한구 세 도시가 합쳐져 무한이 되었다. 코로나19 바이러스로 애를 먹은 그 도시다.) 이 소식을 접한 각 지역의 혁명 인사들이 기다리고 있었다는 듯이 일어났다.

혁명 봉기가 거세지자 청나라 조정에서는 몇 해 동안 고향에서 놀고 있던 원세개를 불러올려 수습을 부탁했다. 11월 1일, 내각 총리대신에 임명된 원세개는 이틀 동안 준비하여 수정 헌법 요지 19조를 발표했다. 장차 제정될 헌법은 군주의 권력을 제한한 영국식 입헌군주제를 표방하겠다는 뜻이었다. 일부 혁명 세력은 환영했지만 남쪽에서는 더는 청나라 조정의 거짓말에 속지 않고 계속해서 혁명전쟁을 수행하기로 했다. 8일, 남경 총공격 계획이 수립되어 12월 2일 남경을 점령했다. 이때부터 남경이 양자강 이남 혁명 세력의 중심지로 떠올랐다. 그러나 혁명가들은 남과 북으로 분열되는 것을 원치 않았다. 그리하여 원세개가 청나라 황제를 퇴위하게 한다면 원세개를 총통으로 세우겠다는 제안을 했다. 원세개는 단박에 동의했다.

당시 황제는 여섯 살이어서 광서제의 황후였던 융유(隆裕)태후와 황제의 생부가 함께 통치하고 있었다. 태후는 서태후의 생질녀였으니, 남편 광서제와 내외종 간이었다. 광서제의 생모가 서태후의 여동생이고 융유태후의 생부가 서태후의 남동생이다. 고종사촌 동생이자 남편이었던 광서제와 고모 서태후가 하루 차이로 세상을 떠나 청나라 황실의 권력 1순위가 되어 버린 태후는 원세개의 협박조 협상안에 마음이 기울고 있었다. 태후는 퇴위 반대파 황제의 생부(당시 스물여덟 살)를 섭정왕에서 내려가게 하고 단독 수렴청정을 발표한 뒤 원세개와 협상을 이어갔다. 협상이 길어지는 동안 혁명을 위해 무장 봉기했던 남부 17개 성 대표가 남경에 모여 손문을 중화민국 임시정부 대총통으로 선출했다. 31일, 원세개가 남쪽 대표들이 요구한 남북 연합 국회 소집을 거부하자, 다음날 1912년 1월 1일 남쪽 대표들만 모여서 남경을 수도로 한 중화민국 정부를 세웠다.

한편 원세개는 태후를 중심으로 한 청나라 황실과 계속해서 협상을 진행하여 마침내 매듭을 지었다. 황제는 퇴위하고, 원세개가 전권을 가지고 임시 공화정부를 구성하며, 엄청난 금전 지원을 비롯하여 황제가 자금성에 계속 기거하는 등 청나라 황실을 우대하는 것이 골자였다. 2월 12일, 융유태후가 반대파들의 진입을 금한 채 자금성 양심전에서 원세개 등이 준비해 온 〈청제손위조서(淸帝遜位位詔書)〉, 〈우대조건조서〉, 〈선후안민(善後安民)조서〉에 옥새를 찍게 했다. 태후가 눈물을 흘리기 시작하자 태후가 안고 있던 황제도 울기 시작했다. 그 모습을 본 원세개와 다른 사람들도 소리 내어 울기 시작했다. 296년(베이징 입성 후 268년)에 걸친 청나라 정권이 역사 속으로 사라지는 순간이었다. 사흘 뒤 남경 임시정부 대총통 손문은 명나라 태조 주원장의 능을 참배하고 제사를 지냈다. 청나라가 멸망했다는 것과 한(漢)족이 공화국 총통으로 취임했다는 것을 고하는 제사였다. 손문의 남경 임시정부 참의원에서 황제를 퇴위하게 한 공을 인정하여 원세개를 내각제 중화민국의 대총통으로 선출했다.

이런 결과는 어느 한 사람으로 결단으로 이루어질 수 없는 것일진대, 융유태후는 혁명의 스타로 떠올랐다. 점잖게 권력을 내려놓아 명실공히 명예혁명을 이룬 장본인으로서 칭송이 자자했다. 원세개 총통을 비롯한 중화민국 정부 요원들은 너도나도 자금성으로 융유태후를 방문하여 안부를 물었다. 태후는 그 인기를 1년밖에 누리지 못하고 병사했다. 태후가 죽자 중화민국 정부는 국상을 결정했다. 태후의 국상은 청나라 어느 황제 장례에 비해서도 손색이 없을 만큼 성대하게 치러졌다.

관동군에 휘둘린 마지막 황제

한 사람이 있었으니, 황제의 조카로 태어나 세 살에 황제가 되었다가 여섯 살에 퇴위(당)했다. 퇴위 후에도 살던 궁궐 자금성에 살다가 열두 살 때 복위했다. 열이틀 만에 수포로 돌아갔지만, 그 뒤에도 계속 자금성에서 살다가 열아홉에 쫓겨났다. 그러고도 황제의 삶은 끝나지 않아 스물아홉 살에 다시 황제가 되었다가 마흔 살에 다시 퇴위했다.(이때에는 초라했지만 나름 퇴위식도 했다.) 황제의 운명을 타고나긴 한 인물이다.

청나라의 마지막 황제가 되어 내려온 뒤에도 황실 우대 조건에 따라 자금성에서 계속 거주하던 부의는 몇 해 사이를 두고 세 가지 큰일을 겪는다. 1921년, 자신의 복위를 위해 애쓰던 생모를 잃었다. 억울한 누명을 쓰고 자결한 것이다. 이어서 1924년, 3시간 안에 자금성을 비워 달라는 통고를 받고 쫓겨났다. 군벌의 위협 속에서 부의는 일본 공사관에 의지해 그 구내에서 지내다 천진 일본 조차지로 이주했다. 세 번째 사건은 결정타였다. 1928년, 국민혁명군(국민당 부대)에 의해 청동릉의 건륭제 능과 서태후 능이 도굴되었다. 이 일련의 사건으로 충격을 받은 부의는 설욕을 위해 청나라를 부흥할 생각을 했다. 그러나 힘이 없었다.

청나라 마지막 황제 선통제는 청나라를 다시 세우기 위해 일본 관동군과 손을 잡았다. 천진에 머무르는 동안 수많은 사람들이 찾아와 청나라 부흥을 주장했지만 백에 아흔아홉은 돈을 뜯어내려던 사기꾼이었다. 그때 관동군이 나타난 것이었다. 만주전쟁이 터진 1931년 겨울, 관동군 특무 도이하라 겐지(土肥原賢二)가 천진에서 일본 영사의 보호를 받고 있던 마지막 황제 선통제를 알현하고 싶다고 요청해 왔다. 도이하라는 선통제가 청나라를 부흥하는 데 전심전력으로 돕겠다고 맹세했다. 사실 관동군은 9월 18일 만주전쟁을 일으키기 전부터 만주국 설립 계획을 세워 두고 있었다. 만주전쟁 초기 관동군 참모부에서 작성한 〈만몽(滿蒙)문제 해결방안〉에는 '선통제를 원수(元首)로 하고 동북 4성 및 몽골을 영토로 하는 새로운 정권 만주국을 세운다'라고 나와 있다. 애초에 청나라를 부흥할 생각이 전혀 없던 관동군이었다.

그 무렵 중화민국에서도 부의에게 협상을 요청해 왔다. 원한다면 베이징에 살 수 있게 해주고 급여도 넉넉하게 지급하겠다는 것이었다. 부의는 중화민국 군대가 건륭제와 서태후 능을 도굴한 사건을 잊지 못하고 있었다. 그 사건도 제대로 처리하지 못하면서 이제 와서 잘 대접하겠다니 무슨 말인가. 부의는 중화민국의 협상에 응하지 않고 관동군과 함께할 마음을 굳혔다.

말리는 사람도 많았다. 특히 옛 스승이 말렸다. 관동군 말만 믿기 어려운 것이 일본 내각의 발표가 없다는 것이었다. 부의가 망설이는 것을 알게 된 관동군은 장학량(張學良)의 동북군이 장악하고 있던 천진에서 무력시위를 벌였다. 관동군은 사람들을 매수하여 시위대를 조직한 뒤 천진 각 기관을 공격하게 하고 그 위험 상황에 대비한다는 구실을 붙여 부의의 집 앞에 장갑차를 갖다 놓았다. 이뿐만이 아니라 폭탄 배달 등으로 공포 분위기를 조성했다. 겁에 질려 잠도 제대로 이루지 못하고 있던 부의는 "위험한 천진 땅에 하루라도 더 머물 수 없다. 빨리 떠나야 한다."고 재촉하는 관동군을 따라나섰다. 부의는 한밤중에

차 트렁크에 들어가 천진 시내를 빠져나간 뒤 일본 군함으로 갈아타고 여순(旅順)에 도착했다. 1905년, 러일전쟁으로 맺은 포츠머스 조약에 따라 주둔한 일본 관동군 본부와 관동도독부가 그곳에 있었다.

여기서 잠깐 안중근 의사가 목숨을 잃은 땅 여순을 들러 가도록 한다. 1899년, 니콜라스 2세 시절의 러시아에서 요동반도 끝자락의 25년 조차지를 관동주(Квантунская область 크반뚠시스키 오블라스띠)라고 명명하고 관동주청(關東州廳)을 세웠다. 관동은 산해관 동쪽이란 뜻이다. 1894년 청일전쟁으로 요동반도를 가져갔던 일본에 대해 삼국간섭을 통해 청나라에 반환하게 한 공치사를 하고 빌린 땅이었다. 러시아는 여순 즉 아더항(Port Arther)과 그 동쪽 외딴 마을 대련(大連, 따리엔. '먼 곳'이란 뜻의 러시아어 '따리니Да́льний'의 음차 표기)'을 대규모 해군기지로 개발했다. 러시아 관동주청은 청장 아래 군사(군법회의 포함), 행정, 외교를 담당하는 부서를 두었고 하얼빈에서 여순까지 이어지는 남만주철도 부설도 관리했다. 1904~5년, 러일전쟁에서 승리한 일본이 이 관동주를 고스란히 차지하고 관동도독부를 두었다. 안중근 의사가 여순에서 재판 받고 사형당한 것은 이곳이 하얼빈에서 가장 가까운 곳에 있던 일본 땅이었기 때문이다. 25년의 조차 기한이 다가오자 일본은 청나라를 압박해 1997년까지 99년으로 연장했다. 1945년 일본의 패전으로 소련군에 넘겨져 소련 해군이 점령하던 이 땅은 스탈린 사망 후 흐루쇼프 중국 방문을 계기로 1955년 중국에 반환되었다.

일본에도 '간토(關東)' 지방이 있지만 관동군의 '관동'은 여순에 있던 일본의 식민지 관동도독부를 이른다. 일본 정부는 1919년 관동도독부를 관동청으로 승격하고 그 밑에 있던 육군부도 관동군 사령부로 개편했다. 부의는 관동군 세상이었던 여순에서 영문을 모른 채 석 달 넘게 연금되었다. 그 시간 관동군은 일본 정부와 만주국 설립 문제를 최종 조율하고 있었다. 군부가 도발한 만주전쟁을 부담스러워 하던 당시 일본 내각은 애초에 '만주국 건국 작전'을 탐탁치 않게 여겼다. 그러나 군부의 '시월 쿠데타'(실패했다) 주모자들이 수상으로 밀던 강경파 아라키 사다오(荒木貞夫)가 육군 대신에 기용되면서 '만주국 건국 작전'에 동의한 것이다.

만주국 계획이 급물살을 타기 시작하면서 관동군 측은 부의와 다시 협상에 들어갔다. 듣자 하니 새로운 나라는 중화민국에서 독립하여 만주, 몽골, 일본, 조선 사람과 한족이 복을 누리며 살게 될 것이라고 했다. '청나라 부흥'은 어디로 갔는지 사라지고 애매모호한 소리를 늘어놓는 도이하라에게 부의가 물었다. "제국입니까?" 도이하라는 즉답을 피했다. "제국이면 가고 아니면 안 갑니다." "당연히 제국이죠. 틀림없습니다." 그러나 도이하라는 부의에게 꼬박꼬박 폐하가 아닌 각하라고 불렀다. 눈치를 챈 부의가 꼬치꼬치 캐물은 결과 새로운 나라는 '만주국'이었고 최고 통치자는 '집정(執政)'이었다. 이미 만주국 국기까지 만들어 놓고 있던 관동군이었다.

천진에서부터 여순까지 반년이 넘도록 접촉한 결과가 공화국 만주국이라니. 도이하라는 만주국 국회가 성립되면 황제로 즉위할 수 있도록 하겠다고 했다. 부의가 거부하자 도이하라는 목숨을 위협했다. 동북 군벌 장작림(張作霖)처럼 암살될 수 있겠다고 생각하니 하는 수 없었다. 1년 뒤에 청나라 황제로 즉위한다는 조건을 내세워 집정직을 받아들였다. 1932년 3월 6일, 석 달 동안 연금되어 있던 여순을 떠나 만주국의 수도 장춘(長春)으로 향했다. 뒷날 선통제는 자서전에 쓰기를 일본 측에서 '청나라를 재건하도록 도와주겠다'는 감언이설에 자신이 속아 넘어갔다고 자책했다.

관동군 휘하의 만주국 황제가 되었던 부의는 공식 석상에서 청나라 전통 황제 복장 대신 서구식 군복을 입어야 했다.

장춘에 도착하기 전 남만주철도회사의 전용열차가 심양에 잠시 멈추었다. 영문을 모르는 선통제에게 일본 측이 정차 이유를 설명해 주었다. 정차 지점 3km 북방에 청나라 홍타이지의 소릉(昭陵)이 있으니 예를 올리라는 것이었다. 열차에서 내리지 못하게 했으므로 선통제는 그 자리에서 고두례를 올렸다.

이렇게 주도면밀해 보이던 관동군이었는데 막상 장춘에 도착해보니 집정부 건물부터 허술하기 짝이 없었다. 그러나 받아들일 수밖에 없었던 것이 부의가 장춘에 도착했다는 소식을 전해들은 중화민국 정부에서 부의를 지명 수배했다. 그렇게 된 김에 부의는 새벽 6시부터 밤늦게까지 열심히 근무했다. 집정제 국가라고 했지만 알고 보니 내각제였다. 집정은 아무런 실권이 없었지만 열심히 하면 청나라를 부흥할 기회가 올 것이라고 생각했다. 목표는 중화민국과의 대결에서 승리하는 것이었다. 그 꿈을 실현하기 위해 친동생을 포함한 청나라 황족들을 일본 육군사관학교에 보냈다. 입학시험을 통과할 재주가 없었으므로 만주국의 군사 인재를 양성하겠다는 취지로 관동군 측에 부탁해서 열 몇 명의 입학을 성사시켰다. 일본 육사에 들어가지 못한 다른 황족 자제들은 따로 모아 훈련을 시켰다. 무기도 독일제 등 이름난 것들로 구비했다. 집정 직속 경위대도 몇백 명 규모로 모았다. 그러나 실권이 없이 도장만 찍는 날이 계속됐다.

어느덧 2년의 세월이 흘렀을 때 관동군으로부터 제국으로 국체를 바꾼다는 통고를 받았다. 베이징에 연락하여 큰아버지 광서제가 입었던 곤룡포까지 준비하고 즉위식을 기다렸는데, 이번에도 청나라가 아니라 만주제국이었다. 그리고 즉위식에 황제는 군복을 입어야 한다고 했다. 청나라 부흥을 위한 모든 노력이 수포로 돌아가는 순간이었다. 1934년 3월 1일, 등극 의식을 치르기 전에 천단에 제사를 올렸다. 관동군이 크게 양보하여 이 제사만큼은 부의에게 곤룡포를 입도록 허락해 주었다. 큰아버지보다 몸집이 컸던 부의에게 곤룡포가 맞지 않아 체면이 말이 아니었지만, 혼자서라도 청나라를 부흥했다고 정신 승리를 해야 했다.

군대가 인력과 물자를 약탈하는 데에는 한계가 있는 법. 만주국은 관동군의 전쟁 수행에 필요한 행정조직으로 존재했고, 실권자는 모두 일본인으로 채워졌다. 부의는 관동군을 위해 하루에도 수많은 서류에 도장을 찍어 주었다. 얼마 가지 않아 허수아비 노릇에도 이골이 났다. 시간이 갈수록 일본, 독일, 소련, 이탈리아 등 23개국이 만주국을 승인하자 부의도 만주국 황제 노릇에 만족하게 되었다. 그 뒤에는 중일전쟁과 태평양전쟁에 휘말려 황궁의 쇠붙이까지 헌납해야 했다.

1945년 8월 6일, 히로시마에 핵폭탄이 투하되고, 8일 저녁, 소련이 참전 선언을 했다. 9일 새벽 소련군이 만주국 국경으로 진군했고, 오전 11시, 나가사키에 핵폭탄이 떨어졌다. 그날 관동군 측이 부의를 찾아와 통고했다. "만주국 가장 남쪽에 있는 통화(通化, 고구려 도읍지 집안集安이 있는 도시)로 천도합니다." 부의는 관동군이 시키는 대로 짐을 꾸리게 했다. 황금, 보석, 현금(모아둔 황제 월급), 고서적, 역대 서화가들의 작품(청명상하도, 소동파·송 휘종·조맹부 등의 작품), 약품(산삼, 호골, 녹용, 무소뿔, 동충하초, 양약), 청실록, 대장경, 청나라 황제들의 신위, 권총 등 무기, 생활용품(쌀, 식용유, 설탕, 이불, 베개, 차)…. 천도에 동행하지 못하는 황궁 직원들에게 위로금을 주어 퇴직시킨 뒤 11일, 통화로 가는 기차에 올랐다. 통화까지는 500km, 당시 세계에서 가장 빠르기로 유명했던 남만주철도 열차는 만주국 황제 전용 '전망호'였지만 항일 유격대를 막으며 가느라 속도를 낼 수 없었다. 그런데 알고 보니 열차의 최종 목적지, 즉 만주국의 새로운 수도는 통화가 아니라 이름도 들어보지 못한 압록강 변의 작은 마을이었다. 열차 출발 이틀 만인 13일, 일행은 대율자구(大栗子溝)에 닿았다. 평안북도(현 자강도) 중강진과 마주하고 있는 이 마을은 압록강을 상강, 중강, 하강으로 나누었을 때 폭이 어느 정도 넓어지는 중강이 시작되는 곳에 있었다. 두메산골에서 대규모 철광맥을 발견한 관동군 측이 1940년대에 이 마을까지 철도를 깔고 철광석 및 목재와 석탄을 대규모로 약탈했다. 이곳에는 열악한 환경에서 노동력을 착취당하다 죽어간 노동자가 매장된 만인갱이 지금도 남아 있다.

부의는 강변에 있던 8칸짜리 철광회사 사장 집을 행궁으로 썼다. 15일, 이 집에서 '연합국이 제시한 조건을 받아들여 전쟁을 끝낸다'는 항복 방송을 들은 부의는 그 자리에 꿇어앉은 채 자신의 따귀를 치며 후회했다. 그때 관동군은 항복을 망설이며 두 파로 갈라져 싸우고 있었다. 군국주의 국가의 군인답게 만주에서 계속 저항하며 일본 부흥 운동을 하겠다는 과격파가 나오자 온건파 사령관도 결단을 내리기 어려웠던지 일본 본부로 사람을 보내 항복 여부를 물었다. 그러나 아나미 고레치카(阿南惟幾) 육군 대신이 이미 자결하고 없었기 때문에 관동군은 알아서 진퇴를 결정해야 했다. 과격파 시위가 잦아들던 8월 17일, 관동군 투항이 결정됐다. 러일전쟁 후 40년 동안 만주를 횡행하며 온갖 나쁜 짓을 일삼던 관동군이 소련군에 투항해 무장해제됐다. 만주국을 거느리고 있던 관동군이 없어지자 부의는 단독 결재를 할 수 있게 되었다. 백두산 아래 압록강 변 산골에 버려졌던 황제가 최초이자 최후로 내린 단독 결정은 자신의 퇴위식 건이었다. 나라가 망하는 마당에 황제의 퇴위식을 거행하다니 드문 예다. 황제의 퇴위식은 8월 17일 자정에 있었다. 어두컴컴한 등불 아래 군복 차림의 황제가 짤막한 퇴위조서를 읽고, 일본 시종이 일본어로 읽었다. 13년 5개월 만주국이 해산되는 순간이었다. 그것도 청나라의 발상지에서. 황제가 말했다. "일본과 만주국의 협력은 끝났습니다. 다들 신체 건강하게 있다가 기회가 있으면 다시 만나도록 합시다." 퇴위조서는 휴지통에 버려졌다가 황제의 소지품을 태울 때 함께 없어졌다.

부의는 그날로 가족들을 산골에 버려둔 채 일본으로 떠났다. 물론 일본에 가서 자리가 잡히면 데리러 오겠다는 말을 남기기는 했다. 일본행을 택한 것은 중화민국도 소련군도 자신의 생명을 보장해 줄 것 같지 않았기 때문이었다. 그러나 8월 18일 심양 공항 대합실에서 일본행 비행기를 기다리던 중 소련군을 발견하자 즉각 투항했다. 쓸데없이 소란을 피우는 것보다 투항 쪽이 체면을 차리기에 낫다고 여긴 것이다. 이후 소련 수용소 생활을 거쳐 1950년 여름, 중국 전범관리소에 수감되었다. 부의는 소련 수용소에 남고 싶다는 의사를 여러 차례 전했으나 받아들여지지 않았다. 중간에 일본 도쿄전범재판 증인으로 출석했으나 소용 있는 증언을 하지 못했다. 만주국 황제였으나 만주국 사정에 어두웠기 때문이다.

1950년대 초반, 부의는 전범관리소에서 자아비판의 차원에서 자서전을 집필하기 시작했다. 1962년 설날, 모택동은 부의를 중남해로 초대했다. 두 사람의 첫 만남이었다. 모택동은 부의보다 13살 연장이었다.

그 사이에 부의의 가족들은 뿔뿔이 흩어졌다. 그중 '마지막 황후' 완용(婉容)은 1946년 6월 연길(延吉) 감옥에서 세상을 떠났다. 마흔 살이었다. 아편에 중독되어 대소변도 가리지 못한 상태였다고 한다. 가족들은 현지에서 자금성 물건을 팔아 생계를 이었다. 현재 길림(吉林) 시립박물관에 소장되어 있는 소동파의 글씨나 심양 요령성박물관에 소장된 조맹부의 그림은 당시에 사들인 것이다.

전범관리소에서 부의는 만주국 황제로서 저지른 범죄에 대해 자아비판하는 법을 배웠다. 청나라 황제 시절에는 너무 어려서 스스로 책임질 만한 결정을 한 적이 없었으나 만주국 시절은 달랐다. 부의는 자신이 실권 없이 관동군의 조종을 받았다고 변명했다. 그러나 모른다고 하고 넘어가기에는 너무나 엄청난 인력과 자원 수탈이 이루어진 것을 알게 된 뒤 참회했다. 전범관리소는 부의의 선조 누르하치의 출생지이자 후금의 첫 도읍지 흥경(興京)에 있었다. 조상이 출발한 땅에서 사상 개조를 받은 것이다. 이곳에서 9년을 보낸 부의는 사상 개조에 성공했다는 평가를 받고 1959년 겨울 베이징으로 돌아갔다. 떠날 때는 '마지막 황제'였으나 복귀 시점에는 '시민'이었다. 문제는 직업이었다. 세 살 때부터 마흔 살까지는 황제로, 그 뒤로는 전범이었기 때문에 평생 직업을 구해본 적이 없었다. 공산당 지도자들도 사상 개조를 마치고 방금 복귀한 '마지막 황제'의 대접에 대해 고민하면서 어떤 일을 하고 싶은지 물었다. 부의는 뜻밖에도 '의원' 노릇을 할 수 없을지 되물었다. 의원은 자격증이 필요한 일이었으므로 지도자들도 도와줄 수 없었다. 부의는 결국 식물원 원예사로 배치되었다. 공산당 정권은 부의의 학식과 경험을 높이 사서 중앙문사관(中央文史館) 연구원으로 자리를 옮겨주었고, 정치적으로도 전국 정치협상회의 위원에 위촉하여 우대했다. 월급을 쪼개 생활하는 방법을 몰랐던 부의는 당시 베이징 시민으로는 적지 않은 급여를 받았지만 항상 쪼들렸다. 이 상황은 새로운 배우자를 만난 뒤에야 해결되었다.

공산당 정권이 자신을 살해할지도 모른다는 의심을 거둔 부의는 베이징 시민으로서 새로운 삶을 즐겼다. 그리하여 자신이 일생 네 번 황제 자리에 올랐는데, 그 네 번째는 '시민'이라는 황제 자리라고 거창한 소감을 남기기도 했다. 가끔 혁명의 시대에 걸맞은 중산복(인민복)

차림으로 입장권을 사서 자금성에 들어가기도 했다. 시민에게 개방된 옛집의 보좌 뒤편에서 어린 시절 가지고 놀다 숨겨뒀던 여치집을 찾아내거나 큰아버지 광서제 사진이 자신의 부친 사진으로 잘못 걸려 있는 것을 지적하기도 하면서 자금성에 근무하던 사람들을 놀래 주었다. 또 자신이 태어났던 순친왕부를 비롯해 일찍이 자신의 소유였던 이화원 등을 들러 옛일을 추억하거나 부인과 함께 중국 전역을 여행하며 중국 역사에 정통한 학자로서 가슴 벅찬 감탄사를 연발하기도 했다. 베이징 시민으로서의 삶은 무엇보다 그동안 돌보지 못했던 부모의 묘를 벌초하거나 여러 동생과 재회하여 못다 나눈 회포를 풀 수 있어 좋았다. 부의는 자식이 없었으나 친조카 중에는 공산당원도 여럿 나왔는데 대화가 통하지 않은 경우는 없었다고 한다.

1967년, 부의는 베이징 시민으로 산 지 8년 만에 예순두 살로 세상을 떠났다. 가족의 의사에 따라 베이징 팔보산에 안치되었다가 1995년, 독지가의 노력으로 큰아버지 광서제가 잠든 청서릉(淸西陵) 근처에 이장되었다. 청나라 역사를 결산하는 제대로 된 『청사(淸史)』가 아직 나오지 않고 있지만, 언젠가 나온다면, 이 마지막 황제에 대해 어떤 평가가 내려질지 궁금하다.

8년, 일본군 점령기

베이징 서쪽을 남북으로 흐르는 영정하(永定河)의 옛날 이름은 노구하이다. 이 강이 베이징 서남단을 지나는 곳에 노구교라는 오래된

다리가 하나 있다. 기원전, 전국시대 이후 남쪽 지방에서 베이징으로 들어가기 위해서는 이 다리를 건너지 않으면 안 될 요지에 자리하고 있다. 금나라 세종 말년(1188년)에 축조되기 시작하여 1192년에 완공한 다리로서 길이 266.5미터에 폭 7.5미터, 당시로는 큰 다리였다.

다리 위에는 하나하나 다르게 생긴 627마리의 사자가 있어 장관을 이루었다. 지금도 501개가 남아 있다. 지금 남아 있는 사자는 명나라와 청나라 때 채워 넣은 것이 대부분인데, 찾아보면 금나라, 원나라 때 것도 있다고 한다. 1997년에 채워 넣은 가장 어린 사자와 가장 나이 많은 금나라 때 사자와는 무려 800살 차이가 난다.

이 다리의 영어 이름은 '마르코 폴로 다리'이다. 마르코 폴로는 『동방견문록』에서 이 다리를 건넌 사실을 밝혀 놓았다. 원나라와의 마지막 일전을 위해 북상한 명나라 총사령관 서달(徐達)의 군대도 이 다리를 지났고, 몇백 년 뒤 명나라를 공격하던 청나라 홍타이지의 대군도 이 다리를 건넜다. 그리고 1937년 7월 7일, 이 다리에서 전쟁이 시작됐다. 공격한 쪽은 일본군, 수비 측은 중화민국 제29군이었다. 중국 역사상 베이징이 다시 한번 일선에 등장하게 된 것이다.

이 다리의 동편에 완평(宛平)이라는 아주 오래된 작은 성이 있다. 거주용 성이 아니라 베이징 남쪽을 방어하기 위한 군사 시설이기 때문에 규모가 작다. 이 다리에서 전투가 발생하기 직전, 일본 측은 병사 한 명이 실종되었다면서 완평 성내를 수색하겠다고 요구했다. 성문을 열어주지 않자 일본 측에서 대포를 쏘기 시작했다. 전투의 시작이었다. 다리 옆 성벽에 이때의 탄환 자국이 크게, 여럿 남아 있다. 수비하던 제29군은 전투 사흘 만에 패배했다.

조선 순조 33년(1833년)에 노구교를 다녀간 김경선(金景善)은 〈연원직지(燕轅直指)〉 유관록(留館錄)에 '다리의 석두(石竇, 아치)가 모두 11개로 그 높이는 배가 돛을 편 채 드나들 만하다'고 전했다. 김경선이 본 건륭제의 '노구효월(盧溝曉月)' 비석은 온전하나 비각은 기둥만 남았다. '노구교에서 보는 새벽달'은 연경팔경 중의 하나다.

어떻게 해서 일본군이 그 시점에 베이징 근교에 주둔하고 있었을까? 먼저 그 배경부터 살펴보자. 베이징을 포함하고 있는 화북 지역에 일본군이 주둔하게 된 것은 의화단 운동 실패 후에 8개국 연합군 측과 맺은 〈신축조약〉(1901년) 때부터였다. 그 뒤 신해혁명, 군벌 전쟁 등으로 베이징이 혼란에 빠질 때마다 일본군은 이 조약을 내세우며 증원을 요구해 베이징 교외에는 대략 몇백 명에서 1천 명 규모의 병력이, 천진에는 2천 명 넘는 병력이 주둔할 수 있게 되었다. 1935년, 천진 조계지에서 2명의 친일 인사가 암살된 것을 빌미로 중화민국 군대를 화북 지역 밖으로 밀어낸(화북사변) 일본군은 베이징 교외에서 한 달 걸러 한 번 대규모 군사연습을 실시하며 베이징으로 진격할 기회를 노리고 있었다. 게다가 1932년 관동군 관할 하의 만주국이 세워진 뒤 중화민국과의 국경이 베이징 바로 북쪽에 형성되어 베이징 가까이에는 관동군이 대규모로 주둔하고 있었다.

흔히 일본의 괴뢰국이라고 불리는 만주국은 일본의 만주 통치 계획하에 세워졌다. 이 계획은 관동군에 의해 1930년에 수립되었는데, 2년 안에 실행하는 것을 목표로 하고 있었다. 1930년이 되자 세계 경제 대공황의 여파가 일본까지 밀려와 일본의 경제가 휘청거리자 만주 쪽에서 돌파구를 마련하자는 주장이 일어났다. 일본 군부와 우익 세력은 전쟁을 통해 만주를 식민지로 만들어 경제위기를 돌파하겠다는 여론을 계속해서 조성했다. 드디어 1931년 9월 18일, 일본이 만주 침략 전쟁을 도발했다. 파죽지세로 불과 몇 달 만에 드넓은 동북 3성을 점령한 관동군은 1932년, 만주국을 세웠다. 관동군은 한편으로 전쟁을 계속하면서 한편으로는 만주국 건립에 필요한 후속 작업을 착착 진행하고 있었던 것이다. 1932년 3월 1일, '조선인까지도 함께 잘 살게 만들겠다'는 만주국 〈건국선언〉을 발표하게 하고, 황제가 아니면 협조하지 않겠다는 선통제를 협박하여 만주국의 수도로 결정된 장춘으로 데려갔다. 그리고 집정에 취임시켰다.

만주국의 영토를 '동북 4성과 몽골'이라고 상정했으나 관동군이 실제 만주전쟁에서 얻은 땅은 동북 3성(길림, 요령, 흑룡강성)이었다. 관동군은 나머지 동북 1성인 열하성과 몽골을 확보하기 위해 새로운 작전을 펼쳤다. 특히 베이징과 붙어 있던 열하성을 확보하기 위해서는 전쟁도 불사하겠다고 나섰다. 1933년 드디어 열하전쟁을 도발한 관동군은 승리를 거두었다. 이때 종군기자들이 남긴 사진을 보면 베이징 교외 고북구 고지를 점령하기 위해 영화 세트처럼 서 있는 만리장성을 넘는 관동군 사진이 많다. 만주국에서 출발한 관동군은 예전 몽골이나 여진 사람들처럼 만리장성의 북쪽에서 남쪽을 향해 진격하고 있었다. 몇백 년 전 명나라 사람들이 북방 몽골 사람들로부터 베이징을 수호하기 위해 500~1500m 산악지대에 평균 10m 높이로 보강했던 장성이었다. 중화민국 군대가 만리장성을 보루로 삼고 싸웠으나 관동군은 탱크를 앞세워 장성을 넘었다. 관동군은 『열하일기』에 나오는 '일야구도하기'의 현장 고북구장성에서 있었던 마지막 혈전에서 승리함으로써 1937년, 베이징을 점령할 교두보를 확보했다.

7월 7일 노구교 전투 이후 조선에 주둔 중이던 일본군 제20사단이 들어왔고, 열하성으로 내려온 관동군도 합세하여 7월 28일 새벽 6시 6만 병력의 베이징 총공격전이 시작됐다. 당시 베이징에 주둔 중이던 제29군은 중화민국 중앙군이 아니었다. 예전 군벌 족보에 따르면 풍옥상(馮玉祥)의 서북군 계열이었다. 중앙군은 천진에서 화북사변이 일어난 뒤 철수하고 없었다. 친일 인사들도 즐비했던 제29군의 몇몇 지휘관이 목숨을 잃어가며 방어했지만 29일, 베이징이 함락되었다. 이어서 천진도 바로 함락되었다. 8년 중일전쟁이 시작된 것이다.

이 전쟁을 두고 일본에서는 지나(支那)사변이라는 표현을 쓴다. 지나는 China의 음역어이고, 사변은 전면전이 아니었다는 뜻이다. 선전포고 없이 우발적으로 터졌다는 뜻도 담고 있다. 8년 동안 치른 전쟁 통에 중국 민간인 최소 2천만 명, 군인까지 포함하면 총 3천만 명 이상이 사망했다는 통계가 나와 있는데, 전면전이 아니라고 한다. 그래서 '전쟁'이라고 부르지 않는다. 일본군 측 희생도 적지 않았을 것이다.

피해가 막심했던 이 전쟁은 아시아에서 치러진 제2차 세계대전이었다. 공식적으로 제2차 세계대전은 1939년 9월 1일 독일의 폴란드 침공으로 시작되었지만 중일전쟁이 그 전초전이었던 것이다. 러일전쟁이 제1차 세계대전의 전초전이었던 것처럼. 일본은 1941년 태평양전쟁을 일으키면서 정식으로 추축국에 끼어들었다. 이때부터 일본은 중국과 태평양 두 지구에서 전쟁을 수행했다. 일본은 하마터면 소련과도 싸울 뻔했는데, 며칠 차이로 전투를 피했다. 시베리아를 거쳐 중국 동북 지역으로 들어온 소련군은 일본군을 무장해제했다.

일본은 제2차 대전의 패전국이다. 연합국 측이었던 중국은 승전국이 되었다. 사실 제2차 대전에서 일본과 가장 크게 싸운 상대는 중국이었다. 중국은 거의 모든 국토가 전쟁터가 되었고, 개중에는 일본이 점령한 곳도 많았다. 중국이 제2차 대전 연합국 측 참전국이었던 것은 1943년 11월 27일 연합국 측 카이로 선언에 미국의 루스벨트 대통령, 영국·처칠 수상과 함께 중화민국 장개석 군사위원장이 참석한 것을 보면 잘 알 수 있다. 제2차 대전의 막바지에 연합국 측에서 여러 차례 회담을 거쳐 종전에 대비했는데, 주로 미국, 영국, 소련 측이 협상했다. 카이로 선언에 장개석이 참석한 것은 예외적이긴 했지만 엄연히 연합국 측 대표였다. 루스벨트, 처칠과 대화하려면 영어가 필요했지만 장개석은 영어가 안 되어서 미국 유학파 출신 부인 송미령을 통역으로 배석시켰다.

카이로에서 며칠 동안 회담한 끝에 길지 않은 선언문이 나왔는데, 조선의 독립에 관한 언급이 나온다. 독립이 가능한 '적절한 시기'에라는 뜻의 'in due course'라는 조건을 붙여, 좋게 말해서 연합국 측이 미성년의 조선을 보호하며 후견인 노릇을 하다가 성년이 되면 놓아주겠다는 것이다. 이는 제1차 대전이 끝난 뒤 위임통치(mandates)를 통해 식민지를 관리했던 방식을 차용한 것으로 이름만 신탁통치(trusteeship)로 바뀐 것이었다. 루스벨트는 문명국이 비문명국을 도와야 한다고 믿었다는데, 조선은 40년쯤은 도와주어야 한다고 생각했다는 것이다.

미국 측은 애초에 전쟁 전의 모든 식민지에 대해 신탁통치를 하겠다고 나섰으나 무식의 소치였다. 프랑스가 인도차이나반도를 계속해서 관할하게 되었고, 중국도 타이완과 만주국 땅을 영토로 회복했다. 장개석은 카이로 회담에 딱 한 번 나타났을 뿐 그 밖의 회담은 참석하지 않았다. 어차피 모든 협상은 미국 주도로 돌아가고 있었으므로 한국에 대한 신탁통치에 반대하는 의견을 들고 그들을 설득하러 먼 길을 가기에는 가성비가 떨어졌을 것이다.

옆으로 새나간 이야기를 중일전쟁으로 돌려놓는다. 전쟁은 1937년 7월 7일 노구교에서 시작되어 29일에 베이징이 함락되면서 전면전으로 확전됐다. 같은 해 12월 13일 수도 남경이 함락되었고, 남경대학살이 시작되었다. 일본군의 목표는 중국 전역을 점령하여 대동아공영권에 중국을 포함하는 것이었다. 그리하여 임시 수도 중경(重慶)을 목표로 몇 차례 총공격을 감행했으나 끝내 실패했다. 중화민국 정부를 따라 중경으로 이전했던 대한민국 임시정부에서 광복군을 조직하여 국내진격전을 준비하던 중 전쟁이 끝나 버렸다. 중국에서는 일본의 항복문서 조인식이 있었던 1945년 9월 3일을 승전기념일로 쇠고 있다.

1985년, 이 다리의 차량 통행이 금지되었다. 사람은 지금도 다닐 수 있다. 『박통사』에 '비가 많이 내려 노구교 사자 머리가 물에 잠겼다'고 나온다. 그렇게 옛 영정하는 수량이 풍부했으나 1950년대 상류에 저수지를 만든 이후 물이 거의 말라 버렸다가 이 글을 쓰는 2020년 5월 초 다시 물이 흐르기 시작했다. 수량이 풍부한 장강과 황하의 물을 끌어오는 데 성공한 것이다. 800년 세월을 안고 울퉁불퉁 패인 이 다리에 서면 베이징으로 들어가던 길목을 지키던 요지란 생각이 전혀 들지 않는다. 주위를 돌아보면 한적하기 그지없는 변두리일 뿐이다. 그러나 어디서도 볼 수 없는 501개 사자들이 옛날의 영광을 돌아보게 한다. 하나하나 살펴보다 작고 말랐으면서 눈에 힘이 있는 사자가 있으면 금나라 때 만든 것으로 생각해도 된다. 명나라 때 것은 입이 크고 청나라 때 사자는 암홍색 석재를 썼다. 501개 사자를 헤아리다 보면(새끼 사자들까지 쳐서 헤아려야 한다. 지금은 난간이 있어 만질 수는 없다.) 어느새 해가 진다.

친일(親日), 의일(依日), 신일(信日)

베이징이 일본군 수중에 떨어질 때까지 적지 않은 사람들이 일본을 위해 일했다. 당시 중화민국 국적을 지닌 사람 중에서 일본 측에 협력한 사람의 숫자가 어마어마하여 몇백만을 헤아렸다는 통계도 있다. 당시 중화민국 인구의 1%로 잡아도 4백만 명이다. '합방 청원 운동'을 벌였던 일진회 류가 중화민국에도 많았던 것이다.

친일 성향의 사람들은 일본 정부의 돈을 받아 일본 유학을 다녀왔거나 청나라 말기에 베이징에 유학 온 일본 사람들과 교류한 이들이 많았다. 통계에 따르면 중일전쟁이 발발하기 전까지 중국 정부 고위직 중 북양정부 34%, 광주 국민정부 54%, 무한 국민정부 46%, 남경 국민정부 49%가 친일파로 분류된다. 별로 놀랄 일도 아니지만, 일본군 점령하의 남경에서 작성된 일본 유학 동창생 명부가 발견되었는데 693명 모두가 일본군에 협력하던 공무원이었다.

일본 외무성은 20세기 초부터 동방문화사업위원회라는 단체를 만들어 베이징 한복판 동창(東廠, 명나라 황제 직속 비밀경찰) 후통에 본부를 두고 중국 사람들의 포섭에 나섰다. 이 위원회 소속 일본 스파이가 전범재판에서 진술한 바에 따르면 포섭 작전은 '친일(親日), 의일(依日), 신일(信日)' 단계로 진행되었다. '친일 즉 일본과 가까이하며 좋아하다가, 의일 즉 일본에 기대다가, 신일 즉 일본을 믿어 버리는' 사람을 양성한 것이다. 1단계에서 친목 활동을 통해 대규모 자금을 풀어 환심을 사고 일본을 좋아하게 만들면 2단계와 3단계는 자연히 따라오게 되어 있었다. 포섭 최종 단계에 이르러 일본이라면 자신의 간도 빼줄 태세를 갖춘 전사들이 태어나는데, 일본은 어느새 그들의 신앙이 되어 있었다.

1935년 10월, 베이징과 천진 사이에 있는 향하현(香河縣)에서 무장세력이 봉기했다. 인근의 지주들이 자치를 요구하며 현성으로 쳐들어가자 현장이 도망가 버렸다. 성문 앞에 모여 자치를 요구하는 2천 명을 앞에 두고 병력을 부를 수도 없었다. 일본과 합의해서 화북지방 중화민국 군대를 철수시켰기 때문이었다. 그들이 주장한 '자치'란 중화민국에서 독립하겠다는 뜻이다. 일개 현이 중화민국에서 독립하여 자치정을 실시한다는 것은 현실감 떨어지는 일이 아닐 수 없다. 그것도 베이징과 천진 사이에 있는 현에서. 주모자는 중화민국에서 높은 벼슬을 하고 싶었으나 뜻을 이루지 못한 사람으로서 베이징 일본 대사관의 통역이던 아들을 통해 일본 사람들과 친하게 지냈다. 이후 일본 사람들의 자금을 받아 자선 기구를 조직한 그는 빈민들에게 죽을 끓여 나눠주면서 세력을 모았다. 이 빈민들은 봉기의 주력이 되었다. 이들은 봉기 전 현성을 에워싸고 세금 경감을 요구하는 시위에도 참가했는데, 시위에 참가하면 자선 기구에서 일당을 지급했으므로 생계를 해결할 수 있었다.

베이징을 둘러싸고 있던 화북지역 5개 성(省)의 자치를 기획하고 있던 일본군 특무기관에서 이들을 적극 지원했다. 당장 느슨한 빈민 무장세력은 결사대라는 이름의 강한 조직으로 변했다. 일본 특무기관에서는 이들이 향하현의 상급기관 하북성 성장과 담판하는 자리에 일본인 3명을 넣어 지도하게 했다. 보름 남짓 실랑이 끝에 하북성은 향하현의 자치를 인정했다. 베이징과 천진 사이에 있던 향하현이 중화민국에서 떨어져 나와 '독립국'이 된 다음날로 일파만파 자치 운동이 퍼져나갔다.

10월 22일 향하현 봉기 이후 두 달 지나지 않은 12월 18일, 기찰정무위원회(冀察政務委員會)가 성립했다. 하북성, 차하르성(察哈爾省), 북평시(北平市, 베이징), 천진시의 자치권을 행사하는 기관이었다. 명의상 중화민국 행정원(행정부) 아래 있었지만, 인사, 재정, 세무 등에서 자치를 실현했다. 일본군의 조종을 받았음은 말할 것도 없다. 1937년 7월 노구교에서 총성이 터졌을 때 베이징은 중화민국에서 벗어나 자치 중이었다. 그러므로 베이징이 일본군에 일거 점령된 건 우연한 패전의 결과가 아니었다.

일본군의 지원으로 화북 자치 운동을 주동하고 기찰정무위원회 주석에 취임한 은여경(殷汝耕)은 스무 살에 관비유학생으로 일본에 간 뒤 오랜 기간 일본에서 거주하며 '일본과 가까이하며 좋아하다가, 일본에 기대다가, 일본을 믿어 버린' '친일, 의일, 신일'의 전형이다. 결국 베이징을 포함한 화북 지역을 일본에 넘긴 죄로 1947년 남경에서 처형되었다. 화북 자치 운동은 만주국을 기획했던 관동군 심양특무기관 대표 도이하라 겐지의 작품이었다. 도이하라는 1948년 도쿄전범재판에서 1급 전범으로 사형이 언도되어 도조 히데키(東條英機), 마쓰이 이와네(松井石根, 남경대학살 주모) 등과 같은 자리에서 처형되었다.

『사세동당』과 '공화가루'

1937년 7월 29일, 일본군이 베이징을 점령했다. 시내에 일본군 탱크와 지프차가 돌아다니는 모습을 보며 시민들은 겁에 질리지 않을 수 없었다. 점령 초기, 베이징에서는 일본군에 의한 각종 범죄가 만연했다. 1937년 8월 30일, 『신보(申報)』 보도에 따르면 베이징 '문두구(門頭溝) 담자사에 여자 피난민 백여 명이 있다는 소식을 접한 일본군이 사찰에

1937년 7월 29일부터 베이징의 각 성문은 일본 점령군이 지켰다.

들어가 여자들을 억류하고 병사 3명이 여자 1명을 유린한 뒤 죽였다.' 고 나온다. 이런 범죄가 늘어나자 일본군 측에서도 대책을 강구하지 않을 수 없었다. 게다가 중화민국 수도 남경 함락 작전 등 기타 지역에서 전투를 벌이고 있던 일본군의 병력이 부족하여 점령군을 베이징에서 철수시키기로 했다. 일본 측은 만주국과 같은 용도의 괴뢰 정부를 세우고 일본군과 연결된 중국인 무장 세력 10만 명을 모집, '화북치안군'으로 조직하여 항일 시위대를 진압했다.

일본군 통치하의 베이징 사람들은 어떻게 살았을까? 중화인민공화국 제1호 인민예술가 노사(老舍)의 대표작 『사세동당(四世同堂)』을 읽으면 대강의 사정을 알 수 있다. 그러나 아주 긴 소설인데다 현재의 중국 표준어 범위를 벗어나 있는 베이징 토속 사투리가 자주 나와 읽기 쉬운 작품이 아니다. 같은 제목의 드라마 1985년 판 28부작과 2009년 판 37부작이 있는데, 두 드라마 모두 소설을 각색했다기보다 소설 그 자체라고 해도 될 만큼 원형을 보존하고 있다. 세트도 소설 속의 공간을 그대로 재현했다. 그 공간은 베이징 호국사(護國寺) 쪽에 실제 존재한다.

일본군 점령기 베이징은 식량 사정이 극히 나빴다. 일본군의 군량 확보를 위해 곡물을 몽땅 수매해 갔기 때문에 돈이 있어도 살 수 없었다. 인플레가 심했던 것은 말할 것도 없다. 점령 초기, 소설 속의 주인공 노인은 석 달 치 식량을 챙기면서 이 정도면 충분히 견디겠지 하고 생각한다. 영-프 연합군이나 8개국 연합군이 쳐들어왔던 때에도 석 달 안에 정리되었기 때문이었다. 그때처럼 약탈할 것 다 하고 나면 일본군도 알아서 베이징을 떠나리라 여긴 것이다. 그러나 8년 세월을 끌면서 비극이 계속 발생하는데, 승리의 날을 앞두고 제대로 먹지 못해 병을 얻은 주인공의 어린 증손녀가 결국 숨지고 만다.

일본군 점령기 베이징에 '공화(共和)가루'라는 것이 등장했다. 식량 배급제를 실시하던 일본군이 발명한 일종의 혼합 분말인데 '공화'는 '혼합'의 미칭이다. 발명자의 이름은 알려져 있지 않다. 겨, 밀기울, 콩깻묵을 주로 하고 보리, 수수 같은 잡곡 가루에 무게를 늘리기 위해 모래와 자갈은 기본으로 넣었으며 창고를 긁느라 쥐똥에 각종 벌레까지 해서 많을 때엔 수십 가지를 섞었다고 한다. 그것도 곰팡이가 피어 도저히 먹을 수 없고 먹으면 병이 나기 일쑤였다. 소설 주인공의 증손녀가 죽게 된 것도 이 가루 때문이었다. 그러나 나중에는 이 공화가루도 하루 전부터 배급소 앞에서 줄을 서야 살 수 있었는데, 일본의 항복 후에야 이 공화가루가 사라졌다.

굶어죽거나 아파도 치료를 받을 수 없는 상황이 지속되는 가운데 소설에는 일본군과 일본 사람에 대한 베이징 시민의 서로 다른 태도가 묘사되어 있다. 그중에서 일본군에 붙어서 부를 축적하고 권세를 누리려는 사람들이 적지 않게 나온다. 당시 일본군에 대한 중국 사람들의 태도는 일본군을 부르는 두 가지 명칭 '구이즈(鬼子)'와 '타이쥔(太君)'에 잘 드러난다. '구이즈'는 '악마' 또는 '비인간'이란 뜻으로 일본군인(또는 사람)을 비하하는 말이다. '타이쥔'의 원뜻은 '벼슬아치의 모친' 또는 '선녀'지만 일본 군인에게 쓸 때는 다른 뜻이다. 중국어 '大人'을 일본식으로 발음한 것을 다시 중국식으로 음차한 말이다. '어르신', '나으리' 정도로 보면 된다. 대부분의 베이징 시민들은 '구이즈' 쪽이었으나 일본군에 붙어살기를 선택한 사람들은 '타이쥔' 쪽이었다. 소설에는 적지 않은 이들이 꼬박꼬박 '타이쥔'을 외치며 떵떵거리며 살다가 일본군의 버림을 받고 비참한 최후를 맞이한다. 개중에는 작정하고 처음부터 일본군에 붙은 사람들이 있는가 하면 마음의 갈등을 겪다가 좀 더 나은 삶을 선택하기 위해 노선을 바꾼 사람도 있었다. 개중에는 항일을 위해 베이징을 떠나 홍군에 들어갔던 주인공의 손자와 사귀던 여성도 있었다. 시민들의 환호성 속에 그 손자가 베이징에 입성하는 장면으로 훈훈하게 끝나나 했는데, 그 여성이 변절한 것을 발견한 손자가 여성을 죽인다.

소설가는 1899년 베이징에서 태어나 베이징을 무대로 한 소설을 주로 쓰고 베이징에서 세상을 떠났다. 베이징에서 살았던 집만 열 곳이 넘는다. 그중 최후에 살던 집(등시구서가燈市口西街 풍부豊富후통 19호)이 개방되어 있다.(월요일 폐관) 마당의 감나무 두 그루는 소설가가 친히 심은 것이다.

일본 대본영 중좌와 세균전

1940년 11월 29일 오전 9시 50분쯤, 베이징 시내 자금성 동북쪽 2km 지점에서 여러 발 총소리(탄피 일곱 개)가 울렸다. 총성을 들은 중국인은 물론 일본 군인들도 놀라지 않을 수 없었다. 24시간 삼엄한 경계 상태의 일본군 화북점령군 사령부(북양정부 단기서段祺瑞 집정부 자리)와 부대시설(건륭제의 셋째 딸 화경和敬공주 집) 앞 대로가 뚫렸으니. 말을 타고 가던 두 명의 일본 현역 육군 중좌(중령)가 저격당해 한 명은 즉사, 한 명은 중상을 입었다. 이 사건은 4년째 일본군 점령하에 있던 당시 베이징을 뿌리째 뒤흔들었다.

총을 쏜 사람들은 흔적 없이 사라졌다. 장교를 호위하던 병사들은 순식간에 일어난 일을 제대로 파악조차 못 했다. 자전거를 탄 두 사람이 일본 장교들 옆을 스치는 순간 갑자기 자전거에서 내려 말 탄 장교들에게 총을 쏘고는 다시 자전거를 타고 북쪽 골목으로 사라졌다는 것이다. 인상착의는 볼 사이도 없었다. 호위병들의 진술서에는 자전거와 두 사람이 썼던 모자 그림만 남았다.

저격수들은 왜 그 두 장교에게 총을 쐈을까? 궁금해진다. 사건의 진상은 80년이 지난 오늘까지 제대로 알려지지 않았다. 총을 쏜 쪽, 맞은 쪽 모두 비밀에 싸여 있는 것이다. 네 사람 중 유일하게 목숨을 건진 한 사람은 일본으로 돌아가 대본영(일본군 본부)에서 대좌(대령)로 패전을 맞이했다. 그는 죽을 때까지 입을 열지 않았다.

중국 학자들은 이 두 사람이 일본 육사 33기 동기로서 천황의 특명을 받고 베이징에 왔다가 총을 맞은 것으로 추정한다. 화북 지구에서 좀체 승리를 거두지 못하고 있던 다다 하야오(多田峻) 화북방면군 사령관을 질책하고 그 작전 참모 노릇을 하고 있었다는 설이 유력하지만, 특명이 무엇이었는지는 정확히 알려지지 않고 있다. 그밖에 두 사람은 일본 귀족으로 중국에 오기 전에 동유럽에서 소련 관련 정보를 수집했고, 그 뒤 조선에 있다가 중국으로 특파되었다고만 알려져 있다. 이중 한 사람은 일본 육사 선배 영친왕의 부관(감시자)을 지냈다고 한다.

그러나 달리 추측해 볼 여지도 있다. 두 장교가 베이징에 왔던 1940년은 중일전쟁이 완전히 새로운 방향으로 접어들 때였다. 1939년부터 전쟁이 소강상태가 되자 일본군 측에서 충칭 중화민국 정부에 비밀 평화협상을 제안했으나 여의치 않았다. 휴전할 수 없다면 다른 작전을 짜야 했다. 세균전. 그 무시무시한 작전이 1940년 들어 착착 진행되고 있었다.

1993년 일본 주오(中央)대학교 요시미 요시아키(吉見義明) 교수와 릿교(立教)대학교 이코 도시야(伊香俊哉) 교수가 일본 방위청 방위연구소 도서관에서 발견한 이모토 구마오(井本熊男, 일본 육사 37기, 일본 국왕 직속 대본영 참모였다가 자위대 간부가 됨.) 대령의 작전일지에는 일본군의 세균전 작전이 상세히 기록되어 있다. 몇 해 전, 요시미 교수가 남경을 방문하면서 난징의 일본 세균전 부대가 새로 조명을 받게 되었다. 그 뒤 나는 '난징 세균전 부대'에 관해 한국어 교환 수업을 준비하던 중국인 선생님을 도와 관련 자료를 번역했는데, 그 자료에 들어있던 '1940년 5월 31일 〈세균전 실시를 위한 ホ호작전〉' 회의 기록에서 한 일본인 중좌의 이름을 발견했다.

'대본영 참모본부 작전과 중좌 다카쓰키 다모쓰(高月保)'

바로 '천황 특사 저격 사건' 다큐멘터리 프로그램에서 봤던 이름이었다. 그 순간 나는 저격 현장에서 죽은 다카쓰키와 살아서 일본에 돌아간 노리가네 에로쓰(乘兼悅郎), 두 사람이 어떤 임무를 띠고 베이징에 왔는지 대번에 알아차렸다.

일본군은 만주전쟁에서 승리한 뒤 1933년 하얼빈 제731부대, 1936년 장춘 제100부대를 세워 세균전을 수행했다. 그 뒤 중일전쟁 승리 지구에서 세균전을 확대하기 위해, 남경 榮字1644부대, 베이징 甲字1855부대, 광주 波字8604부대를 세웠고, 태평양전쟁 뒤에는 싱가포르에 岡字9420부대를 세웠다. 베이징 세균전 부대 화북파견군북평방역급수부(華北派遣軍北平防疫給水部)는 천단(天壇)에 주둔했다. 1939년, 천단 근처에 있던 중화민국 방역연구소 설비를 이용해 설립한 뒤 계속해서 규모를 키워 부대원 1500명 규모가 되면서 천단까지 접수하게 된 것이다. 명청 시대 황제가 하늘에 제사를 지내던 신성한 공간이 세균전 부대가 되어 버린 것이다. 최근 연구 결과 1943년 9월, 베이징 교외 석경산(石景山) 지역에서 콜레라가 발생하여 수많은 희생자를 낸 사건이 이 부대의 실험과 관련되어 있다는 것이 밝혀졌다. 베이징 시내로 콜레라가 번지면서 피해자가 속출하자 석경산 지역이 봉쇄되었고 석 달이 지나서야 겨우 가라앉았을 만큼 사정이 심각했다.

두 중좌가 사망한 시점은 이 부대가 한창 규모를 늘려가던 때였다. 그 무렵 미국과 일본의 사이가 크게 벌어졌다. 철강과 비행기 연료의 대일본 수출 금지 등 미국의 경제봉쇄를 견디지 못한 일본 측은 이 사건 1년 후 진주만을 공습했다. 미국을 공격했지만 쪼들리기는 마찬가지였으므로 집집마다 쇠붙이를 징발해 갔고, 철광석과 석탄 증산을 위해 대규모로 징용했다. 전쟁 말기의 일본 측 결정을 보면 될 대로 되라는 식이다. 솥을 녹여 비행기를 만들고, 솔방울 기름을 연료로 쓰기란 얼마나 체면 구기는 일인가. 그 상태에서 '대동아공영'을 외치는 허세라니 역부족이었을 텐데도 멈추지 못하고 달리는 폭주 기관차가 되어 버린 것이다.

두 명의 일본 육군 중좌는 그 '대동아공영'의 꿈에 취해 베이징 시내에서 승마를 즐기다 총을 맞았다. 이들은 날마다 호위병이 뒤따르는 가운데 말을 타고 자금성 주위 일정 노선을 돌았으며, 군통 지하조직은 그 노선을 확보하고 저격 장소를 정한 것이었다. 오전 9시 50분, 한 바퀴 돌고 사령부로 돌아가는 길, 사령부 800미터 못 미친 곳에서 총을 맞으리라고 누가 상상이나 했을까.

일본군 당국은 그날로 테러리스트 찾기에 혈안이 되었다. 그러나 그곳은 일본군 사령부 근처라 인적이 드물었고, 워낙 순식간에 벌어진 일이라 뒤따르던 호위병들도 사격 장면을 제대로 목격하지 못했으므로 사건은 미궁으로 빠졌다. 일본군은 큰 현상금을 걸었으나, 현상금을 탐낸 허위신고만 늘 뿐이었다.

적진 깊숙이 총탄을 날린 사람들은 흔히 '군통'(국민정부 군사위원회 조사통계국)이라고 부르던 중화민국 중앙정보기관 특수요원이었다. 중일전쟁으로 수도 남경, 경제 수도 상하이, 옛 청나라 수도 베이징을 모두 잃은 중화민국 정부는 당시 충칭에 임시 수도를 두고 항전 중이었다. 장개석 직속 정보기관이었던 군통이 일본군 점령지 곳곳에 지하조직을 두고 정보 수집과 암살을 지휘하던 중 베이징에서 큰 수확을 거두자 충칭 본부는 기쁨을 감추지 못했다. 두 요원의 신분을 드러낼 수 없었으므로 비밀리에 표창하고 특진 조처를 내렸다. 두 용사들을 후방으로 배속하여 생명을 보호해도 좋았을 것이다. 그러나 두 용사는 자의 반 타의 반 베이징을 떠나지 않고 다음 작전을 기다렸다.

한 달도 채 되지 않아 친일 인사를 암살하라는 다음 행동 지령이 떨어지자 두 사람은 곧바로 실행에 나섰다. 그러나 실패. 흩어지는 과정에 한 사람이 다른 한 사람을 '마즈(麻子)'라고 불렀다. 다급한 상황에서 딱 한 번 부른 것이었지만 큰 실수였다. 마즈는 천연두 자국을 이르는 말이다. 마즈란 소리를 들은 몇몇이 현상금을 노리고 제보하자 일본군 당국은 베이징 시민 중 천연두 자국이 있는 모든 남자를 검거하기에 이르렀다. 천연두 자국이 있는 남자들은 엄청난 고문을 받고서야 풀려났으며, 출타할 때는 일본군으로부터 발급받은 '총 쏜 사실이 없다'는 확인증을 들고 다녀야 했다.

일본군 당국은 베이징 전체를 뒤졌지만 천연두 자국이 있으면서 총을 쏜 자들을 잡지 못했다. 그때 그 사람이 부른 '마(麻)'는 '천연두 자국'이 아니라 다른 한 사람의 성이었기 때문이다. 그래서 두 사람은 잠시 검거를 피할 수 있었다. 그러다 군통 천진 지하조직이 일본군에 투항하여 베이징 조직을 불고, 다시 베이징 조직이 투항하여 두 사람을 밀고하는 연쇄 사건이 터졌다. 당시 사람들은 그 밀고자들을 매국노라고 불렀지만, 사실 가혹한 고문의 결과였다.

체포된 두 사람은 국민당 중앙군 현역 군인이었다. 엄청난 고문 끝에 일본군 군법회의에서 사형을 언도받고 일본군 산하의 베이징 시경에 넘겨져 이듬해 2월, 총살당했다.

마극적(麻克敵) 36세, 제80사단 대위, 다섯 발 발사.

구국풍(邱國豊) 연령 미상, 제80사단 소위, 두 발 발사.

형장은 천단과 선농단(先農壇)이 만나는 천교(天橋) 재래시장 옆에 있었다. 베이징에서는 역대로 가장 큰 시장 옆에 형장(청나라 때까지는 목을 베던 참수형)이 있었다. 부동산 개발로 대로와 큰 상가가 들어선 지금 형장의 정확한 위치는 찾기 어렵다. 조사과정에서 두 사람은 권총을 근처 호수에 버렸다고 했다. 지금은 날마다 사람으로 붐비는 후해(後海). 일본군은 꽁꽁 언 얼음을 깨고 호수 바닥까지 샅샅이 뒤졌으나 허탕이었다. 권총은 두 사람이 숨어 있던 집에서 나왔다.

베이징에서 일어난 항일 운동이 많지만 특별히 이 일을 기록해 둔다. 중국 사람들은 이 일을 '천황 특사 저격 사건'이라고 부르지만, 나는 중국군 현역 장교의 '베이징 세균전 저지 전투'로 부르고 싶다. 죽은 중좌는 일 계급 특진했고, 가족에게는 전몰 위로금 2945엔이 지급됐다.

전투 지점은 카우만(Charles E. Cawman), 킬브론(Ernest E. Kilbourne) 선교사가 주도하던 미국동방선교회(Oriental Missionary Society, 성결교 전신) 대문 앞이었다. 베이징 지하철 6호선과 8호선 남라고항(南鑼鼓巷) 역 E출구(8호선 쪽) 바로 서편이다.

미국동방선교회가 옛 청나라 황족의 집을 구입하여 신학교와 교회를 지었으나 사건이 일어난 뒤 일본군이 점거하여 일본 대사관으로도 썼다. 일본이 패하고 선교회가 건물을 돌려받았지만, 몇 해 뒤 한국전쟁이 일어나 중국과 미국 양측이 각각 자국 내 상대방 재산을 동결하면서 선교회는 철수했다고 한다. 건물은 뒤에 여러 용도로 쓰였으며 내가 베이징에 살 무렵에는 사천(四川)요릿집이 들어와 있었다.

자금성 가까이 있던 식당은 외지인과 외국인 입맛에 맞춘 퓨전 사천요리를 팔고, 무엇보다 '변검' 공연을 했기 때문에 한국에서 손님이 오면 늘 그 식당으로 모셨다. 이제는 삼십 대에 접어든 친구 딸이자 이제는 내 친구인 여빈이가 대안학교 중학생 배낭여행단을 이끌고 왔던 2003년부터 몇 해 전 연세가 높은 어른들을 모시고 갔을 때까지 모두 환호하며 좋아하던 곳이 사건의 현장이었음을 몰랐다.

옛 일본군 자료를 찾기 어려워 오랫동안 묻혔던 이 사건을 중국 측에서 재조명한 것은 위에서도 말했지만 얼마 되지 않은 일이다. 몇 해 전, 중국 공영방송에서 짧은 영상물을 방영하긴 했으나 진상의 전모를 알기에는 여전히 부족하다. 중국 전역으로 가맹점을 넓혀 남경, 양주, 상해에도 지점을 낼만큼 유명했던 그 식당, 남경으로 이사하고서도 변검을 보러 일부러 찾던 그 식당은 도산하여 얼마 전 문을 닫았다. 이제 변검을 보고 싶으면 영화 〈변검〉을 본다.

중일 우호 기지

중일전쟁 후 일본과 국교를 단절했던 중국은 1972년 베이징에서 주은래 총리와 다나카 가쿠에이(田中角榮) 일본 총리대신이 2차 대전 이후 두 나라의 '비정상 관계'를 끝낸다는 선언을 발표하며 다시 수교했다. 이때 1952년에 수립되었던 일본과 타이완의 관계가 끊어졌다. 공교롭게도 이 선언의 양국 대표는 같은 전쟁의 참전 용사들이었다. 주은래는 팔로군 지도자로서, 다나카 가쿠에이는 일본군 기병대원으로.

적대 관계를 청산하고 평화로운 외교 관계를 맺는 일은 말처럼 쉽지 않다. 이 역사적 만남이 이루어지기 전, 베이징과 도쿄에는 민간 주도의 무역사무소가 개설되어 있었다. 한쪽에서는 전범재판을 통해 일본 정부와 싸우면서 다른 한쪽에서는 민간 무역을 통해 교류를 끊지 않고 있었던 것이다. 베이징에 개설한 일본 무역사무소는 다카사키 다쓰노스케(高碕達之助, 1885~1964) 철강 재벌 주도, 도쿄의 중국 무역사무소는 요승지(廖承志)가 맡았다. 신해혁명 지도자 손문(孫文)의 참모 요중개(廖仲愷)의 아들이자 팔로군에서 주은래의 신임을 받던 인물이다. 요승지는 일본과 타이완이 국교를 재개하던 1952년부터 일본-대륙의 관계 회복을 위한 민간 차원의 밑 작업에 들어갔다.

요승지는 1908년 도쿄 출생 인물이다. 신해혁명 직전 중국의 혁명가들이 일본 혁명가들의 원조를 받아 도쿄에 모여 있을 때였다. 베이징의 중산공원을 포함하여 중국 전역에 손문의 다른 이름인 '중산(中山)'이 붙은 공원과 거리가 많은데, '중산'은 손문이 그때 쓰던 일본식 이름 '나카야마'이다. 요승지는 성장기 대부분을 도쿄에서 보냈고 와세다대학교를 다녔기 때문에 일본어에 능통했으며 무엇보다 인연이 많아서 두 나라의 관계 회복의 적임자였다.

중국은 일본의 합성황산암모늄(비료 원료)과 기계류가 필요했고, 일본은 중국의 콩과 옥수수, 석탄 등을 원했다. 일본은 타이완 정부와 먼저 국교를 재개한 상태였으므로 두 개의 중국을 상대할 때 기술이 필요했다. 적십자사 교류와 민간 무역 확대 등을 통해 대륙과 관계를 이어나간 결과, 1962년에는 베이징에서 요승지와 다카사키 다쓰노스케가 두 나라의 민간무역 교류에 관한 비망록에 서명했다. 이어서 1963년, 두 나라의 우호협회가 결성됐다. 이 협회는 민간 교류 기구였으나 두 나라의 무역 재개를 위한 협상 창구가 되었다. 1964년 베이징 다카사키 다쓰노스케 사무소(다카사키 사후 성립)와 도쿄 요승지 판사처가 무역사무소로 개설되었다. 일본이 타이완의 국민당 정부와 단교하고 베이징의 공산당 정부를 선택한 것은 대륙과 타이완 양쪽 무역액 증가 추이를 보며 내린 결정이었다.

그런 사정을 거쳐 두 나라 민간 무역액은 해마다 늘어났지만 1972년 수교 이후와 비할 바가 못 된다. 일본의 대 중국 투자액도 순식간에 늘어났다. 1999년 이후 중국 기업의 대외 투자 붐이 일면서 일본에도 중국 자본이 많이 들어갔다.

중국과 미국의 화해 분위기를 타고 중국과 일본의 국교가 전격적으로 정상화되고 교류가 늘어났지만 두 나라는 정상 관계에 들어서지 못했다. 스물 몇 해 만에 만난 전쟁 당사자들이 평화의 길을 걷기에는 풀어야 할 숙제가 많은 법이다. 1978년, 진짜 국교 정상화를 이루면서 두 나라는 상호불가침과 다시는 그 어느 곳에서도 패권을 행사하지 말 것을 약속했다. 1972년 이후 6년 동안, 고위급 회담만 열 몇 차례를 거듭하며 풀어야 했던 문제가 바로 상호불가침이었으니 사실 별것도 아닌 셈이다. 전쟁 당사자들이 신뢰를 쌓기가 얼마나 힘든 것인지는 그 뒤 1998년과 2008년에 두 나라 정부가 같은 내용으로 성명을 발표하는 것을 봐도 알 수 있다. '상호불가침'이란 중국과 일본의 영원한 숙제이다.

1981년, 일본 드라마 〈스가타 산시로(姿三四郎)〉가 중국 전역에 송출되어 높은 시청률을 기록했다. 이 드라마를 본 사람들은 알겠지만, 메이지유신 이후에 등장한 일본 유도 스타 스가타 산시로의 청춘과 사랑을 그린 이야기인데 배우들이 일본 전통 복장 차림이었지만 중국 사람들은 이질감을 느끼지 않았다. 그 뒤로도 많은 일본 드라마가 중국 전역에 송출되었다. 같은 시간대에 팔로군이 일본군과 싸우는 드라마가 방영되기도 한다.

두 나라는 또 우호를 다지기 위해 국영방송국이 돌아가며 신년 음악회를 개최하는데, 전국에 송출된 화면에 중국 가수가 일본 노래 〈북국(北國)의 봄〉을 일본어로 부르고, 일본 가수는 중국 군가를 중국어로 부르는 등 과하다 싶을 만큼 애쓰는 장면이 나온다. 전쟁 당사자들이 우호를 다지는 일은 생각보다 힘들다.

5부

변화하는 도시

두 건축학자의 베이징 사랑

1911년(양력 1912년 2월 초)까지 청나라의 도읍이었던 도시, 지금의 베이징에 고적이 많다 해도 소실된 고적이 더 많다. 모든 소실에는 원인이 있다. 과실이거나 고의로 저지른 범죄거나, 또는 19세기에 소실된 원명원처럼 전화 속에 사라지기도 한다. 그러나 베이징 명-청 도성은 다름이 아닌 중화인민공화국 수도 베이징의 도시개발로 헐렸다. 베이징역에서 천진 방향 기차를 타면 차창 밖으로(기차 진행 방향 오른쪽) 옛 도성을 볼 수 있다. 베이징 도성 중 내성(內城) 약 25km 중 1km 채 안 되는 구간이 부서진 채로 남아 공원이 되었다. 베이징 1호선 지하철 노선이 숭문문에서 베이징역을 지나 건국문(建國門)으로 연결되는 바

1909년에 찍은 베이징 숭문문 구간 도성과 해자. 숭문문은 베이징 도성 중 내성의 동남문이다. 사진 오른쪽의 동네 남쪽으로 천단과 좌안문이 이어졌다.

람에 내성 남동쪽 동편문 구간은 철거를 피할 수 있었다.

500년 넘어 굳건하게 서 있던 명-청 도성을 철거하는 일은 생각보다 쉽게 이루어졌다. 이야기를 들어보면 허무할 정도다. 물론 지각 있는 사람들은 반대했다. 심지어 사회주의 이념에 맞는 수도 베이징 건설을 도와주기 위해 소련에서 파견한 도시계획 전문가들도 도성을 파괴하는 것은 과히 찬성하지 않았다.

그 반대파의 중심에 양사성이 있었다. 베이징 도성을 전통사회의 잔재로 간주하던 모택동 쪽에서 보자면 극우, 극보수였다. 그랬다. '베이징 도성의 철거'라는 난제 앞에서 양사성은 완강한 보수주의자를 자처했다. 사실 양사성은 베이징 사람 중에 그 누구보다 전통을 먼저 벗어 던진 사람이었다. 1910년대 십 대 시절 할리데이비슨을 타고 베이징 시내를 돌아다닐 만큼 서양 문화에 관심도 많았다. 19세기 말에 입헌군주정을 주장하던 양계초가 무술 개혁에 실패하고 일본 망명 중에 얻은 아들이니 태생부터 보수와는 거리가 멀었고, 미국 유학파로서는 드문 공산당 지지자였다.

'보수주의자' 양사성은 중국 공산당 간부들에게 베이징 도성을 그대로 남겨 '성 위의 화원(花園)'을 꾸미자고 제안했다. 그 엄혹하던 시절에 그런 낭만을 발휘하기란 목숨을 걸어야 가능한 일이었다. 양사성은 확신했다. 전통과 현대가 공존하는 공간 베이징 '성 위의 화원'이 중국의 자존심을 지키고 나아가 세계적인 자랑거리가 되리라는 것을. 양사성은 주장했다. 새로운 수도 건설을 위해 베이징 도성을 철거하는 일은 영-프 연합군이 원명원을 훼손한 것과 다를 바가 없는 무지몽매한 파괴행위라고. 그러나 약자와 강자의 대결이었다. 결국 학술이 권력을 이기지 못했다. 새 술은 새 부대에! 새로운 수도에는 철근 콘크리트 구조라야 걸맞다고 생각하던 모택동이 그 반대를 꺾고 위에 말한 구간을 제외하고 모조리 헐어 버렸다. 베이징 도성 전체를 허무는 일은 1950년대 초부터 계획되어 대약진(大躍進, 영국과 미국의 공업 생산량 뛰어넘기를 위한 좌경 생산 배가 운동)이 시작된 1958년부터 본격적으로 실행에 옮겨졌다. 철거는 외성부터 진행되었고, 1960년대 지하철 개통과 함께 내성 전체가 사라져 버렸다.

내성과 외성으로 이루어져 있던 凸형 도성에는 성루와 각루(角樓)가 많았다. 이후 1926년, 늘어난 교통량을 감안하여 정양문(正陽門)과 선무문(宣武門) 사이에 화평문(和平門)을 냈고, 1940년대 일본 점령기 때 부흥문(復興門)과 건국문을 냈지만 예전처럼 성루나 전루는 세우지

1946년, 남쪽 정양문에서 북쪽 자금성까지를 한 화면에 담은 사진이다. 화면 가운데 베이징 도성의 남북 중추선이 보인다. 정양문은 베이징 도성 내성의 정남문으로서 전문(前門)이라고도 불린다.

위의 왼쪽부터 시계 방향으로 정양문, 선무문, 덕승문, 안정문의 모습이다. 선무문 뒤로는 가톨릭 남당이 보인다. 안정문은 성루와 전루를 갖추고 있던 베이징 도성 대문의 원형을 보여주고 있다.

않고 성벽에 큰 구멍을 냈을 뿐이다. 성벽의 높이 12~14m, 상부 너비 평균 10m, 하부 기단 너비 평균 24m로 구멍을 내기도 헐기도 쉽지 않았을 것이다. 그리하여 정양문 성루와 전루, 덕승문(德勝門) 전루, 도성 동남 각루(전루 포함, 천진 방향 철로 오른쪽)만 남아 있다가 2004년 영정문(永定門) 성루가 복원됐다. 우람한 기둥 12개는 철력목(鐵力木, Mesua ferrea L.)인데 중국에서 거의 멸종되어 남아프리카에서 들여왔다고 한다. 2016년에는 좌안문(左安門) 각루와 성벽 일부가 복원되었다. 좌안문은 베이징 도성 성문 중 가장 이른 시기인 1930년대부터 철거되었다. 그중 현재 복원된 각루의 서쪽, 예전 좌안문 옹성 숙직실은 원래 모습이 남아 있다.

1950년대 초 양사성과 임휘인은 수도 베이징의 도시계획에 대해 궁성, 황성, 내성, 외성을 포함한 구시가지 전체를 보호하고, 신도시를 건설하자는 방안을 냈으나 채택되지 못했다. 양사성은 봉건 잔재를 수호하는 폭군 취급을 받았다.

양사성이 고건축 또는 건축에 관심을 가지게 된 것은 부인 임휘인의 영향이 컸다. 임휘인(林徽因, 1904~1955)은 고건축학자, 시인, 화가, 건축디자이너, 번역가다. 항주에서 태어나 상하이와 베이징에서 자라다가 1920년에는 프랑스 등지에서 민간외교에 나섰던 아버지를 따라 1년 동안 외유를 했다. 다방면에 재주를 타고난 데다 경험의 폭도 남달리 넓었으므로 세 살 많은 양사성이 임휘인에게 배울 점이 더 많았다. 미국 유학을 앞두고 교통사고를 당해 입원해 있던 양사성을 문안하던 자리에서 임휘인이 건축학 이야기를 꺼냈다. 유학은 결정됐는데, 전공을 결정하지 못하고 있던 양사성은 임휘인의 설명을 듣자마자 바로 건축학의 매력에 빠져들었다. 1924년, 두 사람은 함께 미국 펜실베이니아 주립대학교로 건축학을 공부하러 떠났다. 그런데 당시 이 학교 건축학과에서는 여학생을 받지 않아 임휘인은 미술학과에 적을 두고 건축학과 수업을 들었다. 그러나 어느새 미술학과 학생 임휘인은 건축학과 조교를 하고 있었다.

졸업 후 캐나다에서 혼인한 두 사람은 유럽을 여행(건축 기행)하고 귀국했다. 당시 중국의 대학에는 건축학과가 개설된 곳이 없었다. 두 사람은 장학량이 설립한 심양 동북(東北)대학교에 초빙되어 중국 최초의 건축학과를 세웠다. 두 사람은 현대 건축에도 조예가 깊었지만 그보다 중국 고대건축에 더 많은 관심을 기울였다. 1930년부터 1945년까지 15개 성, 190여 지방을 기행하며 약 3천 점의 고건축물의 실측도를 작성했다. 이 과정에서 그때까지 잘 알려지지 않았던 수많은 고건축물이 소개되어 그 뒤로 보호를 받게 되었다. 이 작업을 통해 중국 고건축 구조에 대해 정확히 인식하게 된 두 사람은 마침내 송나라 때(1103년) 나온 난해하기로 이름난 건축기술 서적 『영조법식(營造法式)』에 주석을 달 수 있었다. 중일전쟁이 터지고 두 사람은 운남성(雲南省) 곤명(昆明), 사천성(四川省) 의빈(宜賓)으로 피난을 갔다. 피난길에 고생하던 임휘인은 병마로 거의 죽을 뻔하다가 겨우 목숨을 건졌다. 1946년, 두 사람은 청화(青華)대학교 건축학과를 설립하고 인재를 양성했다. 그리고 시작된 내전 끝에 대륙에 남았다.

미지수 공산당 정권에 대한 두려움 때문에 많은 사람들이 대륙을 떠났다. 두 사람도 얼마든지 베이징을 떠나 타이완, 홍콩, 또는 미국으로 이주할 수 있었다. 존 킹 페어뱅크(John King Fairbank, 역사학자, 미군 정보요원) 부부 등 미국인 친구들은 미국행을 강력하게 권했다. 그러나 이들은 '절대다수의 인민이 주인이 되는' 세상에서 일하고 싶다면서 베이징에 남았다. 두 사람은 건축과 디자인 분야에서 새로운 나라를 위해 능력을 발휘했다. 예컨대 〈중국 중요 건축 문화재 목록〉을 작성해서 고건축 보호에 나서는가 하면 천안문 광장에 서 있는 혁명열사기념탑을 설계하기도 했다.

1953년, 베이징시에서 고건축물을 철거하기 시작했다. 가장 먼저 철거된 것은 큰길 가운데 버티고 서서 교통을 방해하던 패방이었다. 사찰의 경우 문화대혁명 전 대약진 때만 426곳이 공장이나 학교로 변했고, 사찰에서 몰수한 500여 톤의 금속(불상, 종)은 공업 발전용으로 헌납되어 용광로 속으로 들어갔다. 철거한 건축자재는 재활용하거나 땔감으로 썼다. 양사성과 임휘인은 철거 책임을 맡고 있던 베이징시 고위 공무원들과 격렬하게 맞섰다. 논쟁이 치열해지면 질수록 임휘인의 병세는 악화되었다. 북해 단성(團城)처럼 천년 고적의 철거를 막아내기도 했지만 역부족이었다. 1955년 봄, 임휘인이 쉰 살로 생을 마감했다. 그 순간 같은 병원 옆 병실에서 투병 중이던 양사성은 임종하지 못한 채 눈물만 흘렸다. 사랑하는 배우자는 스승이자 동지였다. 임휘인은 자신이 설계했던 베이징 팔보산혁명묘지에 묻혔다. 묘비에는 '건축사 임휘인 묘'라고만 적혔다.

양사성은 문화대혁명 때 '복고주의자' 핍박을 받아 영혼까지 다 털려 버렸다. 모택동의 판단을 조금도 회의하지 않았던 그는 문화대혁명의 필요성을 인정했다. 스스로를 자본주의 부르주아 우파분자로 규정하고 자신의 건축관과 사상까지 부정해 버렸다. 그리하여 홍위병들이 고건축 자료와 사진, 그림들을 압수하러 왔을 때에 순순히 내주었다. 그러나 그 뒤의 삶은 죽은 거나 매일반이었다. 1969년, 베이징 지하철 2호선 서직문(西直門)역 공사 현장에서 성루와 성벽을 철거하던 중 원나라 도성의 서문 화의문(和義門)의 기초가 고스란히 드러났다. 명나라 도성이 원나라 성곽을 이용하여 쌓은 것을 증명하는 순간

베이징 서직문 전루 철거 현장에서 발견된 원나라 도성 화의문 터. 아치 높이가 약 10미터에 이른다.

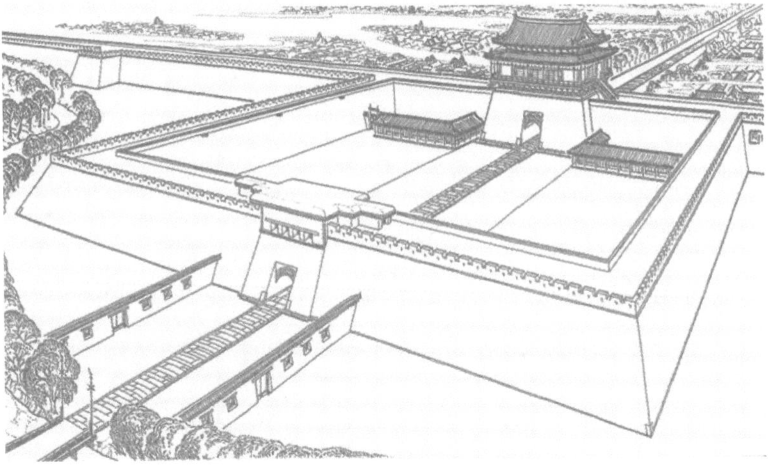

화의문 옹성 복원도. 문의 왼쪽은 고량하(高梁河)를 거쳐 온 적수담이 있었고 오른쪽으로는 황궁 태액지로 흐르는 금수하(金水河)가 지났다.(傅熹年 그림)

이었다. 그 소식을 전해들은 양사성은 뜨거운 눈물을 흘렸다. 한걸음에 달려가고 싶었지만 사실상 연금 상태에다 병고 때문에 포기할 수밖에 없었다. 현장 사진이라도 한 장 보고 싶었지만 그것도 불가능했다.

베이징의 고적을 지키지 못한 자책에 시달리던 양사성은 1972년 초에 세상을 떠났다. 양사성은 임휘인이 그런 세상을 대면하지 않고 일찍 떠난 것이 오히려 다행이라는 말을 남겼다.

두 사람은 베이징 여러 동네에서 살았는데 제대로 남아 있는 곳이 없다. 그중에서 임휘인이 매주 '문화살롱'을 주최하던 북총포(北總布) 후통 집은 아예 헐려 버렸다. 어느 화가가 이 사실을 알고 한탄하며 말하던 것을 잊을 수 없다. "우리가 그 두 분의 옛집 정도는 지킬 수 있어야 하지 않겠습니까?" 뒤늦게 1930년대 베이징 문화의 산실이었던 그 집을 복원한다는 소식을 들었으나 아직 확인하지 못했다.

모택동의 영어 선생님과 데탕트

중국 정치 지도자들의 영어 사랑은 못 말릴 데가 있다. 리극강(李克強) 현 중국 국무원 총리는 공항 영빈 자리에서라면 언제라도 변함없이 상대방에게 통역 없이 영어로 인사를 나눈다. 영문과 교수인 부인과 집에서 영어로 대화를 나눈다고 하니 놀라울 것도 없다. 강택민(江澤民) 전 주석은 〈미국독립선언문〉과 링컨의 게티스버그 연설 암송이 주특기고, 모택동도 외국인 방문객과 영어로 즐겁게 대화를 나누었다고 한다. 1930년대에 모택동을 만난 미국 기자 에드거 스노(Edgar Snow)는 핵심 내용만큼은 해당 영어 단어(예컨대 전면 내전은 all round civil war)로 콕 집어 말하던 모택동의 열린 태도를 좋아했다. 저명한 외교가 주은래는 모택동의 영어 단어량이 자신보다 많다고 추켜세우곤 했지만 주은래야말로 닉슨 미국 대통령과의 회담 자리에서 통역의 실수를 바로잡아 주었을 만큼 영어에 능통했다. 게다가 프랑스 유학파였다.

몇 해 전, 중국 고위직 공무원들에게 막중한 임무가 떨어졌다는 소식이 들려왔는데, 중국의 역사, 정치, 경제, 사회, 문화 등을 공부해서 외국인과 만났을 때 외국어로(9개 언어) 표현할 수 있게 하는 것이었다. 물론 각국의 사정에 관해서도 외국어로 말할 수 있어야 했다. 중국 지도자들의 외국어 무용담은 베이징외국어대학교 직원 사택 단지에 살 때 이웃에게서 들어 익히 알고 있었다. 그중에서도 모택동의 영어 사랑과 그에게 영어를 가르쳤던 외교관 이야기가 내 마음을 끌었다.

모택동은 열일곱 살에 영어를 배우기 시작했는데 흥미가 있었다고 한다. 이후 사정이 여의치 않아 공부를 중단했다가 환갑이 넘어서 다시 영어를 잡았다. 1954년부터 12년 동안 신화통신사 국제부 기자가 모택동의 집무실이자 살림 공간인 중남해로 가서 국제 뉴스를 알리고 영어를 가르쳤다. 이때 모택동은 마르크스 저작을 영어로 읽었다고 하는데, 지식과 논리, 영어까지 일석삼조를 노린 것이었다. 모택동이 공부한 영문판 〈공산당선언〉 팸플릿에는 메모가 빽빽하게 적혀 있었고, 자신이 쓴 『모순론』의 영어 번역은 처음부터 끝까지 세 차례 읽으며 감수했다고 한다.

모택동의 영어 공부 집착증은 생전 최후 몇 년 동안에도 계속되었다. 이 무렵에는 베이징외국어대학교 영어과 교수 출신 외교부 직원 장함지(章含之)가 맡았다. 장함지는 모택동과 장개석 사이에서 모택동의 손을 들어주었던 민주인사 장사소(章士釗)의 딸이었다. 홍콩에서 장사소가 합류함에 따라 지식인들의 지원에 목말라하던 모택동이 큰 힘을 얻게 되었다. 변호사 장사소는 베이징에서 새로운 나라 건설에 참여했다. 장함지는 이런 아버지의 영향을 받아 어릴 때부터 장차 나랏일을 하겠다고 마음먹었는데, 당시 영어 잘하는 중국 사람이 부족하다는 것을 알고 영어 공부에 매진했다.

마침내 1971년 헨리 키신저(Henry Kissinger) 미국 국가안보 보좌관이 비밀리에 베이징을 방문했고, 1972년 2월, 리처드 닉슨(Richard Nixon) 미국 대통령 내외가 적성국가 중국의 수도 베이징을 방문했다. 2월 14일 베이징 만리장성 팔달령 구간을 올랐을 때, 마침 그 전 며칠 동안 눈이 내려 중국과 미국의 데탕트 분위기를 축하라도 하는 듯 장관을 이루고 있었다. 베이징시 당국에서는 시민을 동원하여 미국 손님들이 묵고 있던 영빈관 조어대(釣魚臺)에서 만리장성까지 야단법석

명나라 때 쌓은 만리장성 팔달령 구간 모습으로 가장 높은 북팔루는 해발 890미터에 이른다.(周正 사진)

눈을 쓸었다. 밤새 80만 명이 동원되었다고 한다. 일설에는 70만 명이라고도 한다. 팔달령 구간은 길이 좋아진 지금도 눈이 많이 내리면 오를 수 없이 가파르다. 닉슨 대통령 내외가 팔달령을 오르던 시각 길은 깨끗이 치워져 있었고, 사방은 백색 설경의 산수화를 이루고 있었다. 게다가 센스 만점 장함지의 통역이 있었다. 현장의 모든 미국 사람들이 감동한 것은 말할 것도 없다. 장함지 영어의 화려한 국제무대 데뷔 순간이었다.

닉슨 대통령은 이후 상하이로 자리를 옮겨 주은래와 두 나라 정부 공동 성명 '상하이 코뮈니케'가 발표되었다.(몇 달 뒤 1972년 7월 4일, 한반도 남북공동성명이 발표된다.) 이때에도 장함지가 통역했다. 그리하여 빠르게 진행되던 중국과 미국의 외교 관계 수립은 닉슨 대통령의 사임

등으로 몇 해 늦어져 1979년에야 이루어졌지만, 두 나라 국교 수립에 장함지의 공이 컸다.

그 뒤 장함지가 1971년 국제연합 총회에 나타났을 때 다시 한번 세상 사람들의 주목을 받았다. 죽의 장막 속에 있던 중화인민공화국의 국제연합 가입 문제를 해결하기 위해 출동한 것이었다. 인민복 차림에 오관이 반듯했던 장함지는 누가 봐도 매력이 넘쳤다. 게다가 그 영어는 미국의 교양인들을 울리고도 남을 만큼 고상하고 유창했다.

당시 두 나라의 협상 과정 비사를 읽고 있으면 영웅담이 따로 없다. 모택동, 주은래, 리처드 닉슨, 헨리 키신저에 패트 닉슨에 이르기까지 등장인물들이 무협지 수준을 능가한다. 장함지는 그들의 의협심을 엮어준 주모 같은 역할을 그것도 특수요원급으로 수행해냈다. 그 뒤 1971년 국제연합 총회에 함께 참가했던 당시 중국 외무장관과 혼인하여 베이징 후통 속의 사합원에 살다가 2008년에 세상을 떠났다.

몇 해 뒤 그 집의 점유권과 관련하여 '중국 특권계층에서 완전히 물러난다'는 후손의 입장문이 나왔다. 장함지의 3대는 중국 국무원에서 제공한 베이징 도심의 사합원에서 거주하는 특권을 누렸으나, 장함지 사후 그 후손은 그 집을 점유할 권리가 없다는 결정이 내려졌다. 그 집은 개국 원로 장사소의 공관이었다가 외교부 직원이었던 장함지의 사택이 되었다. 장함지 사후 중국 외교부는 중국 돈 몇 억을 호가하는 그 사합원 사택을 장함지의 후손에게서 거두어 들였다. 사회주의 정권 초기 특권계층만 입주할 수 있었던 베이징 도심의 사합원에서 태어나 자란 그 후손은 몇십 년 동안 들인 가옥수리비 반환 소송을 포기했다.

중국 특유의 사회주의와 치솟는 집값

중국에 물권법이 제정되어 효력을 발생한 때는 2007년이다. 사회주의 체제하에서는 사유 '물권'을 가릴 일이 없다가 '중국 특유의 사회주의' 체제하에서 자본주의 제도가 가미되는 바람에 물권법이 필요하게 되자 몇십 년 준비 과정을 거쳐 늦게나마 로마법 체계의 사유재산 보호법 체제를 도입했다.

물권법이 발표되던 날, 중국 밖에서는 중국이 사회주의를 완전히 포기했다는 식의 떠들썩한 보도가 있었지만, 베이징은 조용했다. 사유재산이 법률의 보호를 받게 된 것을 어떻게 생각하는지 이웃 사람들의 표정을 살펴보았다. 젊은 사람들은 어차피 사회주의 국유 체제를 겪어본 적이 없으니 그만두고, 나이 많은 사람들, 특히 공산당 정권 전 세상을 살아본 사람들의 감회가 궁금했지만 이미 20년 넘게 사유재산을 누리고 살던 그들은 별 느낌이 없어 보였다. 법률로 권리가 보호되는 건 당연하다는 식으로.

1978년 말, '개혁과 개방'이라는 기치 아래 사회주의 제도를 수술하기 시작했는데, '개혁'은 중국 내부, '개방'은 대외용이었다. 내부 개혁 사항 중에는 국유 부동산을 적절하게 관리하기 위해 개인 및 법인에게 토지 사용권을 양도하여 부동산 개발을 허락한 것과 개인에게 건축물 소유권을 인정하는 내용이 들어 있었다. 이런 식의 개혁은 사람들을 많이 설레게 했고 욕망의 싹을 키우게 했다. 약빠른 사람들은 그때부터 부동산에 투자해서 큰 부자가 되었다.

내가 베이징에 살기 시작했던 2001년부터 거주용 부동산의 투기 바람이 거세지기 시작했다. 개혁개방 후 자본주의 바람이 불면서 일반 인들의 여유 자금이 증권 투자로 먼저 몰려 엄청난 거품을 만들어 내더니, 2008년 베이징올림픽 유치에 성공한 그해부터 부동산 쪽으로 자금이 대거 옮겨 왔다.

내가 살던 베이징외국어대학교 부근(3환 순환도로 내)에 마침 고층 아파트 단지 두 곳이 개발 중이었는데 두 곳 다 1㎡ 기준 9천 위안에 분양하고 있었다. 이웃 사람들은 아무 관심이 없어 보였다. 터무니없이 비싸다는 이야기였다. 베이징 시민들은 그때까지도 부동산 투자에 별 관심이 없었던 것이 주택을 충분히 확보하고 있었기 때문이었다. 직장마다 직원들에게 숙소를 판매하여 부부가 다른 직장에 다닐 경우 적어도 두 채를 헐값에 구입해 놓고 있었기 때문에 굳이 비싼 집을 살 필요가 없었던 것이다. 중국 정부의 정책이 바뀌어 외국인도 대출을 받아 주택을 구입할 수 있게 되었지만, 내가 주목하던 그 두 곳은 몇 해가 지나도록 미분양 상태를 벗어나지 못하다가 2008년 올림픽 직전에 완판되었는데, 2020년 현재 두 곳 다 1㎡에 평균 10만 위안(한국 돈 약 1,700만 원)쯤 한다.

알고 보니 드넓은 베이징 중에서도 내가 살던 곳의 집값이 특히 비쌌는데, 이름난 대학교가 몰려 있는 데다 명문 중고등학교도 많기 때문이다. 중국은 고입 평준화 제도가 없어 중학생은 말할 것도 없고 소학생들도 고등학교와 대학교 입시 위주의 교육을 받고 있다. 따라서 입시 커트라인이 높은 학교 부근의 집값은 어김없이 비싸다. 학교와 학력이 자녀의 운명을 좌우한다고 생각하는 학부모가 많기 때문에 이름난 유치원부터 지원 경쟁이 치열하다. 원하는 대학교에 무난하게 들어갈 확률이 높은 유치원-소학교-중학교-고등학교 계보가 있어 그 구역의 집값과 집세가 하늘을 찌른다. 아이가 졸업할 무렵에는 집값이 올라 있기 마련이라 대출을 받더라도 집을 사야 한다고 생각하는 사람들이 많아서 이름난 학교 구역의 집값은 떨어질 일이 없다. 베이징도 마찬가지다. 이런 현상은 베이징에서 더욱 심하다. 아무리 허름한 아파트라도 명문 학교 구역은 1㎡에 평균 10만 위안을 웃돈다.

전통가옥 사합원

아파트는 거저 줘도 싫다는 호연지기를 지녔으나 사합원이라면 생각이 달랐다. 이웃의 초대를 받아 사합원을 경험을 한 뒤로 '베이징에 산다면 자금성 부근의 사합원에서!'를 외치기 시작했다. 대문을 열자 바로 조벽(照壁)이 있어 들어갈 때엔 답답해 보였지만 마당에 들어서니 그 벽이 바깥 세계와 사합원을 격리시켜 주었다. 마당은 열려 있으나 사합원 공간은 바깥 세계로부터 은폐되어 포근하고 아늑한 느낌이 들었다. 3칸짜리 북쪽 건물의 중앙은 왼쪽과 오른쪽 방으로 연결되는 대청이었다. 왼쪽과 오른쪽 방은 서재로서 두 방 모두 숨겨진 공간(耳房)이 있었다. 예전에는 그곳을 침실로 썼다고 했다. 천정은 서까래가 드러나 있어 생각보다 높았고 신발을 신은 채 의자에 앉아 있자니 오래된 도서관에 와 있는 듯했다. 네모난 틀 안에 동서남북 네 채의 건물이 있는데 그 네 채 모두 신발을 벗지 않고 오갈 수 있는 신기한 구조였다. 집 안에 집, 그 집 안에 또 집이 있어 숨바꼭질하기 딱 좋았다. 사합원의 방 하나를 얻어 살고 싶다는 소박한 꿈을 결국 이루지 못하고 베이징을 떠났는데, 지금은 그런 꿈조차 꾸지 못한다.

사합원은 중국 전통가옥으로 우리의 ㅁ형 전통가옥과 비슷하지만 동서남북에 독채가 배치되어 있다는 점이 특이하다. 사합원은 아주 오래전부터 존재했으나, 베이징에서는 13세기, 몽골 사람들이 유행시켰다. 몽골 사람들은 황궁 동쪽에서부터 북쪽으로 주택구역을 배치했다. 주택 한 필지는 8묘(畝)로 정해져 있어 규모가 좀 크지만(8묘를 현재 단위로 환산하면 약 5,333㎡) 당시 세계 최대 제국의 귀족, 고관대작, 부자들이 베이징 성에 집을 마련했다는 점을 염두에 두자.

당시 고려 사람들도 베이징에 많이 살고 있었다. 그중에서 충선왕(원나라 쿠빌라이 카안의 외손자이자 제10대 카안의 매제)은 황궁 가까이 이런 저택에서 살았을 것이다. 충선왕(1275~1325)은 '베이징 사람'이라고 해도 과언이 아닌 것이 세 살에 고려 태자가 된 뒤 이듬해 베이징 황궁 안에서 살았고, 고려 국왕이 되어서도 대부분 베이징에서 거주했으며, 아들 충숙왕에게 양위한 뒤 베이징에서 살다가 세상을 떠났다. 충선왕이 국제 학술 토론회를 자주 개최하던 만권당(만권당은 고유명사가 아니라 그 무렵 문인들의 서재에 흔히 붙이던 말이었다.)은 그 저택 안에 있었을 것이다.

13세기 베이징 인구가 빠른 속도로 늘어나면서 계획 필지를 쪼개지 않으면 안 되었다. 현재까지 발굴된 베이징 도심의 13세기 사합원 터를 살펴보면 8묘부터 1묘까지 다양한 규모의 주택이 지어졌음을 알 수 있으나, 북쪽 독채 건물에 주인이 거주하고, 대문이 남쪽으로 나 있는 등 현재의 사합원과 구조가 비슷하다.

그렇다고 당시 베이징에 부유한 사람들만 살았을 리는 없다. 1965년, 베이징 지하철 공사가 시작되면서 지하에 묻혀 있던 고대 도시 유적이 많이 드러났다. 그중에서 서조(西絛)후통에서 발굴된 13세기 주택 유적이 세간의 이목을 끌었다. 부엌을 갖춘 한 칸짜리 방을 단위로 하여 여러 채가 붙어 있는 이 특별한 유적은 임대 주택 터로 판단된다.

사합원의 가장 간단한 구조는 ㅁ형이다. 13칸 구조를 기본으로 하는 ㅁ형은 곁채가 딸리면 17칸까지 늘어나기도 한다. 1칸을 평균 10㎡로 치면 건축면적은 150㎡, 마당을 합하면 적어도 300㎡쯤은 된다. ㅁ형은 마당 1개가 딸려 있어 중국에서는 일진(一進)형이라고 한다. 이 가장 간단한 단위는 日(마당 2개, 二進)형, 目형(三進)으로 확대될 수 있고, 日과 目이 세로로 붙으면 오진(五進)까지 늘어난다. 여기서 규모를 더 키울 땐 가로로 퍼뜨렸다. '후통'이라고 부르는 길을 기준으로 볼 때 동서 방향의 길에서는 길 북쪽으로 남대문 집을, 길 남쪽에는 북대문 집을 배치했다. 동서 방향의 두 길 사이에는 남북 방향의 골목을 내어 골목 동쪽에는 서대문 집을, 골목 서쪽에는 동대문 집을 배치했다. 원, 명, 청나라를 거치면서 이 사합원 단위가 조각조각 모여 베이징이라는 큰 시가지를 이루게 되었다. 베이징에서 가장 큰 사합원 복합체는 물론 자금성이다.

베이징 구시가지 이곳저곳을 다녀보면 사합원 한 채 안에 보통 일고여덟 가구가 살고 있었고, 열 몇 가구가 사는 큰 집도 많았다. 담벼락 화분에선 남색 나팔꽃이 뻗어 오르고, 대문은 허술하여 떨어져 나가기도 했으며, 문간에는 어김없이 자전거들이 여러 대 서 있었다. 내부에 들어서면 말 그대로 다가구 주택이다. 마당에는 석류나무나 대추나

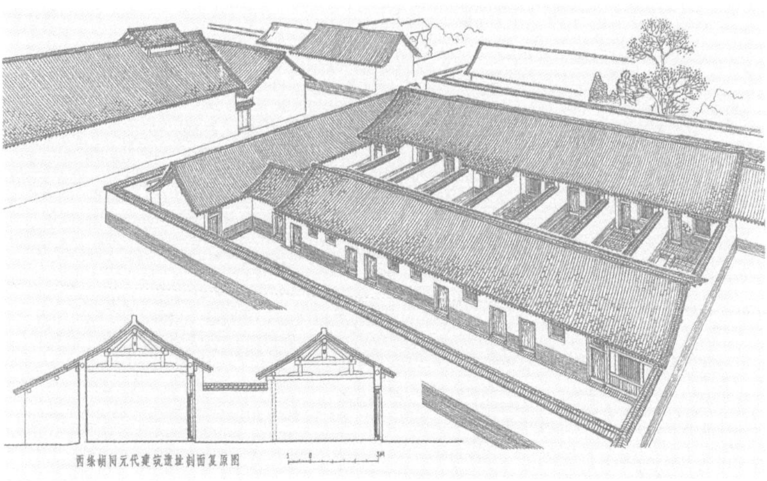

서조(西絛)후통에서 발굴된 13세기 주택 유적 복원도. (傅熹年 그림)

무가 섰고, 큰 화분에서 뻗어간 수세미 덩굴이 대살을 타고 그늘을 만들기도 했다. 공동으로 쓰는 수도꼭지 하나, 화장실은 집 밖 골목에 있는 공중변소를 이용해야 하는 '따자위엔(大雜院)'. 오십 년 전 우리 집을 빼닮은 모습이었다. 공산당 정권 초기부터 존재하던 수도 베이징의 주택난에 당산(唐山) 대지진까지 겹쳐 문제가 심각해지자 사합원의 방 한 칸을 한 가구에 배정함으로써 한 마당에 수많은 가구가 작은 사회를 이루어 살게 되었다. 식구가 많으면 독채 건물을 배정받기도 했다. '따자위엔' 안에서는 강제로 인격 수양을 당할 수밖에 없는 것이, 어느 집 순가락이 몇 개인지까지 알 수밖에 없었고, 더운 여름이면 남정네들이 예사로 웃통을 벗고 지냈으며, 계량기 지침에 매달려 전기요금 수도요금 정산하다 다투기 일쑤였다. 원컨 원하지 않건 기쁨과 슬픔도 함께 나누었음은 말할 것도 없을 터였다.

2008 베이징 올림픽을 앞두고 시가지를 정비하면서부터 베이징의 사합원이 부동산 투자자들의 주목을 끌었다. 2004년에 새로운 베이징시 도시계획이 발표되었고, 도심에 남아 있던 오래된 골목과 사합원 개조 사업에 막대한 자금이 투입되었다. 개혁개방형 베이징시 도시 계획은 1991년부터 추진되었으나, 초기에는 고층 건물 위주로 도시 개발이 이루어지느라 사합원은 뒤늦게 개발되었다. 이 과정에서 보존 가치가 있던 사합원이 여럿 철거되는 시행착오를 겪기도 했다. 예컨대 1998년에 철거된 월동(粵東) 신관은 강유위와 손문의 활동 공간이었으나 지금은 흔적을 찾을 수 없다. 도심에 남아 있던 명나라 사합원은 여러 학자들이 나서서 반대했음에도 불구하고 철거되었다. '따자위엔'은 말만 전통 사합원이었지 주거 조건이 형편없었으므로 그곳에 살던 사람들은 '따자위엔'을 탈출하여 도시계획 조례에 따라 베이징 외곽의 아파트로 이사했다.

베이징 도심의 낡은 사합원은 새로운 임자를 만나 천정부지로 값이 뛰었다. 현재 베이징 사합원의 시세는 비현실적으로 비싸다. 사합원을 고가로 매입한 이들은 대개 신분 노출을 꺼려 정확한 시세는 알기 어렵지만, 러시아 부호를 포함한 외국인, 홍콩 부자, 중국 부자, 중국 연예인들이 사합원을 구입하고 자랑할 때면 시세를 눈치챌 수 있다. 2020년 1월 기준 1m^2 기준 평균 23만 위안(한국 돈 약 4천만 원). 면적에 따라 차이가 있겠으나, 자금성 부근에서는 사합원 한 채가 10억 위안(한국 돈 약 1,700억 원) 넘는 선에서 거래되기도 한다는 것이다. 개혁개방 초기에 비해 백 배쯤 오른 베이징 사합원 시세는 한 번도 내려간 적 없이 오늘도 계속 오르는 중이다.

새로 짓지? 생각해 볼 수 있다. 목재와 벽돌, 기와로 다시 지으면 기존 구입비의 20분의 1도 들지 않는다. 자금성을 중심으로 한 명나라와 청나라 도성 지역, 그러니까 현 베이징 도심에 있는 사합원이 비싼 것은 땅값(토지 사용권 비용) 때문이다. 그러나 보다 근원적인 이유가 있다. 베이징에 남은 사합원은 대략 3천 곳인데, 이중 거래가 가능한 사유물은 10%에도 못 미친다. 공급이 수요를 맞출 길이 없는 것이다. 넘치는 수요에 비해 공급이 턱없이 부족하다.

베이징 시민권자의 위엄

아직도 중국에서는 주소지를 마음대로 옮겨 등기할 수 없다. 거주 이전의 자유가 엄청나게 제한되고 있는 것이다. 중국의 주소지는 도시와 농촌으로 구분되어 있다. 도시에 주소를 둔 사람은 '도시 가구(호구)', 농촌에 주소를 둔 사람은 '농촌 가구'로 등록된다. 농촌 가구에서 도시 가구로 옮기기는 무척 어려운 일이다. 특정 도시 사이의 이동도 마찬가지로 어렵다. 신분제 사회에서 계층 사이의 이동을 막아놓은 것을 생각하면 이해하기 쉽다. 자본주의식 경제 개발이 시작되면서 돈벌이가 쉬운 대도시로 몰려들지 못하도록 이런 제도를 채택했다고 생각할 수 있으나, 100% 고용이 보장되었고, 직업 간 임금 차이가 적었던 사회주의 체제 초기부터 있던 제도이다. 원래는 같은 도시 안에서도 농업 가구와 비농업 가구의 벽을 쳐놓고 있었다. 나라가 크고 인구가 많으니 특별한 관리가 필요하다고 생각할 수 있지만, 도시에서 농촌으로 주소지를 옮길 때도 정해진 조건을 구비해야 하니 이념 색이 짙은 제도라고 볼 수밖에 없다.

베이징에 살면서 '베이피아오(北漂)'라는 단어를 알게 되었을 때 착잡했다. '베이징의 떠돌이'쯤으로 해석되는 말인데, 베이징 시민권(베이징시 비농업 가구) 없이 베이징에서 생을 영위하는 사람들을 이르는 말이었다. 그전에는 조직 또는 직장의 허락 없이 거주지를 옮기는 것 자체가 불가능했다가, 개혁개방 이후 국영기업의 대규모 감원 조치로 사람들의 이동이 시작되었다. 도시마다 부동산 개발이 시작되면서 값싼 농촌 노동력을 끌어다 쓰게 됐다. 그러나 사람들의 이동은 가능하게 되었어도 주소지는 여전히 옮길 수 없게 했다. 이런 제도가 나라마다 있는 것이 아니라서 베이징 떠돌이가 겪는 문제를 실감하기 어렵다. 그러나 교육 문제 하나만 놓고 봐도 엄청난 차별이 존재하는 것을 알 수 있다.

의무교육제도 아래에서 수업료 없이 교육을 받으려면 주소지 구역에 배정된 학교를 다녀야 한다. 그런데 부모와 함께 다른 고장으로 이사를 하고도 주소지를 옮길 수 없다면? 학령아동은 선택을 해야 한다. 부모와 갈라져 주소지에 남아 의무교육 혜택을 누리거나, 혜택을 포기하고 부모와 함께 살거나.

의무교육 혜택을 받지 못한다는 것은 단순히 수업료를 면제받지 못하는 것만을 뜻하지 않는다. 대도시 학교는 찬조금 또는 기부금을 받고서야 비시민권자 학생에게 교육의 기회를 준다. 물론 그 도시의 시민권이 있다고 하더라도 전학을 하거나, 배정 구역 밖의 학교에 입학할 때는 기부금을 내야 한다. 외국인은? 물론 비시민권자이므로 기부금을 내야 한다. 명문 학교일수록 기부금을 많이 요구한다. 몇 명 뽑지 않는 데다 경쟁자가 많기 때문이다.

그리하여 베이징 비시민권자들은 시민권자가 되려고 애쓴다. 베이징에 외지인이 늘어나면서 무조건 막는 것이 능사가 아니라고 판단했는지, 외지인에게도 베이징 시민권을 부여하는 제도가 마련됐다. 여러 차례 개정된 이 제도는 몇몇 나라에서 실시하는 시민권 부여 제도와 닮았다. 예컨대 베이징시에 일정 금액 이상을 투자하거나, 군에 오래 복무했거나, 가족 중에 베이징 시민권자가 있어 초청하거나(베이징 시민권이 있는 사람과 결혼을 하면 행운이라 여긴다.), 베이징시 공무원이 되거나 하면 시민권을 준다. 기술 이민을 닮은 제도도 운영 중인데, 명문 대학 졸업자(박사 우대) 또는 외국 유학을 한 젊은 사람이 베이징에 직장을 구해서 일정 기간 이상 소득세를 냈거나 주택을 구입하여 몇 해 이상 재산세를 납부한 경우 시민권을 신청할 수 있다. 1년에 5, 6천 명을 뽑는데 신청자는 10만 명이 넘기 때문에 항목별로 점수를 매겨 상위 약 5%에게 베이징 시민권을 준다. 다른 대도시에서도 비슷한 제도를 운영하고 있으나 각 도시마다 조건은 다르다.

베이징 시민권이 필요한 것은 자녀 교육 때문이다. 중국의 대학은 행정구역별로 모집 인원을 다르게 배정하고 있다. 물론 그 대학 소재지 시민권자가 가장 큰 혜택을 받는다. 예컨대 2017년 명문 베이징대학교 입학생 중 베이징 시민권자가 가장 많아서 약 250명, 광동성 시민권자는 약 150명이었다. 그해 중국 수능 시험 응시자는 베이징 시민권자 약 6만 명, 광동성 시민권자는 그 12.5배인 약 75만 명이었으니, 학부모가 베이징 시민권을 얻고 싶어 할 만도 하다.

그런데 돈이 있어도 해결하기 어려운 것이 베이징 시민권이니 결국 베이징 시민권을 얻지 못할 경우, 돈 있는 사람들은 베이징 시민권을 포기하고 다른 나라로 이민을 가기도 한다. 중국의 명문 학교 대신 유학을 택하는 것이다.

그도 저도 안 되어 베이징에 살면서 학령아동 가족과 생이별 중인 사람들이 많다. 이들 중에는 제도를 통해 비시민권자도 베이징에서 공부할 수 있는 길을 찾는 사람도 있다. 브로커를 통하는 것이 편하지만, 그게 싫어서 스스로 여러 고비를 넘겨 마침내 성공한 수기를 읽은 적이 있다. 축구공 신세가 되어 이 관청에서 저 관청으로 쫓겨 다닌, 눈물 나는 이야기였다.

가족 중에 학령아동이 있었으므로 나도 기부금이란 걸 내고 베이징 명문 학교 학부형 노릇을 해본 적이 있다. 베이징의 명문 학교는 기부금을 내고 들어가겠다는 신청자가 많기 때문에 '정원 외 입학시험'에 합격해야 기부금을 낼 수 있게 해주었다. 기부금은 입학금처럼 한 번 내면 되지만, 학비가 거액이었다. 베이징 명문 학교의 학비는 우리나라 사립대학교 학비만큼 비쌌다. 살펴보니 베이징 시민권자 학생들은 학비 면제에 약간의 잡비만 내고 있었다. 비극과 희극 요소가 다 들어 있는 이 제도를 한 학기 경험하니 웃지도 울지도 못하겠어서 결국 두 아이 모두 의무교육 단계를 홈스쿨링으로 넘겼다.

달러 최대 보유국

천안문에서 큰일이 발생한 이듬해(1990년) 봄, 지금의 어느 중국 시골 역보다 초라했던 베이징 국제공항에 내려, 짐이란 짐은 모두 풀어 헤쳐 보여야 했던 삼엄한 입국 심사를 거친 뒤 시내로 나오는 차 안에서 내가 물어보았다. "당국이 내 짐에서 찾고 싶은 것은 무엇입니까?" 베이징대학교 졸업생이라던 엘리트 중의 엘리트 안내자가 대답했다. "미풍양속을 해치는 책이나 비디오를 찾고 있습니다." 싱거운 짓이라는 생각이 들었으나 개방한 지 얼마 되지 않아 이것저것 걱정이 많기도 하겠다고 양해했다.

그 무렵 베이징 시내는 시내 중심가도 저녁 8시 전에 인적이 끊겼다. 퇴근한 뒤 저녁을 차려 먹으며 7시부터 시작되는 중국중앙텔레비전방송국(CCTV) 저녁 종합뉴스를 보는 것이 대부분 가정의 일상이라고 했다. 거의 모든 경제인구가 직장에 다니고 있었고 비정규직 같은 것은 드물었다. 그때 베이징 사람들은 심심하면서도 건전한 일상을 보내면서 '갈망(渴望)' 같은 심각한 드라마에 빠져 있었는데, 용감한 사람들은 해금된 등려군(鄧麗君, Teresa Teng)의 노래를 들으며 다가오는 자본주의 또는 신자유주의 물결을 맞이하고 있었다.

거대한 죽의 장막 안에서 개혁과 개방을 밀어붙인 덩샤오핑은 '중국특색사회주의'라는 기치를 내걸고 나라 문을 열고 제도를 바꿔 달러는 벌어들이되 미풍양속을 해치는 자본주의 사회의 문화는 받아들이지 않겠다고 나섰다. 살살 조심하면서 개방의 정도를 조절하겠다는 당시 중국 정부 정책에 반대할 사람은 많지 않았을 것이다. 1990년, 내가 만난 베이징은 세상 물정 모르듯 막힌 골목 안집에서 빼꼼 문을 열고 나를 쳐다보는 사람 같았다. 홍콩 가까이에 있던 중국 남방의 도시들이 대문을 활짝 열고 달러를 끌어모으고 있을 때였다. 당시에는 외국인이 여행할 수 없는 미개방 지역이 개방 지역보다 많았다. 외국인이 미개방 지역에서 용무를 볼 때는 친절한 중국인 안내자가 기사 딸린 차와 함께 배정되었다. 나는 봉건 시대 베이징을 찾은 조선 사신이 이런 대접을 받았을까 생각하곤 했다. 특히 화폐가 자본주의 체제와 달랐다. 외국인이 달러를 바꿀 때 중국인이 쓰는 인민폐가 아닌 '외화태환권(foreign exchang certificate)'으로 받았다. 환율도 꽤 크게 차이가 났다. 인민폐를 보호하기 위한 방법이라고 했다. 당시 중국 정부에서 인민이 외화태환권을 쓸 수 없게 막았지만 다녀보니 인민들은 그 화폐를 갈구하고 있었다. 평양의 조선은 알아도 서울의 한국은 모르던 미개방 지역의 촌로들까지도 내가 들고 있던 외화태환권에 큰 관심을 보였다. 액면가보다 훨씬 높은 가격에 인민폐와 교환하겠다던 그들에게 물어보니 그것이 있어야 달러를 살 수 있다고 했다. 달러를 사는 목적은? 자식의 유학 자금이나 사업자금에 필요해서였다. 1997년에 다시 베이징에 갔을 때 달러는 1990년에 비해 갑절 올라 있었다. 뭔가 큰일이 일어날 것 같은 예감이 들었다. 아니나 다를까 그해 영국 식민지였던 홍콩이 중국에 반환되면서 중국의 달러 보유고가 가파른 속도로 올라가기 시작했고 현재는 세계 최대보유국이라고 들었다.

2019년 11월, 중국은행(중앙은행이 아니다)에서 외화태환권 발행 40주년을 기념하여 예전에 썼던 그 '지폐'에 '40주년 기념'이라는 글자를 박아 온라인 판매를 시작했다는 뉴스를 들었다. 그 지폐는 원래 정규 화폐가 아니었다. 일종의 환율 조절 실험이 끝나고 자신감을 얻은 중국 정부에서 그 유가증권을 폐기 처리했다가 발행 40년 만에 아예 골동품으로 격하해 버린 것이다. 30년 전, 그 태환권을 써봤던 나는 잠시 감개무량했다.

어울리지 않는 민족주의

몽골이 베이징을 도읍으로 삼은 것은 1백 년이 채 안 되지만 강력한 문화전파 바람이 불면 풍습마저 바꿀 여지가 충분한 시간이다. 몽골 사람들이 지배계급으로 있을 때, 그 지배를 받던 농경문화 사람들이 몽골 풍속을 야만적이라고 물리쳤을까? 그렇지 않다. 몽골 풍속을 받아들여 옷이나 머리 모양은 물론 이름까지 몽골식으로 바꾸고 살았다. '하늘에서 뚝 떨어진 전통(invented tradition)'이라고 할까? 당시 벼슬아치 이름으로 통계를 내보니 몽골식으로 이름을 바꾼 사람들은 연운 16주 지역에 많았다. 그중에서도 지금의 베이징 지역에 가장 많았다. 조선총독부는 창씨개명을 강제했지만, 몽골 사람들은 농경문화 사람들에게 그런 명령을 내린 적이 없다. 알아서 자발적으로 바꾼 것이다. 유행을 따르기 위해, 그리고 출세하기 위해.

1368년, 명나라 군대가 베이징을 점령했을 때 몽골제국을 위해 일했던 농경민, 특히 지식인들이 심하게 반발했다. 많은 사람들이 명나라의 벼슬 제안을 거부하며 몽골제국의 유민으로 남았다.(〈의천도룡기〉에 농경문화 쪽 사람으로 나오는 장삼풍張三豊도 실제로는 명나라에 협조하지 않았다.) 반화반이(半華半夷)랄까? 이렇게 되면 화(華)와 이(夷)의 구분은 별 의미가 없다. 유목문화의 자유로운 공기가 농경문화의 문단에 끼친 영향이 컸다고 본다. 유목문화에는 적어도 '문자옥(文字獄)'처럼 지식인의 생각과 언로를 옭아매는 숙청은 없었다. 옭아매기는커녕 거란부터 시작해서 농경민 출신 지식인을 우대했다.

'몽골사' 안에 '중국'이 잠깐 포함되었던 것을, 현재 중국 교과서에는 칭기스 카안의 '대몽골국'과 쿠빌라이 카안의 '대원'을 '중국사'에 넣어 놓았다. 심지어 칭기스 카안을 중화민족의 영웅으로 부른다. 현재 중국 영토 안에 내몽골자치구가 있으니 그럴 자격이 있다고 하겠지만(내몽골자치구에는 칭기스 카안 광장, 쿠빌라이 카안 광장이 있다. 이에 반해 몽골공화국 울란바토르의 칭기스 카안 광장은 수흐바타르 광장으로 복원되었다.) 몽골공화국 사람들이 들으면 어림없는 일이다. 현재 영토를 기준으로 옛일을 판단하면 쟁론이 생길 수밖에 없다.

그러나 알 만한 사람들은 다 안다. 원나라를 포함하는 '몽골사'를 읽으려면 지금의 중국은 물론 지금의 몽골도 잊어야 하는 것을. 유럽 중세사나 이슬람 문화사쯤은 기본으로 알아야 그 글로벌하고 다원적인 맥락을 따라잡을 수 있다. 몽골사를 전공하는 학자라면 사료의 벽을 넘어야 한다. 사료의 벽은 언어로 넘어야 할 텐데 적어도 20여 개 언어는 알아야 한다. 그중 고대 페르시아어와 고대 중국어는 능통해야 하고, 라틴어와 아랍어도 막힘이 없어야 한다. 게다가 각각 다른 언어로 된 사료의 내용이 서로 다른 각도에서 기술되어 있는 경우가 많아 엄밀하게 비교 분석해야 한다. 사정이 이런데도 '중화민족'을 외치는 몽골사 학자가 있다면 능력이 부족해서일 가능성이 크다.

베이징에 도읍했던 청나라도 다원성의 극치를 보여준다. 황제는 만주어, 몽골어, 한어에 능통해야 했다. 때로는 티베트어도 배웠다. 황제가 되기 전, 여섯 살 때부터 황궁 안의 학교에서 새벽부터 세 가지 언어로 세 가지 문화를 공부해야 했다. 만주어는 모국어였으니 물론 배웠을 것이다. 몽골어는? 북방의 안정을 위해서 배워야 했다. 몽골 사람들과 의사소통이 중요한데 황제가 몽골어를 모르면 세세한 정책을 수립할 수 없기 때문이었다. 그런데 황제들이 가장 중점적으로 배운 것은 만주어와 몽골어가 아닌 한어(漢語)와 한문화였다. 통치 대상의 절대다수를 차지하는 한인을 제대로 다스려야 했으므로 만주어나 몽골어 교육보다 더 많은 시간을 투자했다. 유가 경전 암송부터 사서와 문학을 열독하고 자신의 의견을 붙여 논술을 작성할 때까지 각 과목 단계별로 명망 높은 스승이 1대 1로 가르쳤다. 그리하여 베이징 입성 후의 청나라 황제는 누구나 할 것 없이 그 방면에 높은 수준을 갖추었다. 황제가 다문화인이 되어야 다문화 국가를 통치할 수 있다고 생각했고, 이 작전은 성공했다.

꼭두각시놀음 중인 아이들을 그린 작자 미상의 송나라 때 그림. 농경문화에서도 아이들은 머리를 밀었다.

청나라가 베이징을 차지한 뒤로 청나라 영토 안에서는 민족을 불문하고 모든 남자는 체두변발(剃頭辮髮)을 해야 했다. 그때야 '하늘에서 뚝 떨어진 전통'

을 거부하던 농경민도 많았지만 몇십 년 강하게 밀어붙인 결과 남자 두발은 체두변발로 통일되었다. 요즘 드라마에는 청나라 초기부터 말기까지 한 가지 형으로 나오지만, 실제는 달랐다. 청나라 초기에는 정수리에 엽전만큼만 머리카락을 남기고 싹 다 밀었다. 그래서 남긴 머리카락을 땋은 것이 꼭 '돼지 꼬랑지'만 했다. 사냥이나 전투할 때 시야를 가리지 않게 하기 위해서 머리카락을 거의 다 밀었다고 한다. 그러나 평화로운 세월이 길어지면서 남기는 머리카락 양이 늘어나게 되었고 말기에 이르면 이마 위 일부만 밀었다. 청나라에서 체두변발을 거부하는 것은 반역의 표시였으나(태평천국 때부터 머리를 풀기 시작했다.) 청나라 말기에 이르자 황족부터 땋은 머리채를 잘랐다. 그런데 한인들이 자르지 않겠다고 나섰다. 1914년 7월, '땋은 머리채를 자르라'는 법규까지 등장했지만, 이태 뒤 베이징에서 거행된 원세개 장례식에 여전히 많은 사람이 땋은 머리채를 늘어뜨리고 나왔다. '보수'가 위력을 발휘하는 장면이었다. 땋은 머리를 고수했던 사람 중에는 지식인이 더 많았다. 청나라 말기 대학자 왕국유(王國維)가 그 대표다. 1927년, 이화원 곤명호에 투신하던 날도 앞머리를 깨끗이 밀고 뒷머리는 땋아 늘어뜨린 채였다. 왕국유에게 많은 사람들이 헤어스타일을 바꿔보라고 강권했지만 기왕에 있던 걸 자를 필요까지 있겠냐며 고수했다고 한다. 왕국유는 땋은 머리의 마지막 수호자였다.

1919년 5.4신문화운동을 거치면서 청나라 표 다문화는 구시대 유물이 되고 이후 미국산 '민족주의'가 새로운 시대정신으로 자리 잡았다. 그 뒤로 민족주의 유령은 베이징을 떠난 적이 없다.

『신청사』와 미국의 신청사학파

중국에서는 한 시대가 가고 새로운 시대가 오면 그 전 시대의 역사를 책으로 엮어 남기는 관습이 있었는데, 그 책은 빨리 편찬되면 될수록 새로운 시대에 좋았다. 그 책이 나오면 사람들은 그 전 시대가 역사 속으로 사라졌다고 생각하고 새로운 시대를 받아들였다. 예컨대 원나라를 무너뜨린 주원장은 그해 홍무(洪武) 원년에 바로 명령을 내려 『원사(元史)』을 편찬하게 했다. 청나라도 베이징에 입성한 직후 『명사(明史)』를 편찬하여 백성들로 하여금 명나라와 영원히 이별하게 했다. 사마천의 『사기』와 반고의 『한서』 이후 중국 역사상 24사가 '정사(正史)'로 인정되었는데, 남북조 시대를 지나면서 새로운 시대를 연 정권에서 그 전 시대의 사서를 편찬하는 전통이 생겼다.

그런데 청나라의 정사 『청사(淸史)』는 아직 나오지 못하고 있다. 청나라 정권이 스러지고 새 시대가 열린 지 백 년이 넘었으나 사람들은 아직도 청나라와 작별 중에 있는 것이다. 청나라 마지막 황제가 권좌에서 내려온 뒤, 베이징에 수도를 두었던 북양(北洋)정부에서 『청사』를 편찬하기 시작했지만 혼란한 정국에서 14년 만에 중단되었다. 북양정부와 적대 관계였던 남경의 중화민국 정부가 통일을 완성한 뒤 새로 『청사』를 편찬하려고 했으나 뜻대로 되지 않았다. 북양정부가 편찬하던 미완성 『청사』가 있었지만 정사로 인정할 수 없었고, 새로 편찬하자니 그 거대한 작업을 감당하기에는 시국이 불안했다.

청나라와 작별은 해야겠고 새로운 정사를 편찬하기는 어려웠던 중화민국 정부는 '미완성 원고'라는 조건을 제목에 붙여 『청사고(淸史

稿)』라는 이름으로 북양정부 판을 출판하고, 새로운 『청사』를 편찬할 때까지 임시로 쓸 생각이었다.(1925년, 일본 정권에서 '칙령'으로 '조선사 편수회'라는 관청을 만들고 조선의 정사 집필에 들어가 1938년까지 37책 분량의 '왜곡된' 사관에 입각한 『조선사』를 편찬했으나, 대한민국 정부에서 인정하지 않은 것과 비슷하다. 아직 '정사'로서의 『조선사』는 나오지 않고 있다. 약 5천만 자에 이르는 『조선왕조실록』은 조선 당대에 기록된 편년체 기록물이다.) 뒤에 타이완에서 '미완성'의 꼬리표를 떼고 『청사』를 출판하긴 했으나 권위를 인정받지 못하고 있었다.

그런 가운데 중화인민공화국 정부에서 새로운 『청사』를 편찬하여 정사 '25사'를 완성하겠다고 나섰다. 청나라와 작별하기에는 이미 너무 늦어버린 2002년의 일이었다. 10년 기한을 목표로 시작된 작업은 기한을 한참 넘기고도 소식이 없었다. 20억 자가 넘는 자료를 정리해야 하므로 시간이 걸리는 것은 당연한 일이었다. 새로운 『청사』의 출판 소식을 기다리던 중, 2018년 겨울, 원고가 완성되어 검수에 들어갔다는 뉴스를 들었다. 집필자보다 더 많은 전문가가 동원되어 3,500만 자(앞서 나와 있는 '24사' 총 분량과 맞먹음.)에 달하는 내용을 검수 중인데 못 해도 세 번은 읽어야 할 테니 내년에나 출판 소식을 들을 수 있을지 모르겠다. 독자의 이해를 돕기 위해 사진(전통 시대 '24사'에도 지도와 삽화가 얼마간 들어 있기는 했다.) 8천 장을 수록하겠다니 기대된다. 하루에 1천 자씩 읽는다고 해도 3만 5천 일, 약 100년을 읽어야 하는데 사진도 한 장 없으면 무슨 재미로 읽겠나.

청나라는 과거로 사라졌다. 청나라를 일군 만주 사람들은 천만 명쯤 남아 있지만 만주어는 거의 쓰지 않는다. 아일랜드 사람이 모국어를 잃어버린 것은 몇백 년 남의 나라의 통치를 받은 탓이지만, 만주어는 다르다. 여진의 금나라는 그만두더라도 만주어(여진어)는 청나라의 공식 언어였다. 그런데 만주어로 작성된 엄청난 양의 청나라 공식 문서를 해독할 사람이 드물다고 한다. 청나라의 영토를 계승했다고 주장하는 중화인민공화국이나 중화민국이 만주어도 놓치지 않으면 좋겠다.

한편 중국 정부에서 다시 편찬하는 『신청사』와 궤를 달리하는 미국판 '신청사(New Qing Imperial History)' 운동이 있다. 20세기 말, 미국에서 나타난 청나라 역사 다시 보기 운동이다. 중국의 역사학자들이 중국 인민 절대다수의 입장에서 청나라 역사를 서술하고 있는 것을 비판하고 청나라 입장 또는 제 3자의 눈으로 청나라 역사를 연구해야 한다고 하여 '신청사'학파라는 이름을 얻게 되었다. 다문화 세상이었던 청나라 역사가 오늘날 사람들에게 시사하는 바가 크다는 것이 그들의 주장이다. 이들의 주장이 비트포겔(Karl August Wittfogel)의 '정복왕조(dynasties of conquest)'론을 넘어설 수 있을까? 비트포겔은 거란을 예로 들어 스스로의 문화를 지켜내는 노력을 통해 농경문화에 흡수되지 않았다고 평가했다. 거란 사람들이 그런 노력을 기울인 것은 사실이다. 그러나 전면적 한화(漢化, sinicization)가 아니었다는 것이지, 거란 사람들도 실생활에 유용한 분야, 예컨대 농경, 인쇄술, 회화, 공예, 차문화 등은 농경문화로부터 얼마든지 받아들였다. 동시에 거란 지배하의 농경민들은 거란식으로 이름을 고치고 거란 말을 배우며 거란화되었다. 서로 다른 문화가 만난 것을 두고 물리적 결합 또는 화학적 결합으로 딱 잘라 판단하는 것이 애초에 가능한 일이겠는가? 이제 막 시작한 미국 학자들의 신청사 운동이 이원론을 벗어나고, 더 나아가서 중국 사람들까지 설득할 수 있을지 계속 지켜볼 예정이다.

몇 가지 베이징요리

중국요리의 대표 쓰촨요리나 광둥요리 식당은 중국 어느 도시엘 가도 넘친다. 그러나 베이징요리를 하는 식당은 만나기 어렵다. 아니 없다. 베이징이란 유서 깊은 도시를 대표하는 요리가 없다는 뜻일까? 그럴 리가.

베이징은 분명히 요리로 유명한 고장은 아니다. 금나라 이후 약 천 년 동안 도읍지로 있었으니, 전국 각 지역에서 올라온 사람들에 의해 각 지역 음식이 섞여 버렸다. 108가지가 나온다는 '만한전석(滿漢全席)'도 여러 지역 요리로 되어 있다. 사실 만한전석은 궁중요리가 아니다. 이 종합 요리는 청나라 중기에 양주(揚州)의 지방관이 베이징에서 순시하러 내려온 관리들을 위해 창안했다. 내려온 사람들의 고향이 다양했으므로 만주 요리 몇 가지를 포함하여 중국 전역의 음식을 다 대접하고 싶었던 것이다. 양주는 지금도 중국에서 요리로 유명한 도시다. 세상에 없던 주문이 떨어졌지만 당시 양주 사람들은 그 정도쯤 거뜬히 만들어 다양한 지역 출신의 고관들을 기쁘게 했다.

그 뒤 청나라 말기에 베이징에서 '담가채(譚家菜)'가 나왔다. 이 요리를 만든 담씨(譚氏)는 한림원에서 벼슬을 살던 미식가였다. 담씨는 자신의 입에 맞는 요리를 개발하여 손님의 평가를 받는 것을 즐겼다.

그 집 음식 중에서 가장 많은 호평을 받은 것이 '샥스핀'과 '제비집 수프'였다. 이 집 부엌에서 흘러나온 레시피가 지금까지 내려와 '담가채'의 맥을 잇고 있다. 현재 중국 여러 도시에 분점이 개설되어 있는데 원래의 그 맛인지는 알 길이 없다.

지금은 황실요리라고 일컬어지는 만한전석이나 담가채는 베이징 토박이들이 평소에 즐겨 먹는 요리가 아니다. 베이징 토박이들은 예부터 양고기를 좋아해서 구워도 먹고 끓여도 먹고 볶아도 먹었다. 지금도 동래순(東來順) 같은 유명한 식당을 비롯해서 베이징 골목골목마다 다양한 양고기 요릿집이 있다. 양꼬치 파는 곳은 말할 것도 없이 많다. 내 취향이 아니라서 베이징 양고기를 소개하기는 어려우니 다른 몇 군데 식당을 추천한다.

개혁개방 전에는 베이징에 식당이 많지 않았다고 한다. 특별한 일이 없으면 아침은 간단하게, 점심은 직원 식당에서, 저녁은 집에서 먹었으니까 외식 문화가 발달할 일이 없었다. 그래도 식당은 있었는데, 내가 처음 베이징을 찾았던 1990년에는 산동요리를 고급으로 치고 있었고, 사천요리나 광동요리는 많지 않았다.

지금은 베이징에 산동요릿집이 많이 없어졌지만 아직 풍택원(豊澤園)이 남아 있다. 이 집은 다른 요리도 괜찮지만 만두(소를 넣지 않은 찐빵)가 그만이다. 어떻게 반죽하고 얼마나 치대는지 쫄깃쫄깃하면서도 부드럽기 그지없다. 이 모순된 표현은 먹어본 사람만 이해할 수 있다. 산동성을 돌아다니며 느낀 점이 있는데 인구 1억이 넘는다는 그 큰 성, 곳곳마다 만두 맛이 비슷하니 좋았다. 대개가 풍택원 수준으로 쫄깃하고 부드러워 산동성에서 살 생각까지 하기도 했다.

내가 두 번째로 베이징을 찾았던 1997년만 해도 베이징에 서양요리 식당이 드물었다. 문화대혁명의 서리를 맞아 서양요리 식당이 거의 다 사라졌다고 한다. 그 자본주의 세계와 교류가 끊어졌던 몇십 년 동안 베이징의 서양요리를 책임지고 있던 곳이 바로 '모스크바식당'이다. 아직도 베이징 도심에 있는 베이징동물원 동쪽에 접하고 있는 소련식 건물 베이징전람관에 이 식당이 있다. 베이징 유일의 서양식당이던 시절, 러시아식 요리 외 다른 나라 요리도 소화해내던 전통을 지켜 지금도 이곳에서는 러시아식 요리는 물론이고 스페인식 마늘향 새우구이, 멕시코식 소고기볶음, 보스턴식 바닷가재구이, 이탈리아식 미트볼 소스 스파게티 같은 요리를 곁들여 판다. 오래된 퓨전식당인 것이다. 베이징에 살던 시절, 이 식당 요리는 값이 만만찮은 데다 맛도 그저 그래서(흘레프хлеб는 제외) 호기심 많은 손님이 베이징 방문 기념으로 가자고 할 때나 더러 가서 먹곤 했다. 살던 집에서 가까웠던 이 식당을 떠올리면 산책길에 자주 들렀으나 그렇다고 언제나 살 수는 없었던 흘레프에 관한 아픈 기억만 떠오른다.

베이징 시절, 가성비가 좋고 이름도 괜찮은 식당이 있어 자주 갔다. 반묘원(半畝園)이란 대만 프랜차이즈 식당이다. 대륙을 떠나 대만으로 갔던 사람들이 모여 1971년에 식당을 창업하면서 베이징 반묘원을 떠올렸다고 한다. 이 식당은 개혁개방 후 1994년에 베이징에 대륙 첫 분점을 낸 뒤 그 뒤로 다른 도시에도 분점을 냈다. 반묘원은 명말청초 때의 작가이자 원림 설계자 이어(李漁)가 베이징에 조성한 원림이다. '자그마한 땅'이라는 뜻의 '반묘'라는 말에 겸손함이 들어 있어 중국에서 원림 이름으로 많이 쓰였다. 베이징의 반묘원은 지금의 중국미술관 뒤에 있다. 아니 있었다. 지금은 원형을 많이 잃어버려서 하는 말이다. 나는 베이징의 집에서 멀지 않은 곳에 있던 1호 반묘원에 자주 갔다. 번체자로 된 간판이 대만 계열임을 알려주는 이곳에서 단팥죽과 호떡(쇠고기 소)을 먹고 동쪽으로 2km 떨어진 대종사(大鐘寺)에 가면 딱 좋았다. 이 절에는 주조된 지 5백 년이 넘은 영락대종이 있다. 높이 7미터짜리 대형 종으로 주조할 때 해서로 불경 22만7천 자를 새겨 넣었다. 이 절은 종 박물관이기도 하다.

그렇다면 베이징의 한국 요리는? 지금은 베이징 시내에 한국 식당이 많다. 그러나 1990년만 해도 베이징에는 '두산주가(1987년 개업)' 한 군데밖에 없었다. 그때 중국여행사의 안내원에게 물어보니 그 식당 말고 베이징 시민들이 즐기는 한식집이 따로 있다고 했다. '조선 국숫집' 이라고 하던 그 식당을 물어물어 찾아가 보니 연길냉면을 하는 집이었다. 1940년대, 공산당 정권이 들어서기 전부터(1960년대에 공사합영公私合營으로 변함) 베이징 사람들이 줄을 서서 먹었다는 전설의 식당이었다. 중국 요리에 없는 것이 없다지만 얼음물에 말아내는 국수는 어느 지방에서도 찾기 어렵다. 여름철 날이 더울수록 뜨뜻한 국물을 즐겨 먹던 베이징 사람들에게 연길냉면은 한줄기 비처럼 시원하게 다가갔을 것이다. 매운 단고기무침도 팔았는데 내 취향은 아니지만 베이징 사람들이 별미로 즐기던 것을 여러 번 목격했다.(몇 해 전부터 메뉴에서 사라졌다.) 베이징에 냉면 잘하는 북한식당도 여럿 있지만 가격도 싸고 맛도 좋은 이 집을 따라가기 어렵다. 베이징 사람들을 위해 변치 말고 오래 남아주기를 바란다.

후통 속 특별한 집

중국은 번역 대국이다. 그런 만큼 위대한 번역가도 많이 배출했다. 내가 가장 존경하는 번역가는 당나라 때의 현장법사이다. 『서유기』에 나오는 삼장법사의 원형으로 죽을 고비를 수도 없이 넘기며 직접 천축국에 가서 일일이 모은 불경을 귀하게 받들고 온 것도 감탄을 금하기 어려운데, 스스로 천축국의 언어 공부에 몰두하여 불경 전체를 원어로 이해해 버린 대목에서 고개가 저절로 숙여진다. 현장법사는 당나라 태종의 후원을 받아 재상을 우두머리로 하고 초벌 번역, 재벌 확인, 최종 감수 등 전문가 몇백 명으로 구성된 번역 기구를 만들고 직접 번역 출판 사업에 뛰어들었다. 여러 단계로 된 이 기구의 조직도를 보면 오역을 방지하고자 애쓴 것을 알 수 있다. 이때 관세음보살이 관자재보살로 수정되었다.

통역과 번역 없이 여러 문화가 교류할 수는 없는 법, 그런 점에서 베이징은 역대로 수많은 번역가를 배출했을 것이다. 앞서 언급한 건축학자 임휘인도 번역가의 반열에 들어 있지만, 더 특별한 분들이 있었다.

개인적으로 존경해 마지않는 양헌익(楊憲益) 선생과 글레이디스 테일러(Gladys B. Tayler) 선생 두 분은 내외지간이다. 테일러 선생이 혼인 후 남편의 성을 따라 글레이디스 양이란 이름을 썼지만, 음역하여 따이나이디에(戴乃迭)로 쓴 것을 보면 테일러 선생으로 부르고 싶다.(지금까지도 '테일러'씨들은 중국에서 보통 '따이(戴)'씨로 불린다.)

양헌익 선생은 1915년, 천진 부호의 외아들로 태어나 스무 살에 영국으로 유학을 갔다. 옥스퍼드대학교 머튼칼리지에서 고대 그리스-라틴문학과 프랑스, 영국 문학에 빠져들어 좋아하는 과목을 골라서 공부하고, 마음에 맞는 사람들을 사귀다가 뒷날 부인이 되는 한 여학생을 만났다. 그 여학생은 자비로 잡지를 출판하면서 항일 운동을 고취하는 극본(영어로)을 쓰는 그 남자를 존경했다. 프랑스 문학을 전공하던 여학생은 전공을 바꿔 중문학을 공부하기 시작했고, 옥스퍼드대학교 최초의 중문학 학사학위를 받았다.(여학생의 중국어 수준은 고문으로 소설을 쓸 정도였다.) 여학생은 1919년, 베이징 어느 대학교의 경제학 교수 겸 선교사였던 아버지와 선교사 어머니 사이에서 태어나 일곱 살에 영국으로 갔으니 중국과 워낙 깊은 인연이 있었다. 여학생은 집안의 반대를 무릅쓰고 중국행을 택했고 두 사람은 혼인을 했다. 당시의 영국 상류사회에서 보기 드문 일이 일어난 것이다. 물론 중국 상류사회에서도 드문 일이었다. 두 사람은 당시 중일전쟁으로 중경에 옮겨가 있던 중화민국 정부에서 일했다.

번역하는 사람에게는 외국어를 모국어로 옮기는 것이 그 반대 경우보다 훨씬 수월하다. 그러나 양헌익 선생은 중국어를 영어로 옮기는 일에 주력했다. 그것도 고문을. 선생의 첫 번역 작품은 굴원의 『이소』, 대표작은 사마천의 『사기』다. 3년 걸렸다고 한다. 물론 부인과 함께 번역을 했는데 『이소』의 경우 양 선생이 영어로 직역하면 테일러 선생이 운율을 맞추었다. 뜻도 정확하고 원래 시가 형식도 살린 『이소』 영어 번역본이 나오자 사람들을 경탄을 금치 못했다. 두 사람은 『홍루몽』을 비롯하여 백여 종이 넘는 문학 작품을 영어로 옮겼다. 두 사람의 작업 방식은 함께 읽고 자연스런 토론을 거쳐 함께 옮기는 것이었다. 양 선생이 먼저 입말로 옮기면 테일러 선생이 빠른 속도로 타자한 뒤에 두 사람이 다시 읽으며 윤문했다고 한다. 두 사람은 놀라운 집중력을 발휘하느라 밤잠은 말할 것도 없고 끼니도 거르기 일쑤였다고 한다. 누군가 물어본 적이 있다. 양헌익 선생의 영어와 테일러 선생의 중국어 중 어느 쪽이 나은지. 테일러 선생이 대답했다. "물론 양헌익 씨의 영어죠. 너무 뛰어나기 때문에 내가 중국어를 연습할 기회가 줄어들었죠." 1960년대부터 70년대까지 번역이 중단된 것은 두 사람이 문화혁명 등쌀로 교도소에 갇혔기 때문이었다.

사건의 발단은 베이징의 영국 대사관에 근무하던 중국인 직원이 고문에 못 이겨 자신이 간첩이라고 허위자백을 하고 두 선생을 걸고넘어진 것이었다. 중국 당국은 두 사람을 바로 체포하지 않고 몇 년을 감시하다 문화대혁명 클라이맥스기 1968년에 체포했다.

자존감이 하늘을 찌르던 두 선생은 유치한 심문 과정과 인권 말살로 점철된 투옥 기간 내내 평정심을 잃지 않았다. 나아가서 4년 옥살이 동안 테일러 선생의 경우 인권 보장을 위해 투쟁했다. 미국 정부가 흑인 죄수에게 하는 것과 달리 중국 정부는 백인에 차별 대우를 하지 않는다고 하면 테일러 선생은 미국 교도소에서는 흑인에게 산책할 기회를 주지만 중국 교도소는 아예 독방 밖으로 자신을 내보내질 않는다고 지적해 주었다. 당신은 간첩이냐고 물으면 우리 아이들은 잘 있냐고 되물었다. 아이들이 잘 있을 리 없었다. 그러나 교도소 측은 늘 잘 있다고 꾸며댔다.

1남 2녀 모두 베이징에서 쫓겨나 아들은 호북성의 한 공장에 배치됐고, 두 딸은 농촌에 가 있어야 했다. 이후 아들은 정체성 혼란에 시달리다 스스로 목숨을 끊었다. 그럼에도 불구하고 테일러 선생은 자신이 중국을 선택해 살았던 것을 한 번도 후회하지 않았다고 한다. 국민당 공무원이었으나 공산당 정부를 지지하여 대륙에 남았던 두 사람의 삶은 '선천하지우이우, 후천하지락이락(先天下之憂而憂, 後天下之樂而樂. 천하 모든 사람이 걱정할 일이 생기기 전에 먼저 국사를 걱정하고, 모든 사람이 행복해진 뒤에 웃겠다.)'으로 귀결된다. 직업만 번역가였지 우국충정의 시인이자 매사에 선공후사하는 실천가였다.

1999년 11월, 테일러 선생이 오래도록 병마에 시달리다 세상을 떠났다. 양헌익 선생은 모든 번역 일을 놓고(번역 일은 오래전 테일러 선생이 정신을 놓았을 때 실상 중단되었다.) 망연자실 시간을 보냈다. 어떤 요청에도 "그 사람이 없으니 나도 없는 것이나 마찬가지. 어디에도 나타나지 않겠다."라며 거절했다. 그리고 10년이 지난 2009년 11월, 최후의 선비, 해외유학파, 혁명가 양헌익 선생이 세상을 떠났다. 로이터, AP, AFP 등의 통신사와 뉴욕타임스, 인디펜던트 등 주요 일간지에 부고 기사가 올라왔다. 중국보다 서양에 더 많이 알려졌던 선생이었다. 양헌익-테일러 번역으로 중국을 이해했던 그들은 위대한 스승을 잃은 셈이었다. '중국의 모든 것을 번역'한 스승!

양헌익 선생이 말년에 거처한 집이 공왕부 근처 500미터쯤에 있다. 이 집에서 선생은 둘째 딸 부부와 함께 살았다. 선생이 떠난 뒤, 이들은 민박집을 꾸렸는데, 나는 아직 가 보지 못하고 있다.(번번이 예약에 실패했다. 올 초에는 예약까지 성공해 놓고 그놈의 코로나19 바이러스 때문에 실패했다.) 베이징에 살 때, 나는 이 집 앞을 몇 번 서성거렸다. 혹시나 산책하러 나가시는 선생을 뵐 수 있을까 해서.

꿈을 실현하지 못한 채 남경으로 이사를 했다. 어느 날 선생의 여동생 양이(楊苡) 선생과 한 골목에 살고 있다는 걸 발견하고 얼마나 기뻤는지 모른다. 양이 선생도 『폭풍의 언덕』이 대표작인 번역가다. 선생이 기고한 글에 따르면 1930년대, 중화민국의 수도 남경에서 오빠 양헌익 선생과 함께 골동품 가게를 내고 문화재 수호에 나섰다고 한다. 심한 중국의 문화재 유출을 막기 위해서였다. 이후 여러 차례에 걸쳐 이 문화재들을 중국 정부에 헌납했는데, 마지막 헌납은 1970년대 양헌익 선생이 출소한 뒤에 이루어졌다. 갑골문을 포함한 국보급 문화재들은 현재 베이징 고궁박물원에 소장 중이다.

양이 선생은 1965년에 입주한 남경대학교 교직원 주택 단지에서 계속 살고 있었다. 동네에서 뵐 수 있을까 몇 년 설레었는데, 뵙지 못하고 다른 동네로 이사했다. 테일러 선생과 동갑이니 이미 백 세가 넘으셨다. 건강하시기를 기원한다.

찾아보기

ㄱ

후기

2000년 섣달그믐, 일곱 살, 다섯 살 아이 둘을 데리고 베이징외국어대학교 직원 주택단지 안에 집을 얻은 나는 이웃 덕을 많이 봤다. 특히 인도네시아 화교 출신 노교수 내외분을 잊을 수 없다. 1960년대에 어린아이들과 함께 인도네시아를 떠나 베이징에 자리를 잡은 그분들은 먼저 겪은 '타국살이'의 불편함을 우리는 겪지 않았으면 좋겠다며 시장과 상점에 데려가 생필품 사는 것을 도와 주셨고 두리안 소를 넣은 인도네시아 음식도 자주 만들어 주셨다.

젊은 미국 유학파 선생님은 충치를 앓던 아들을 보자마자 자진해서 치과에 데려가 주었다. 외국인은 진료비가 비싸니 자신이 엄마 노릇을 하겠다며 충치 치료 끝날 때까지 새벽부터 줄을 서야 오전 진료를 받을 수 있던 베이징시립치과종합병원을 하루같이 다녀주었다. 또 독일 유학파 선생님은 딸이 연습할 수 있도록 피아노를 빌려주었다. 그 이웃들은 여유롭게 살아가던 최후의 '사회주의자'들이었다.

베이징 연착륙에 필요했던 중국어를 그분들께 무료로 배웠다. 그분들을 잊을 수 없어 그 뒤로 한국어를 배우겠다는 사람을 만날 때마다 그분들 흉내를 내보았으나 쉽지 않은 일이었다. 고인이 된 분도 계시고 다른 나라로 옮겨간 분도 있어 연락이 끊어졌지만 이 책을 내게 된 걸 안다면 누구보다 기뻐해 주실 것이다.

이 책을 쓰면서 '온고지신'을 절감했다. 이 말에 대해서는 일찍이 정조가 초학자들에게 이른 바 있다. '온고지신'이란 '읽던 글을 복습하고 새 글을 깨치는' 것이 아니라 '읽던 글을 복습하여 그 글 속에 있었으나 모르고 있던 새 뜻을 깨치는 것(溫故書, 則知新味於其中, 益知其所不知之. 『정조실록』 즉위 이듬해 1776년 2월 1일)'이다. 베이징살이 7년 동안 모아둔 자료를 꺼내 복습하면서 같은 내용이라도 전에 알아차리지 못한 것을 깨치며 '온고지신'의 기쁨에 푹 빠졌다.

난징 책을 읽은 친구들이 또 재미없게 쓰려면 안 쓰는 게 낫다고 핀잔을 주었지만, 어느새 '베이징'에 매달려 살고 있었다. 차곡차곡 20년을 모아온 베이징 이야기보따리를 풀어 보니 시큼해진 이야기가 많아 이렇게 저렇게 추려내고 오늘내일 유효할 것들을 간추렸다.

원고 쓰는 내내 20년 전 베이징행을 반대하시던 아버지 생각을 많이 했다. 아버지는 1939년 봄, 만주국에서 태어나셨다. 곧이어 할머니가 병환으로 돌아가시고, 1945년 초, 할아버지가 고향 의성 행을 결정하는 바람에 아버지는 함께 놀던 중국 아이들과 헤어졌고 중국어도 놓쳐 버렸다. 아버지가 끝끝내 붙잡고 있던 몇 마디가 있었는데, 나중에 알고 보니 아이들과 어울릴 때 꼭 필요한 말이었다. 나는 아이 때 아버지가 가르쳐 주신 그 몇 마디 중국말로 중국에 입문했다. 뒤에 중국말을 배우고 보니 아버지의 억양은 영락없는 '심양' 말투였다. 지금도 '심양' 악센트 쓰는 사람을 만나면 괜히 반가워서 몇 마디 더하게 된다. 중국으로 온 뒤에 아버지를 자주 뵙지 못했다. 몸이 약해 평생을 병마에 시달리다 돌아가신 아버지 생각에 공연히 심란해져 아버지 살던 곳 가까이에 수용되었던 '마지막 황제' 편을 어렵게 썼다.

『풍운의 도시, 난징』에 이어 '지성인들의 도시 아카이브'에 다시 도전할 기회를 주신 허경진 선생님께 감사드린다. 베이징 이야기를 쓰게 되었다고 말씀드리자 대구 효성이비인후과 이효성 선생님이 노트북을 선물해 주셨다. 우리 세 식구를 무한 지지해 주시는 고마운 선생님께 보답하기 위해 부지런히 자판을 두드려 이 책을 완성했다. 또 중국에 사는 한국 사람이라 양쪽 정부의 외면을 받고 있을 때, 설호정 주간님과 김언종 선생님께서 재난지원금을 하사해 주셨다. 걱정 없이 원고를 쓰게 해주신 두 어른께 깊이 감사드린다.

초고를 읽고 구멍을 메워준 우기동 선생님, 삼복 더위를 무릅쓰고 오탈자를 찾아준 막냇동생 에밀리, '난징' 책을 광고해주고 거금의 생활비까지 쾌척해 준 정민석-신혜정 선생님에게 어떻게 고마운 마음을 전해야 할지... 자금성과 모든 박물관이 문을 닫고 비자 취소 사태까지 벌어져 끝내 허사가 되었지만 이 책에 넣을 사진을 위해 바이러스 창궐 중 베이징행 티켓을 샀던 목수현 선생님에게 감사하며 함께 여행할 날을 고대한다. 그리하여 사진은 이번에도 張學鋒 선생님 신세를 졌다. 도와 주시고도 인사를 받지 않는 선생님께 깊이 감사드린다.

열악한 교통 상황과 가는 곳마다 넘치는 사람 생각에 지금은 볼일이나 생겨야 겨우 가보는 곳이 되었지만, 나에게 베이징은 지금도 그리운 첫사랑쯤 된다. 이제 조금은 아까운 마음으로 이십 년 쥐고 있던 골목골목 자료를 털어 원고를 떠나보낸다. 독자들 손에 닿아 베이징 스스로의 매력으로 되살아나길...

저자 신경란
태어난 대구에서 열여덟 해를 살았고, 그 뒤 서울과 베이징을 거쳐 지금은 난징에서 객지살이 중이다. 1990년 봄, 적성국가였던 중국의 수도 베이징에서 머물렀던 한 달 동안의 강렬한 체험과 2001년 입춘부터 2008년 하계 올림픽 때까지 베이징의 상전벽해 과정을 지켜본 경험을 토대로 이 책을 썼다. 같은 시리즈의 『풍운의 도시, 난징』을 냈고, 『한서』 열전을 번역했다.

지성인들의 도시 아카이브 03
오래된 미래도시, 베이징

2020년 10월 23일 초판 1쇄 펴냄

지은이 신경란
펴낸이 김흥국
펴낸곳 보고사

책임편집 황효은
표지디자인 손정자

등록 1990년 12월 13일 제6-0429호
주소 경기도 파주시 회동길 337-15 보고사
전화 031-955-9797(대표), 02-922-5120~1(편집), 02-922-2246(영업)
팩스 02-922-6990
메일 kanapub3@naver.com/bogosabooks@naver.com
http://www.bogosabooks.co.kr

ISBN 979-11-6587-099-7 04900
979-11-5516-940-7 세트

정가 16,000원